ちくま学芸文庫

モダニティと自己アイデンティティ

後期近代における自己と社会

アンソニー・ギデンズ
秋吉美都　安藤太郎　筒井淳也　訳

筑摩書房

Translated from Anthony Giddens,
Modernity and Self-Identity :
Self and Society in the Late Modern Age.(1st Edition)

This edition is published by arrangement with Polity Press Ltd., Cambridge,
through Japan UNI Agency, Inc., Tokyo

目次

モダニティと自己アイデンティティ

後期近代における自己と社会

凡例

一、原書中、イタリックで強調される語は傍点を付した。

一、巻末「用語解説」に掲載の語で、原書中イタリックで示される語はゴシックとした。また、原書中イタリックではないが「用語解説」に掲載されている語も、必要に応じてゴシックとした。

一、原書中の引用文について、邦訳書がある場合、できる限り訳書での該当ページを注に記載した。なお、訳出に際しては邦訳書を参考にしつつ、必要に応じて訳者による変更を加えた。

謝辞

本書の準備にあたっては多くの人の助けを得た。ケンブリッジ大学社会・政治科学部およびカリフォルニア大学サンタ・バーバラ校社会学部という二つの特に刺激的な知的環境の長期セミナーで、本書で展開したアイディアを論じることができ、幸運であった。私はこれらのセミナー参加者の示唆に富むコメントと有益な助言に感謝申し上げる。何人かの人が本書の原稿を仔細かつ批判的に読んでくれた。この点に関して私は特にジグムント・バウマン、デヴィッド・ヘルド、ルイス・コーザー、デニス・ロングに負うところが多い。私はテレサ・ブレナンには特に恩義を受けている。彼女の原稿に対するコメントはたいへん役立つものであった。ダーディ・ボデンの影響はこの本の至るところに表れている。彼女との直接の議論に加えて、彼女が長いあいだにわたって送ってくれた様々な資料や未出版の論文から私はたいへん多くのことを得た。本書の整理編集にあたったアン・ボンからの文体や内容にかんする多くのコメントは文章の改善に役立った。リチャード・アプルボーム、カティ・ギデンズ、サム・ホリック、ハーベイ・モロチ、ヘレン・ブラント、アヴリル・シモンズ、ジョン・トムソンの各氏も本書には多大な貢献をしていただいた。お礼申し上げたい。

アンソニー・ギデンズ

イントロダクション

二十一世紀への変わり目にあって、モダニティの問題、すなわちモダニティのこれまでの発展と現在のその制度形態が、根本的な社会学的問題としてあらためて登場してきた。社会学と近代的制度の登場との関係は、長いあいだ認識されてきたものである。しかしながら今日、この関係は前に思われていたよりずっと複雑で多くの問題をはらむものであるだけでなく、モダニティの性質を再考するには社会学的分析の基礎的前提を作り直すことが不可避だということがわかってきたのである。

近代的制度はそのダイナミズム、伝統的習慣や慣習を切り落とす程度、そしてそのグローバルなインパクトといった点において、あらゆる先行する社会秩序形態と一線を画している。しかしながら、近代的制度はこういった点を延長線上に拡大させてきただけではない。モダニティは日常の社会生活を根本的に変革し、私たちの経験の最も個人的な部分に影響を与えるのである。モダニティは制度的なレベルで理解されなくてはならないが、近代的制度によってもたらされた変化は、直接に個人的生活と、したがって自己と絡み合っている。実際、モダニティの顕著な性格の一つは、外向性と内向性、すなわち一方でのグローバル化する力と、他方での個人的性向という二つの「極」のあいだの相互結合が強くなっていくことにある。この本のねらいは、このような相互結合の特徴を分析し、それについて考えるための概念的語彙を提供することである。イントロダクションでは、この研究全体のテーマの概観とまとめを書いてみようと思う。そのため、少々の内容の重複には読者の認容をお願いしたい。

主な焦点は自己にあるものの、基本的にはこの本は心理学の研究ではない。この本の大きな強調点は、モダニティの制度が形づくる——しかし他方でこれを形づくる——自己アイデンティティの新しいメカニズムの出現に置かれている。自己は外的な影響に決定される受動的な存在ではない。個人は、自らの自己アイデンティティの形成を通じて、その行為の文脈がいかにローカルであろうと、結果的にはグローバルな社会的影響の一部をなし、それを直接に推し進めるのである。

社会学、そしてより広く社会科学は、モダニティの制度的再帰性——この本の論述にとって根源的な現象——に内在する要素である。アカデミックな研究だけでなく、マニュアル、ガイド、セラピーの著作そしてセルフ・ヘルプの調査などのたぐいも、モダニティの再帰性に貢献している。したがって、何らかの主題を立証する手段としてではなく、私が同定しようとする社会現象や発展傾向のしるしとして、社会調査や実践的な「生活ガイド」を折りに触れて広く参照している。これらはただ社会過程に「関する」仕事なのではなく、社会過程を一部構成している素材である。

一般的に言って、この本の焦点は記述的ではなく分析的であり、この本の重要な点のいくつかについては、検証の際に理念型的な手続きに頼っている。私は、自己の再帰性と相互作用しあう、モダニティの核にある構造化する性質を特定してみるつもりである。とはいえ、これらの構造化の過程が特定の環境においてどの程度進行してきているのか、あるいはそれらに対してどのような例外や対抗的傾向が存在するのか、などについては詳細には議論しない。

最初の章では、この研究全体の枠組みの素描を行う。例として一つの社会調査を取り上げ、モダニティの発展の鍵となる特性について吟味する。モダニティの制度的再帰性に加え、近代社会生活は深いレベルでの時間と空間の再組織化過程、そしてそれに伴う脱埋め込み disembedding メカニズム——社会関係を特殊な位置付けの呪縛から解放し、広範な時間-空間のなかに再統合するメカニズム——の拡張に特徴がある。時間と空間の再組織と、それに加えて脱埋め込みメカニズムが、すでに確立していたモダニティの制度的特徴を徹底させ、またグローバル化させたのである。さらにそれらは、日常社会生活の内容と性質を変革していくのだ。

モダニティはポスト伝統的な秩序であるが、そこでは合理的知識の確実性が伝統や習慣による確実性にとって代わった、というわけではない。近代的な批判的理性の主な特徴をなす懐疑は、哲学的意識と同じく日常生活にも浸透しており、現代の社会的世界の一般的な実存的次元を形づくっている。モダニティでは根本的懐疑の原理が制度化されており、そこではすべての知識は仮説のかたちを取らざるをえない。仮説とはすなわち、十分に正しいかもしれないが、原則的に修正に開かれていて、ある段階では放棄される可能性を持つような主張のことである。蓄積された専門知識のシステム——それは脱埋め込みの大きな推進力となる——は、複数の権威の源泉から成り立っており、しばしば相互に競合し、いくつもの異論が存在している。私が「高度 high」あるいは「後期」モダニティと呼ぶ環境——すなわち私たちの今日の世界——においては、自己は、自己が存在する広範な制度的文脈と同様に、再帰的に形成されなくてはならない。しかもこの自己の形成という課題は、多様な選択肢と可能性による混乱のまっただなかで達成されなくてはならないのである。

不確実性と多様な選択肢が存在する環境に対しては、信頼とリスクという概念をうまく適用することができる。信頼とは、人格発達における重要な一般的要素であり、同時に脱埋め込みメカニズムおよび抽象的システム abstract system が作用する世界に、明確で具体的な関係がある。信頼は、その一般的な発現段階においては、幼児期の存在論的安心の感覚の獲得と結びついている。幼児と養育者とのあいだに成立する信頼は、日常生活の最も平凡な活動さえもが含んでいる潜在的脅威と危険とをシャット・アウトする「予防接種」となる。この意味での信頼は、日常的な現実への対処において自己を守る「保護被膜protective cocoon」にとって基礎的なものである。それは、個人が真剣に考えたならば、意志が麻痺したり、呑みこまれてしまうような潜在的出来事を「括りだす」。より特殊な見方をすれば、信頼は、日常生活から伝統的な内容を抜き去り、グローバル化をお膳立てする抽象的システムとの連携を媒介するものである。ここでは信頼は、実践的な活動において必要になる、あの「信仰faithへの跳躍」を生み出すのである。

モダニティとは、リスク文化である。これは、社会生活が本質的に以前よりもリスキーになった、という意味ではない。というのも、こういった見方は先進社会の人々にとっては当てはまらないからである。リスク文化とはむしろ、リスクという概念が、素人の行為者と技術的専門家の両者にとって社会的世界を組織する際に必須のものになった、ということである。モダニティという条件のもとでは、知識環境の再帰的組織化によって未来が絶えず現在に引き込まれている。未来の領域は、いわば切り開かれ植民地化される。しかしながらこの植民地化は、その本質からして完全なものではありえない。つまり、リスクという観点から考えることが、計画が予期された結果からどのくらい逸れそうなのか、ということを評価する際には不可欠なのである。リスク評価は正確さ、さらに数量化も動員するが、本来的に不完全である。変わりやすくたびたび異論が狭まれる抽象的システムの性質、近代的制度の流動的な性格ゆえに、ほとんどのかたちのリスク評価は、評価不可能な要素を多数含みこんでいるのだ。

モダニティは一部の生活領域や生活様式の全体的なリスク性を減少させるが、同時に以前の時代にはほとんど、あるいはまったく未知であった新しいリスク・パラメータを招き入れる。これらのパラメータは重大な結果をもたらすリスクを含んでいる。すなわちモダニティの社会システムがグローバル化されていることからくるリスクである。後期近代世界——私が**ハイ・モダニティ**と名づける世界——は終末論的な性格を持っているが、それは世界が不可避的に崩壊に向かっているからではなく、前世代が直面せずにすんだリスクを引き起こすからである。国際交渉や武器のコントロールがどれほど進展しようとも、核兵器はもちろんのこと核兵器製造に必要な知識が存在するかぎり、そして科学と技術が新たな兵器の製造に関わっているかぎり、広域的な破壊的戦争のリスクは持続する。社会生活の外部にある現象としての自然が——人間の自然支配の結果として——今やある意味で「終焉」を迎え、エコロジカルな破局のリスクは不可避的に日常生活の背景の一部となっている。グローバルな経済メカニズムの崩壊や全体主義的な超大国の出現など、その他の重大な結果をもたらすリスクも同様に、現代の私たちの経験にとって避けられない部分なのである。

ハイ・モダニティにおいては、遠く離れた出来事が、身近な出来事、自己の親密な関係へと影響を及ぼすことが、ますます当たり前の出来事となる。この点では、印刷されたものにせよ電子的なものにせよ、メディアが明らかに中心的な役割を果たしている。媒介された経験は、書くという最初の経験以来、自己アイデンティティと基礎的な社会関係組織の両方に長いあいだ影響を与えてきた。マス・コミュニケーション、特に電子コミュニケーションの発達とともに、自己の発達と、グローバル・システムまでを含む社会システムの相互浸透が、ますますはっきりとしたものになる。このように、私たちが今住む「世界」は、深いレベルで、歴史の前段階の人間が住んでいた世界とはかなり異なっているのだ。この世界は、いろいろな意味で単一の世界であり、(たとえば時間と空間の基本的軸という点で)統一的な経験枠組みを持っているが、同時に新たなかたちでの断片化と拡散を生み出す世界でもある。そうはいってみても、電子メディアが中心的・構成的に機能するような社会的活動の宇宙は、ボードリヤールの言う意味での「ハイパーリアリティ」の世界ではない。このような見方は、媒介された経験の広範囲にわたるインパクトを、モダニティの社会システムの内的準拠性――社会システムが大部分自律的で、それ自身の構成要素によって決定されているという事実――と混同してしまっている。

モダニティのポスト伝統的秩序のなかで、そして新たなかたちでの媒介された経験を背景として、自己アイデンティティは再帰的に組織される試みとなる。自己の再帰的プロジエクト reflexive project of the self は、一貫した、しかし絶えず修正される来歴のナラティブにその本質があり、抽象的システムを通した複数の選択のなかで実行されるものである。近代社会生活においては、ライフスタイルという言葉が特別の意味を帯びる。伝統がその拘束力を失うにつれ、そして日々の生活がローカルなものとグローバルなものとの弁証法的相互作用によって再構成されるにつれ、ますます個人は多様な選択肢のあいだでライフスタイルの選択を切り抜ける必要に迫られるようになる。もちろん、標準化の方向に働く力も存在する――とりわけ商品化の力が目立っているが、それは資本主義的生産と分配がモダニティの制度の核心的要素をなしているからだ。しかし、今日の社会生活の「開放性」、行為の文脈の複数化、「権威」の多様性のために、ライフスタイルの選択は自己アイデンティティと日常生活の構成において、ますます重要なものになってくる。再帰的に組織されたライフプランニング life-planning はふつう、リスクについての専門知識との接触を通じた検討を前提としているが、このようなかたちでのライフプランニングが自己アイデンティティの構造化の中心的特徴となるのである。

ライフプランニングと相互に関連するライフスタイルについての誤解は、まずここで最初に排除されておくべきだろう。この用語が広告や商品化された消費を促進するような素材のなかで取り上げられてきたせいもあって、「ライフスタイル」とはより裕福な集団や階級が追求するものだと想像する者もいるかもしれない。貧困層は多かれ少なかれライフスタイルの選択を行う可能性から排除されている、というわけである。ある意味ではこの考え方は正しい。国内および世界規模レベルでの階級や不平等の問題は、ここではこのような不平等について検証しようとは思わないにせよ、この本の論述とかなり絡み合っている。実際、階級分裂、およびジェンダーやエスニシティと関連しているような他の不平等は、部分的には以下で議論される自己実現やエンパワーメントの可能性における格差、という点から定義することができるのである。モダニティは、忘れてはならないが、差異、排除、疎外を生み出す。解放の可能性を提示しておきながら、同時に近代的制度は自己実現ではなく、自己の抑圧のメカニズムを作りだす。それでも、この本で分析されている現象が、そのインパクトにおいて物質的に恵まれた環境にいる人々に限られている、と考えるのは大きな間違いだ。「ライフスタイル」は、厳しい物質的条件のもとでなされるような決定や行為の成り行きをも指した言葉である。このようなライフスタイルのパターンは、より広く受容されている行動や消費の流儀に対する多かれ少なかれ意図的な拒否を意味することもある。

ローカルなものとグローバルなものとの相互作用の片方の極には、私の言う「親密な関係の変容」がある。親密な関係は、独自の再帰性と、内的に準拠する秩序を持つ。ここで重要なのは、個人の生活の新しい領域にとって原型的な関係となる、「純粋な関係性」が登場することである。純粋な関係性とは、外的基準がそこでは解消してしまうような関係である。純粋な関係性は、当の関係自体が与える見返りのためだけに存在している。純粋な関係性の文脈では、信頼は相互の開示過程によってのみもたらされる。別言すれば、信頼はもはや定義上、関係それ自身の外部にある基準――血縁、社会的責務あるいは伝統的義務などの基準――につなぎ留められることはないのである。純粋な関係性は、それと密接に絡み合っている自己アイデンティティと同様、外的な変移と変容を背景に、長い期間にわたって再帰的に制御されなくてはならない。

純粋な関係性は「コミットメント」を前提とする。コミットメントとは、特別な種類の信頼である。コミットメントは内的準拠システムの現象として理解されなくてはならない。それは関連する他の人または人々へのコミットメントであると同時に、関係それ自体へのコミットメントである。親密性に対する要求は純粋な関係性にとって必然的なものであるが、それは純粋な関係性が前提とする信頼のメカニズムのせいである。したがって、現代における「親密性への模索」を、多くの解説者がやってきたように、より広く非人格的な社会的世界に対する否定的な反応としてのみ理解するのは過ちである。純粋な関係性への没入は、確かに私たちを取り巻く外側の世界に対する防御の一つのあり方なのかもしれないが、純粋な関係性は大規模な社会システムから来る媒介された諸力によって余すところなく浸潤されており、さらに通常、関係の領域内部でこれらの力を活発に組織している。一般的に、個人的な生活においてであろうとより広い社会的環境においてであろうと、再専有 reappropriation とエンパワーメントの過程は、収奪 expropriation および喪失と織り合っているのだ。

　このような過程においては、個人の経験と抽象的システムとのあいだの多数の異なったつながり方を見出すことができる。「再習熟 reskilling」――知識と技術を再び獲得すること――が、個人生活の親密な関係にせよ、より広い社会的関わりにせよ、抽象的システムの収奪効果に対する一般的な反応なのである。それは状況によって変化するし、それぞれの文脈の異なる要件に応じたものである。個人は、結果として生活が大きく変化したり、運命的な決断がなされなくてはならないようなところでは、より深く再習熟するだろう。しかしながら、再習熟はつねに部分的であり、専門知識の「改訂されやすさ」や、専門家どうしの意見の食い違いによって影響を受けやすい。信頼という態度は、より実利的な受容、懐疑、拒否、撤退などと同様、個人の活動と専門的システムとを結ぶ社会空間のなかに不安定に共存しているのだ。科学、技術、その他の難解な専門知識に対する一般の人々の反応は、ハイ・モダニティの時代においては、哲学者や社会分析者（彼ら自身専門家のようなもの）がその著作のなかで呈するような、崇拝と遠慮、是認と不安、熱狂と反感の入り交じった態度をあらわにしたものが多い。

　自己の再帰性は、抽象的システムの影響と結びついて、心的過程と同時に身体にも広く影響を及ぼす。身体はますます、モダニティの内的準拠システムの外側で機能する外部的な「与件」ではなくなり、それ自身再帰的に活用されるものになる。身体の外観のナルシシスティックな開拓への大規模な動きのようにみえるものは、実のところ身体を活発に「構築」し制御することへの深い関心の現れなのである。ここには身体の発達とライフスタイルとのあいだの欠かすことのできないつながりがあり、そしてこのつながりは、たとえば特定の身体体制 bodily regimes の追求にはっきり現れることがある。しかしながらもっと広範囲にわたる要因も、生物学的なメカニズムや過程の社会化の反映として、注目に値する。生物学的再生産、遺伝子工学および医学が介入する様々な領域において、身体は選択の対象となってきている。これらの要因は単に個人に影響するだけではない。身体発達の個人的な側面とグローバルな要因とのあいだには、密接なつながりがある。たとえば再生産技術と遺伝子工学は、自然が人間行為の領域に組み入れられるという、より一般的な過程の一部である。

科学、技術、一般的に専門知識は、私が経験の隔離 sequestration of experience と呼ぶ現象において重要な役割を演じる。モダニティは自然に対する道具的関係を伴っているという言い方や、科学的態度は倫理や道徳の問題を排除するといった考えは、ひじょうになじみ深いものになっている。しかしながら、私はこれらの問題を内的準拠性に即して発達した後期近代秩序を制度論的に説明することで再構成してみたい。近代的制度の一般的な推力は、モダニティ独自の力学に即して組織されており、「**外的基準**」――モダニティの社会システムの外部にある要因——から切り離された行為環境を創造することにある。例外や逆の傾向も多数あるにせよ、日常の社会生活は「原初的」な自然、実存的問題やジレンマをかかえる多様な経験から切り離されるようになってきた。精神障害者、犯罪者、重病者は一般住民から物理的に隔離され、「エロティシズム」は「セクシュアリティ」にとって代わられ、それが今度は隠蔽されるために舞台裏に退くようになる。経験の隔離とは、多くの人々にとって、個人の人生を道徳や人生の有限性などの多くの問題に結びつける出来事・状況との直接の接触がまれになり、避けられやすくなる、ということを意味している。

この状況は、フロイトが考えていたような、近代社会生活の複雑性からくる罪悪感の心理的抑圧の増加のせいで生じているのではない。むしろ起こっているのは制度的抑圧であり、そこでは——と私は主張したいのだが——罪悪感のメカニズムではなく羞恥のメカニズムが前面に出てくるのである。羞恥はナルシシズムと密接に関係しているが、前述したように、自己アイデンティティがますますナルシシスティックになってきていると考えるのは誤りである。ナルシシズムは、アイデンティティ、羞恥および自己の再帰的プロジェクトとのつながりがもたらす心理的なメカニズム——そしてある場合は病理——の類型のうちの一つなのである。

個人の無意味感——生は享けるに値しないという感覚は後期モダニティの根本的な心的

問題となりつつある。私たちはこの現象を、日々の生活が提起し、しかし答えを拒まれている道徳的問題の抑圧として理解すべきである。「実存的孤独」とは、個人が他者から分離されているということではなく、むしろ豊かで満足のいく生活を送るのに必要な道徳資源から切り離されていることをいうのである。自己の再帰的プロジェクトは、自己実現と自己統制 self-mastery のためのプログラムをもたらす。しかしこれらの可能性の多くは、モダニティのコントロール・システムの自己への延長として理解した場合、道徳的意味を欠いている。「信実性 authenticity」が傑出した価値になると同時に、自己実現のための枠組みにもなるが、こういったことは道徳的には行き詰まった状態を表している。

しかしながら、実存的な問題の抑圧は決して完全ではないし、道具的コントロールのシステムがかつてないほど赤裸々で、その否定的影響もまたあからさまであるようなハイ・モダニティの時代においては、抑圧に対する様々な反動も数多く現れる。ライフスタイルの選択は、ローカルなものとグローバルなものが相互に関係する環境のなかで、簡単にその片方に押しやることのできないような道徳問題を引き起こす。このような問題は、新しい社会運動が前兆となりかつ開始を手助けしたようなかたちの政治参加を要請する。「ライフ・ポリティクス」――個人と集団の両方のレベルでの人間の自己実現――が、「解放のポリティクス emancipatory politics」の陰から姿を現してくるのである。ライフ・ポリティクス的進歩主義的啓蒙の一般的課題である解放は、いろいろな面で、プログラムの出現のための条件である。いまだ様々な分裂によって引き裂かれ、新旧の抑圧の刻印を受けている世界においては、解放のポリティクスは重要さを失っていない。しかしこれらの旧来の政治的活動は、新しいかたちのライフ・ポリティクスと重なりあっている。この本の結論部において私は、ライフ・ポリティクス的な課題の主なパラメータについて概説する。それは具体的な道徳的ジレンマとの対峙を要する課題であり、近代が制度的に排除した実存的問題について考えることを強いるものである。

第一章　ハイ・モダニティの輪郭

まずは、具体的な社会学的研究の所見を、特定の研究分野からどちらかといえば自由に選んで、それを描写することから話を始めよう。ジュディス・ウォラースタインとサンドラ・ブレイクスリーの『セカンドチャンス』は、離婚と再婚の調査である。(1) この本はおよそ十年にわたって、六十組の親子について結婚の破綻のインパクトを記述している。著者によれば、離婚とは個人生活の危機であり、安心と幸福の感覚を危機に陥れるが、他方ではまた自己発達と将来の幸福への新たな機会を提供するものでもある。別居と離婚、そしてその余波は、長く続く不安と心理的な動揺を引き起こすこともあるが、同時に結婚の解消によってもたらされる変化は、著者が言うには、「情緒的に成長」したり、「新しい能力やプライドを獲得」したり、「以前の力量をはるかに越えて親密な関係を強化」したりする可能性を与える。

ウォラースタインとブレイクスリーがいうには、夫婦の別居は、「将来の行動方針のイメージを凍結させる」標識である。「離婚後も家族が長年にわたって傷つけあい、常軌を逸した行動をとりつづける場合、そのような激情のよって来るところは結婚生活の終わらせ方にあることが多い。たとえば、夫婦のどちらかが共通の親友と浮気していることがいきなり発覚したり、結婚生活の破綻を告げる手紙を残して前触れもなく去ったりする場合や、どちらかが子どもを連れて急に出ていき、住所も知らせず、もう一方が必死になって安否を確認しようとする場合などである」。一緒に生活していたときにどんなに不幸で絶望的であったとしても、結婚が破局すると多くの人は悲しみに沈むものだ。

一緒であった期間が長いほど、悲嘆に暮れる時間も長引くようになる。悲しみは、共有した楽しさや経験が失われること、一度関係に投資された希望が否応なく放棄されることによって生じる。悲しみの過程がない場合には、絶望と心理的挫折につながる苦痛の感情が結果として生じることが多い。大多数の人々にとっては、事実、離婚によって生じる感情は年数が経過しても完全に消え去ることはないようだ。それは、以前のパートナーの再婚、財政的困難、子どもの養育に関する争いなどの、引きつづく出来事によって激しく沸き返ってくることもある。パートナーがいまだに相手と、たとえ否定的にでも感情的にかなり強く結びついている場合など、結果はあらかた悲痛なものである。

ウォラースタインとブレイクスリーによれば、悲しみの段階を経験することが離婚のあと「自分を取り戻す」ための鍵である。以前の配偶者と首尾よく「別離」した者は、「新しい自己感覚」「新しいアイデンティティ感覚」を確立するという課題に直面する。長期にわたる結婚生活において、それぞれの個人の自己アイデンティティの感覚は、相手と、そして結婚それ自身と結びついてしまう。結婚が破綻したなら、夫婦はそれぞれ「結婚前の経験に立ちもどって自立の概念と基盤をつかむことだ。そうすれば一人で生きることができ、離婚によって得たセカンドチャンスを活かすこともできる」。

別居あるいは離婚した人は、新しい関係に挑戦し新しい興味を見つける道徳的勇気を必要とする。このような状況に置かれると、人は自分自身の判断と能力に自信をなくし、未来に向けて計画を立てることを無価値なものと感じるに至ることもよくある。「彼らは、人生は落とし穴ばかりで、絶対に予測のつかない代物だと思っている。どれほど周到な計画を立てても無駄だと決めつけ、長期的な目標はおろか目先の目標を決める気力さえ失っており、したがって努力すべき目標すらもたないのである」。このような感情を克服するには、失敗に直面しての忍耐と、従来の自分の特徴と習慣を変える意志が必要である。同じようなことは離婚した家庭の子どもにも当てはまるが、そのような子どもは往々にして家庭が消滅したために深く苦しんでいるものだ。ウォラースタインたちが言うには、「離婚した家庭の子どもは、親と死別した子どもよりも困難な課題に直面する。死んだ人間は生きかえらないが、離婚した人間はまだ生きており、考えなおす可能性があるからだ。両親が和解するという空想は、子どもの心理に深く浸透する。……親離れして家を出るまでは、両親が和解するということの空想は消えないものなのかもしれない」[2]。

個人的な問題、個人的な挑戦と危機、個人的な関係。これらはモダニティの社会的風景について、何を語ることができ、何を表現しているのであろうか。たいしたことは表現していない、と言いたくなるかもしれない。個人的な感情や心配事は時代や場所を問わずたいてい違わないものだから。モダニティの到来は、個人を取り巻く外的な社会環境に大きな変化をもたらし、他の制度と同様に結婚や家族にも影響を与えてきたということまでは受け入れられるかもしれない。それでも人々は周囲の社会的変化に懸命に対応しながら、自分たちの個人的な生活を昔どおりに送っているではないか。しかし本当にそうなのだろうか？　というのは、社会的環境は個人的生活と切り離されてもいないし、それは単に個人にとって外的な環境というのでもないからだ。身近な問題のなかで苦闘することを通じて、個人は周囲の社会的活動の宇宙を活発に再構築しているのである。

ハイ・モダニティの世界は確かに個人的な活動と取り組みの環境を優に越えて広がっている。それはリスクと危険に満ちあふれた世界であり、単なる障害としての「危機」ではなく、多かれ少なかれ持続的な状態としての「危機」という言葉が特に当てはまるような世界である。しかしリスクは自己アイデンティティの核や個人的感情にもまた深く侵入している。ウォラースタインたちのいう、離婚のあと必要とされる「新しいアイデンティティ感覚」は、モダニティという社会的条件が私たち全員に押しつける「自己発見」の過程の一つの深刻なケースなのである。この過程は活発な変容を含んだものである。

ウォラースタインとブレイクスリーは自分たちの調査結果を「危機とチャンス」という章にまとめている。平凡ではあるが、この言い回しは結婚とそれをめぐる騒動だけではなく、近代世界全体に当てはまるものだ。今日私たちが「人間関係」と呼んでいるような領域は、伝統的な文脈にはほとんど見出せないような、親密性と自己表現のための機会を提供する。同時にこのような関係は、ある意味では、リスキーで危険になりつつある。性生活および結婚生活の行動様式・感情様式は、流動的かつ不安定で、「開かれた」ものとなってきている。そこから得るものは多いが、未知の領域に地図を描かなくてはならないことも多いし、新しい危険につきあっていかなくてはならないこともある。

例として、ウォラースタインとブレイクスリーによって頻繁に論じられている現象について考えてみよう。すなわち変化するステップファミリーの特徴についてである。大人も子どもも、昔のように配偶者の死によってではなく、離婚後の婚姻関係の再結成によって生まれるステップファミリーのもとで暮らしている者が多くなってきている。ステップファミリーの子どものなかには、両親による二回以上にわたる結婚の結果、二人の母親と二人の父親、二組の兄弟、その他の複雑な親類関係を持つ子どももいる。言葉の使用法でさえ難しい。継母は「お母さん」と呼ばれるべきなのか、それとも彼女の名前で呼ばれるべきなのか？　このような問題を話し合うのはどの当事者にとっても骨が折れることだし、心理的負担も大きい。しかし社会関係を新しく作りあげていく機会もまた明らかに存在している。私たちにとって一つ確かなことは、ここに含まれる変化は個人にとって単に外的なものではないということだ。このような拡張された家族の絆の新しいかたちは、まさにそこに最も直接的に関わっている人々によって確立されなくてはならないのである。

不安はあらゆるタイプの危険に自然に付随するものだ。不安は混乱した状況やその脅威によって引き起こされるが、適応的な反応や新しい一歩を呼び起こすきっかけにもなる。苦痛、心配、悲しみなどといった言葉が『セカンドチャンス』の著者たちによって繰り返し使われている。勇気とか解決などの言葉もある。人生はランダムに個人的問題を投げかけてくるようにみえるが、なかにはこれを受け入れつつ、あきらめて無感覚のなかに逃避する者もいる。それでも多くの人々は古い行動様式が閉ざされるにつれて開かれる新たな機会をもっと積極的につかみ、自分を変えていくことができる。これらの不安、危険、機会はどういった意味で新しいのだろうか。いかなる意味でこれらは、モダニティの制度に明確な影響を受けているのだろうか。これらが、今から私が答えようとする疑問である。『セカンドチャンス』は社会学の作品だが、社会学者だけによって読まれるとは限らないだろう。セラピスト、家族カウンセラー、ソーシャル・ワーカー、およびその他の関連する職業の人たちがそのページをめくるかもしれない。一般の人々、特に最近離婚した者などがこの本を読み、その考え方や結論を自分自身の生活状況に結びつけたとしても何ら不思議ではない。著者たちはその可能性を明らかに意識している。この本は主に一定の結果を伴う調査研究として書かれたものであるが、テクスト中にちりばめられた無数の文章は、新たに別居・離婚した人々がとるべき実践的な反応や道筋を示している。むろん、一つの書物が人々の社会的行動全体に影響することはまずないだろう。『セカンドチャンス』は、おびただしく世に出される結婚や親密な関係に関する書物——専門書であれ一般書であれ——の一つに過ぎない。このような書物群は、モダニティの再帰性の一部となっている。これらは、報告や分析のテーマとして扱う当の社会生活の側面を組織し変革することを促す。今日結婚について思索する者、あるいは結婚や長きにわたる親密な関係の破綻に直面している者なら誰でも、結婚と離婚という社会的舞台で「何が起こっているのか」について多くを（かならずしも言説的意識のレベルにおいてではなく）知っている。このような知識は、実際に起こっていることに付随する二次的な考察というよりも——モダニティにおけるすべての社会生活においていえることだが——それを構成しているのだ。

それだけではない。ある意味ではすべての人が、近代的社会活動の再帰的構成、それが自分の生活に対して持つ意味に気づいているのだ。私たちにとって自己アイデンティティは、モダニティの異なった制度的舞台を横切る**軌跡**を形づくる。しかもその軌跡は「ライフサイクル」——この言葉はモダニティにおいてよりも非モダニティの環境にずっとうまく当てはまるものだが——と呼ばれてきたものの持続性を超えて形づくられるものである。

私たち一人ひとりが、考えられる人生の道筋についての社会的・心理的な情報の流れを参照しつつ、再帰的に組織された来歴を、「持つ」だけではなく生きているのだ。モダニティとはポスト伝統的な秩序であり、そこでは「いかに生きるべきか」という疑問に、いかに振る舞うべきか、何を着て何を食べるべきか——そしてその他多くの事柄——についての日々の決断を通じて答えなくてはならないし、また自己アイデンティティが展開する時間の流れのなかでこの疑問を解釈しなくてはならない。

さて、個人的な生活のレベルから離れて、より制度的な地平に話を移していこう。この研究全体の背景を設定するためには、困難でわずらわしい現象、すなわちモダニティの性格づけを行わなくてはならない。

モダニティ：一般的考察

この本で私は「モダニティ」という言葉をかなり一般的な意味で使っている。すなわち、最初にポスト封建的なヨーロッパにおいて確立し、しかし二十世紀においてそのインパクトが世界‐歴史的となっていった制度および行為の様式を意味している。「モダニティ」は「産業化された世界」として大雑把に理解することもできようが、それは産業化がモダニティの唯一の制度的次元ではないということを認めたうえで、である。(3) 私は産業主義という言葉を、生産過程における物質的力および機械の使用が普及したなかでの社会関係を表すのに使用する。そのようなものとして、産業主義はモダニティの一つの制度的軸なのである。二つ目の次元は資本主義であり、この次元ではモダニティは競争的な生産物市場と労働力の商品化の両者を含む商品生産のシステムを意味する。産業主義と資本主義の両者は、監視制度から分析的に区別することができる。監視制度は、近代社会生活の出現に関連する組織権力の激増の基礎となるものである。監視とは、フーコーの言う意味での「可視的」な管理というかたちにせよ、あるいは社会活動を調整するための情報の使用というかたちにせよ、支配下にある民衆に対する管理的コントロールを意味する。この監視制度の次元は、さらに「戦争の産業化」にみられる暴力手段のコントロールからは区別される。モダニティは「全面戦争」の時代を招来したが、そこでは何より核兵器の存在によって顕著となった兵器の潜在的な破壊力が、莫大なものとなってきている。

モダニティはいくつかの社会形態を作りだすが、そのなかでも突出しているのは国民国家である。むろんこのことは、集中的に「社会」を研究テーマとする従来の社会学の傾向について思いを致さないならば、平凡な見方である。社会学者のいう「社会」とは、いずれにせよ近代になってからの話ではあるが、国民国家のことなのである。もっとも国民国家と社会とのこの関係は、はっきりと理論化されているわけではなく、通常は暗黙に同等視されているものである。社会政治的な実体として、国民国家はほとんどの伝統的秩序とは、根本的に対照をなす。国民国家はより広い国民国家システム（今日ではグローバルなものになったが）の一部としてのみ発展し、はっきりとした領有様式と管理能力を持ち、効果的な暴力手段を独占的に支配している。(4) 国際関係の文献では国民国家はしばしば「行為者 actors」――「構造」というよりむしろ「行為主体 agents」――として扱われているが、これにははっきりとした理由がある。というのは、近代国家は確かに厳密な意味で「行為」することはないにしても、調整された政策や計画に地政学的なスケールで従う、再帰的にモニターされたシステムであるからだ。このようなものとして、近代国家はモダニティのより一般的な特徴、すなわち組織の出現の最たるものなのである。近代組織を際立たせているのは、その規模とか官僚制的性格というよりも、むしろ近代組織が可能にし、同時に近代組織が必要とする、集中的な再帰的モニタリングである。近代組織というのは、ただの組織ではなく、時間―空間を無限定に横切る社会関係を規則的にコントロールする組織なのである。

近代的制度は、いろいろな面で、あらゆる前近代的な文化や生き方と断絶している。モダニティという時代を、先行するどの時代からも区別している最も明白な特徴の一つは、モダニティの極端なダイナミズムである。近代世界は「暴走する世界 runaway world」なのだ。社会変動のペースが以前のシステムよりもずっと速いというだけではなく、その範囲、それが既存の社会実践や行動様式に影響する際の深さについてもそうである。(5)

近代社会生活の特別なダイナミックさを説明するものは、いったい何なのだろうか。三つの主要な要素を考えることができる——そしてそれぞれがこの本で展開されている議論にとって基本となるものである。第一に、私が**時間と空間の分離**と呼んでいるものがある。もちろんすべての文化には、空間的位置付けの方法と同時に、様々な時間計量様式があった。個人が未来、現在、過去の感覚を持っていないような社会など存在しない。すべての文化は特定の場所を指し示すための標準的な空間指標を持っている。前近代の舞台においては、しかしながら、時間と空間は場所の状況拘束性を通して結びついていた。

大半の前近代的文化は、時間の計算や空間の秩序化のために、よりフォーマルな方法を発展させた——暦や（近代標準からすれば）粗雑な地図などである。実際、これらはより大きな社会システムが出現する前提となる時間と空間の「距離化 distancing」のための必要条件であった。しかしながら前近代においては、大半の人々にとって、そして多くの日常的な活動において、時間と空間は本質的に場所を通して結合した状態が続いた。「いつ」の指標は単に社会的行為の「どこ」につながっているだけではなく、その行為自身の内容の一部だったのである。

空間からの時間の分離は何よりも、「空疎な」時間次元の発展——これはまた空間を場所から引き離す主な引き金となる——に伴って生じるものである。機械仕掛けの時計の発明が通常——正当にも——この過程の第一の現れであるとみなされるが、しかしこの現象を表面的に解釈すべきではない。機械仕掛けの計測機器の普及は、日常生活の深いレベルでの構造変動――ローカルに留まりつづけることができない、必然的に普遍化する変動――を促しもしたが、またその変動の前提にもなっていたものである。今日の私たちが住むような、普遍的な日付システムや世界的に標準化されたタイムゾーンを持った世界は、あらゆる前近代社会とは社会的・経験的に異なっている。特権的な場所を持たない世界地図(ユニバーサル投影法)は、時間の「空疎化」の象徴としての時計に対応する、空間の「空疎化」の象徴である。これは単に「ずっとそこにあったもの」を描写する様式――地球の地理学――であるだけではなく、社会関係のきわめて根本的な変化を形づくることになる。

時間と空間の空疎化はいかなる意味においても直線的な発展ではなく、弁証法的に進行するものである。時間と空間の分離を通して構造化された社会的舞台においては、数多くの「生きられた時間」が可能になる。そのうえ、時間の空間からの切断は、時間と空間が人間の社会組織において相互に疎遠になっていくということを意味しているわけではない。反対に、その切断は、社会活動をかならずしも特殊な場所へ準拠することなしに調整するために、時間と空間を再結合するための基礎となるものである。モダニティの重要な特徴である組織は、分離された時間と空間の再統合を抜きにしては理解不可能である。近代社会組織は、お互い物理的に同じ場所に居合わせない多くの人間の行為を正確に統合することを前提としている。このような行為の「いつ」は、直接に「どこ」につながっているのだが、それは前近代社会のように、場所を媒介にしたつながりであるわけではない。

私たちはすべて、モダニティが人間の社会的営みにもたらした莫大なダイナミズムにとって、空間からの時間の分離がいかに根本的な働きをしているかを感じることができる。空間と時間の分離は、近代社会生活を伝統から抜け出させた過程にとってあまりに本質的な、あの「歴史を作るための歴史の使用」を普遍化させる。このような**歴史性** historicity は、標準化された「過去」および世界的に適用可能な「未来」の創出と並んで、グローバルなものになってきている。「二〇〇〇年」といった日付は、人類全体にとって認識可能な標識となるのである。

時間と空間の空疎化の過程は、モダニティのダイナミズムへの二つ目の主要な影響、すなわち社会制度の**脱埋め込み**にとって決定的なものである。私は脱埋め込みというメタファーを、時おり社会学者が前近代を近代社会システムと比較する手段として採用する「分化 differentiation」という概念に意図的に対抗させて使っている。分化という言葉には、前近代においては漠然と組織されていた活動様式が、モダニティの到来とともに専門化され精密になった、というような進歩的な機能分化のイメージがつきまとう。この考え方にも若干の有効性があるのはまちがいないが、それは近代的制度の性質およびそのインパクトの本質――ローカルな環境からの社会関係の「剝離 lifting out」および無限に広がる時空を横切る社会関係の再分節化――を把握するのに失敗している。この「剝離」は、まさに私が脱埋め込みによって意味しているものであり、これはモダニティが生み出す時空の距離化を猛烈に加速させるのである。

脱埋め込みメカニズムには二つのタイプがあり、私はそれらを「**象徴的通標** symbolic token」および「**専門家システム** expert system」と名付ける。これらをあわせて**抽象的システム** abstract system と呼ぶ。象徴的通標は標準的な価値を持った交換メディアであり、したがって様々な文脈を横断して交換可能である。第一級の事例であり、かつ最も重要なのは、貨幣である。あらゆる前近代社会システムは何らかのかたちで発展した貨幣交換を行っていたにせよ、貨幣経済がもっと洗練され抽象的になるにはモダニティの登場と成熟を待たねばならなかった。貨幣は時間（それが信用の手段であるゆえに）と空間（というのは、標準化された価値こそが、決してお互い物理的に接触しない複数の個人間の取引を可能にするから）を括弧に入れる。専門家システムは、システムの実行者およびクライアントとは独立に有効性を持つ技術的知識様式を用いて、時間と空間を括弧に入れる。専門家システムは実際、近代的条件にある社会生活のすべての局面――私たちが口にする食物、私たちが服用する薬、私たちが住む建物、私たちが利用する交通形態およびその他の数多くの現象――に浸透している。専門家システムは何も技術的専門知識に限られるものではない。それは社会関係それ自体そして親密な関係にも及んでいる。医者、カウンセラー、セラピストは、科学者、技術者あるいはエンジニアと同じくらい、モダニティの専門家システムにとって中心的な存在である。

技術的専門家システムも、自己や親密な関係に関する専門家システムも、**信頼** trust を本質的にあてにしている。信頼こそ本書において最も重要な位置を占めるものである。信頼は、形式的相互行為に含まれる「弱められた帰納的な知識」とゲオルク・ジンメルが呼ぶ確信とは別のものである。[6] 生活の決定のなかには、過去の経験からの帰納的な推論、つまり当面あてにすることができると信じられている過去の経験に基づいているものもある。この種の確信は信頼の一要素なのだろうが、信頼関係を定義するには確信だけでは十分ではない。信頼はコミットメントへの跳躍であり、それは最小限の「信仰」を含んでいる。信頼は、知識がないことおよび時間的・空間的な不在に密接に関係している。私たちは、つねに視界に入っており、活動を直接にモニターできる人間をことさら信頼する必要はない。たとえばある仕事が単調でおもしろくないものであり、低賃金で、良心的に働こうとする動機が持てないようなものの場合、その仕事は「低度の信頼」の位置にあるといえる。「高度の信頼」を与えられたポストは、大半が管理・監視スタッフが不在であるところで行われるポストである。[7] 同様に、技術的システムが個別の人間に多かれ少なかれ完全に理解されている場合にも、やはり信頼は必要とされない。専門家システムについていえば、信頼は大半の人々が生活に日常的に影響するコード化された情報について持っている限られた技術的知識を、括弧に入れるのである。

様々な種類とレベルの信頼は、私たちが日常生活での活動方針を決める際の土台となっている。しかし私たちは、かならずしも意識的に信頼することを決断しているわけではない。むしろ信頼することは、決断の背景となる一般的な心的態度だと言った方がよいだろう。こういった心的態度は、人格の発達のなかで信頼が獲得される過程において形成されるものである。むろん私たちは信頼するという決断をすることができるのであるが、これはモダニティの第三の基礎的要素（これはすでに言及されたが、以下でもさらに論じられる）、すなわちモダニティに内在する再帰性のゆえに、ありふれた日常現象なのである。しかし信頼が内に含む信仰は、このような打算的な決断行為に抵抗する傾向があることもまた事実である。

具体的な状況、人間、システムにおいても、あるいはより一般的なレベルでも、信頼という態度は個人および集団の心理的安心 security に直接に結びついている。信頼と安心、リスクと危険、これらはモダニティにおいては、歴史的に見て独自のかたちで結びついている。脱埋め込みメカニズムは、たとえば、広範囲にわたる日常社会生活での相対的な安心を可能にしている。先進工業国の人々、そして今日では一部その他の地域の人々も、前近代において日常的に直面していた危機の一部——無慈悲な自然の力によるものなど——からは確かに守られている。他方ではしかし、新たなリスクと危険が脱埋め込みメカニズ

時間と空間の分離：世界規模のシステムまでを含む広大な時空を横断する社会活動の分節のための条件。
脱埋め込みメカニズム：象徴的通標と専門家システム（これらをあわせたものが抽象的システム）によって構成される。脱埋め込みメカニズムは相互行為を場所の特殊性から切り離す。
制度的再帰性：社会生活の組織および変形において、構成的な要素として、社会生活の状況についての知識を規則的に使用すること。

図1　モダニティのダイナミズム

ムそれ自身から生み出されてくる。この新しいリスクには、ローカルなものもグローバルなものもある。人工成分が添加された食料品は、伝統的な食料にはなかった有毒性を持っているかもしれない。環境危機は地球全体の環境システムを脅かすかもしれない。

モダニティとは本質的に、ポスト伝統的秩序である。脱埋め込みメカニズムに伴う時間と空間の変容は、社会生活を旧来の教えと実践のくびきから解き放つ。このことが、近代的制度のダイナミズムをもたらす三つ目の主要因、つまり徹底した**再帰性**の背景となる。モダニティの再帰性は、あらゆる人間行為に内属する行為の再帰的モニタリングとは区別されねばならない。モダニティの再帰性とは、社会活動および自然との物質的関係の大半の側面が、新たな情報や知識に照らして継続的に修正を受けやすいことを意味している。このような情報や知識は近代的制度にたまたま付随しているものではなく、近代的制度そのものを構成してもいる。こういった関係は複雑なものだが、それはモダニティにおいては再帰性を生む様々な知識が存在するからである。『セカンドチャンス』が示すように、社会科学はモダニティの再帰性にとって基本的な役割を演じている。社会科学は、自然科学のように単に「知識を蓄積」するものではない。

社会科学的知識と自然科学的知識の両者に関して、モダニティの再帰性は啓蒙思想の期待をくじいてしまった——もっともモダニティの再帰性は当の啓蒙思想の産物に他ならないのではあるが。近代科学および近代哲学の先駆者たちは、自分たちは社会的・自然的世界についての基礎づけされた確実な知識への道を用意したのだと信じていた。理性の要求は、伝統のドグマを克服し、恣意的な習慣・慣習の代わりに確実性の感覚を提供するのだ、というわけである。しかしモダニティの再帰性は実際には、自然科学の中心領域においてさえも、知識の確実性を掘り崩しているのだ。科学は、帰納的な証明の蓄積にではなく、方法論的懐疑の原則のうえに成り立っている。今ある科学の学説がいかに大事にされ、いかに首尾よく確立されていようと、それは新たな考えや発見による修正——あるいは全面的廃棄——の可能性に開かれている。モダニティと根本的懐疑とのあいだの切っても切れない関係は、いったん登場してくると、哲学者を混乱させるだけではなく、一般人にとっても実存的に困難な問題を引き起こす。

ローカルなもの、グローバルなもの、および日常生活の変容

モダニティのグローバル化傾向は、先ほど素描されたダイナミックな影響力に本来備わっているものである。時間と空間の再組織化、脱埋め込みメカニズム、そしてモダニティの再帰性はすべて、普遍化する特性を持っており、それは伝統的な習慣に出会ったときに発揮される近代社会生活の拡張主義的な輝かしい性質を生み出しているものである。モダニティが進める社会活動のグローバル化は、純粋に世界大の結合――グローバルな国民国家システムや国際分業にみられる結合のような――が発展する過程、とみることもできる。しかしながら一般的には、グローバル化という概念は時間‐空間の距離化の基本的側面を表すものと理解するのがベストである。グローバル化は現前と不在の交錯、ローカルな文脈から「遠く離れた」社会的な出来事や関係の絡み合いである。私たちはモダニティのグローバルな拡張を、距離化と、絶え間なく変動するローカルな状況・ローカルな営みとの継続的な関係と結びつけて把握する必要がある。上で述べられた他の過程――「時間と空間の分離」と「脱埋め込みメカニズム」――と同様、グローバル化は弁証法的な現象として理解されなくてはならない。そこでは距離化された関係の一方の極における出来事が、しばしば他方の極においてそれとは異なった、場合によっては正反対の出来事を生み出す

のである。**ローカルなものとグローバルなものの弁証法**は、この本の基本的な強調ポイントである。

グローバル化というのは、少なくとも一部の脱埋め込みメカニズムがもたらす帰結を考えれば、モダニティによってもたらされた変動から「身を引く」わけにはいかない、ということを意味している。これは、たとえば核戦争や環境破壊などのグローバルなリスクを考えればわかる。小範囲で機能しているものを含めて、近代的制度のその他の側面も、より伝統的な環境、つまり世界で最も「発展した」部分の外側で生活している人々に影響を及ぼしている。発展した地域においては、しかしながら、ローカルとグローバルとの結合は日常生活を深いレベルで変容させてきた。

私たちはこれらの変容を、直接に脱埋め込みメカニズムの観点から理解することができる。この脱埋め込みメカニズムは、日常活動の多くの側面を**脱習熟化**するように作用する。このような脱習熟とは、単に日常知識が専門家や技術的スペシャリストによって専有されるような過程ではない(というのも、彼らの専門知識分野には、頻繁に評価不可能な側面や激しい反論を受けるような側面が存在するから)。さらにこの過程は一方通行ではなく、専門情報はモダニティの再帰性の一部分として何らかのかたちで一般の行為者によって再専有される。このような見方は他の専門家と同じく社会学者の著作にも当てはまる。すでに見てきたように、『セカンドチャンス』のような書物に含まれる発見は、人々が人間関係、結婚、離婚について決断をしている世界へとしみ出していくのである。脱埋め込みメカニズムへの信頼は一般人に限られることはない。というのも、抽象的システムによって条件付けられた近代社会生活の多様な側面のほんの小さな一部分を越え出ても、なお専門家でありつづけることができるような人間など、誰もいないからである。近代世界に生活する者はみな、複数の抽象的システムによって影響されるのであって、自分の専門分野の表面的な知識しか扱うことができない。

抽象的システムの脆さや限界に気づくことは、何も技術専門家に限った話ではない。自分が接する技術的知識システムに対する確固とした信頼を抱いているような人間はそうはいないものだし、意識的にせよそうでないにせよ、すべての人間はシステム（あるいはシステムに対する異議）がもたらす競合する可能性のなかで選択を行っているものだ。信頼はしばしば実利的な容認と混ざり合う。個人は近代的制度と、いわば「努力協定」のようなものを結んでいるのだ。抽象的システムに対する様々な懐疑的・敵対的態度が、他者に対する自明視された確信と共存している。たとえば、ある人は添加物が混入している食物をなるべく避けようとするが、もしその人が食べるものすべてを自分で栽培しているのでなければ、優良な製品を届けてくれる「ナチュラルフード」の販売人に信頼が与えられなくてはならない。通常の医療に幻滅してホリスティック医療に向き直る者もいるかもしれないが、むろんこれは信仰の乗り換えに過ぎない。病気に悩む人のなかには、治療に関するあらゆる専門知識に懐疑的になるあまり、病状がいくら進行しても医者との接触を避ける者もいるかもしれない。しかしこのたぐいの根本的懐疑を持っている者でさえ、医療や医療研究システムのインパクトから完全に逃れることは実際には不可能だということに気がつくだろう。というのも、これらのシステムは、日常生活の具体的な要素と同様に、「知識環境」の多くの側面に影響を及ぼしているからである。たとえば医療システムは、食糧――「人工的」であろうと「ナチュラル」であろうと――の生産に関する法規に影響を与えている。

経験の媒介

実にすべての人間の経験は――社会化、特に言語の獲得によって――媒介されている。言語と記憶は、個人的な想起のレベルと集合的経験の制度化のレベルにおいて、本質的に結びついている。(8) 人間の生活にとっては、言語は時間‐空間の距離化の主要で本来的な手段であり、人間の活動をして動物の経験の直接性を越えさせるものである。(9) レヴィ＝ストロースのいうように、言語は世代を越えて社会活動を再生させ、また過去、現在、未来の差異化を可能にするタイムマシンである。(10) 語られた言葉は媒介・痕跡であって、それが時間と空間において消散するにしても、言語の構造特性に人間が習熟するおかげで、意味は時間－空間の距離を越えて保持される。口述と伝統とのあいだには必然的で密接な関連がある。ウォルター・オングが話すことと書くことの研究のなかで言うように、口述文化は「過去に対して多大の投資をしている。それはその高度に保守的な制度や口頭でのパフォーマンスや詩作の過程に現れている。それらは決まり文句的で、比較的変化しにくく、記録するための書き言葉が存在しないことから、過去の経験から貯蔵される得難い知識をそれが消え去ってしまわないように保持するよう企まれている」(11)。

レヴィ＝ストロースなどは、書字と「熱い」ダイナミックな社会システムの出現との関係を巧みに探究したが、メディアが社会の発展に対して持つインパクトを、特にモダニティの出現と結びつけて、精緻なかたちで理論化したのはイニスや彼に依拠したマクルーハンだけである(12)。両者とも、支配的なメディアの種類と時空間の変形との結びつきを強調している。メディアが時空間の関係を変容するのをどのくらい促進するかは、内容すなわちそれが運ぶ「メッセージ」にではなく、主にその形態と再現性にかかっている。たとえばイニスが指摘するには、書字を書き記すためのメディアとしてのパピルスの導入は、それが以前のものに比べひじょうに簡単に運搬され、貯蔵され、再生産されるゆえに、管理システムの及ぶ範囲を著しく拡張したのである。

モダニティはその「独自の」メディアと切り離すことができない。つまり印刷されたテクストおよびそれに続く電気信号である。近代的制度の発展と拡張は、これらのコミュニケーション形態が持ち込んだ経験の媒介のおびただしい増加と直接に結びついている。書物が手で生産されなくてはならなかったときは、読者層は連続的であった。つまり書物は人づてに手渡される必要があった。前近代文明における書物やテクストは本質的に伝統の伝達に利用されるものであり、ほとんどつねに「古典的」性格を持っていた。印刷物は多数の読者に多少の差はあれほとんど同時に配分されることができるから、時間と同様に空間も横断する。[13] グーテンベルクの聖書の出現からほんの半世紀後に、ヨーロッパ中の都市に何百もの印刷工房が登場した。今日では、印刷された言葉はモダニティとそのグローバルなネットワークの中心にありつづけている。人類のほとんどすべての既知の言語は印刷されているし、識字率が低い社会においても、印刷物およびそれを生産し解釈する能力は、管理および社会的調整の不可欠の手段である。グローバルなレベルでは、印刷物の総量はグーテンベルクの時代以来十五年ごとに倍増していると計算されている。[14]

印刷は初期の近代国家およびモダニティのその他の先行する制度の出現に及ぼされた主要な影響力の一つであるが、ハイ・モダニティに目を向けるならば、重要なのは印刷されたマスメディアと電子コミュニケーションがますます複雑に絡み合いながら発展していることである。大量に流通する印刷物の出現は通常、電子メッセージに先行する時代に属すると考えられている――特に、印刷メディアと電子メッセージを根本的に区別するマクルーハンはそう考えている。純粋に時間的な継起の観点から見れば、大量印刷物の最たるもの——すなわち新聞——はテレビの到来におよそ一世紀先行している。しかしながら、片方を他方の出現に先行する段階としてのみ理解することは誤解を招きやすい。電子コミュニケーションは当初から大量印刷メディアの発展にとって不可欠だったのである。確かに電信の発明は日刊および定期刊行の印刷物の最初の繁栄からいくぶん遅れてきたのだが、それは私たちに今日新聞として知られているものや、実に「ニュース」という概念そのものにとって基本的であったのだ。電話およびラジオのコミュニケーションはこの電子メディアと印刷メディアとのつながりをさらに拡張した。

初期の新聞（および多様に存在するあらゆる雑誌や定期刊行物）は空間の場所からの分離を完遂するうえで主要な役割を果たしたが、この過程はただ印刷メディアと電子メディアが統合することによってのみ、グローバルな現象となった。このことは近代新聞の発展を見てみれば容易に証明することができる。スーザン・ブルッカー＝グロスは、新聞の時間－空間の「守備範囲」における変化を以下のように検証した。彼女は電信が普及する以前の十九世紀なかばのアメリカの新聞の典型的なニュースは、一八〇〇年代初期やそれに続いて生産されたものとは異なっていることを発見した。ニュースはアメリカ国内の少々離れた都市からの記事をレポートしているが、これらは今日の新聞において読者が慣れ親しんでいる速報性を欠いているのだ。(15)

ブルッカー＝グロスが示しているように、電信が出現する前は、新聞記事は身近で新しい出来事を記述した。事件が遠ければ遠いほど、それは遅れて現れる。離れた場所からのニュースは彼女の言う「地理的束」というかたちでやってくる。たとえばヨーロッパからの記事は、船から文字どおりパッケージになって運ばれてきて、そのまま配られていた。「ロンドンから船がついたぞ。ここに運んできたニュースがある」となるわけだ。言い換えれば、コミュニケーションのチャンネル、および時間‐空間の差異の圧力が、印刷された新聞紙面における情報提示を直接に形づくるのである。電信やそれに続く電話その他が導入されたあと、記事の内容を決定する重要な要素となったのは、出来事が起こった場所ではなく出来事そのものとなった。大半のニュース・メディアは、メディア自身の位置という「特権的な場所」の感覚を保持する——つまりローカル・ニュースへの偏向を持つ——が、それは事件の傑出性を下地にするかぎりでそうなのである。(16)

テレビ、映画、ビデオが提示する映像イメージは、印刷された言葉を通しては得られない**媒介された経験**の手触りを作りだすことは間違いない。しかしながら、新聞、雑誌、定期刊行物その他の印刷物と同様、それら視覚メディアも脱埋め込みし、グローバル化するモダニティの傾向の現れであり、またそのような傾向の道具である。近代的制度の構成という点からすれば、時間と空間を再組織する媒介様式としての印刷メディアと電子メディアとの親近性は、その相違よりも重要なのである。このことは、モダニティにおける媒介された経験の二つの基本的特徴からみて妥当である。一つは**コラージュ効果**である。出来事がその位置づけに対して多かれ少なかれ完全に優位になってしまうと、メディアの発表は、「タイムリー」で重要であるというほかに共通するものを持たない記事や項目の並列というかたちで行われるようになる。新聞のページやテレビの番組ガイドはともにコラージュ効果の重要な例である。この効果は、一部の人間が言うように、物語の消滅や、はたまたおそらく記号のその指示対象からの分離さえも表しているのだろうか？[17] もちろんそんなことはない。コラージュは定義からして物語ではないが、マスメディアにおける異なった記事の併存は、なにも混沌とした記号のごたまぜを意味しているのではない。むしろ、並べられた別個の「記事」は、場所の束縛が大部分消え去ってしまったような、変形された時空間環境に典型的な、重大さの順序を表している。むろん、記事は一つの物語に総合されるようなものではないが、思想や意識の統合をあてにしているし、またある意味ではそれを表現しているのだ。

　モダニティにおける媒介された経験の性格が、二つ目の主要な特徴である。その特徴とは離れた出来事の日常意識への侵入である。このような日常意識は重要な部分で、遠く離れた場所での出来事を意識しながら構成されている。たとえばニュースで報道される多くの事件は、個人にとって外的で疎遠なものとして経験されるかもしれないが、同時に多くの事件は日常活動にそれとなく入り込んでいるのだ。媒介された経験によって作りだされた出来事に馴染むことは、おそらく頻繁に「現実の反転」の感覚を生み出す。つまり、報道された出来事に実際に遭遇したとき、メディアが報道するものほど具体的な存在感を持てないように感じられてしまうのだ。それだけではなく、日々の生活においてまれな経験(死や死に瀕している者との直接の接触)も、メディアの描写においてふつうに何度も目の当たりにされる。この現象について後に直面することは、心理的に込み入った問題となってしまう。この現象についてはのさらに触れるつもりである。心理的に込み入った問題となってしまう。いては、メディアは現実を映しているのではなく、現実を部分的に形成している。しかし、だからといってメディアは記号やイメージがすべてであるような「ハイパーリアリティ」の自律的領域を作りあげたと結論すべきだ、というわけではない。

モダニティというのは、断片化し、分裂させるものだ、という主張が常識となってきている。このような断片化は、モダニティを越えた社会発展の新たな局面——ポストモダンの時代——の出現を表している、と思い込んでいる者さえいる。しかし、近代的制度の統合的側面は、離散的側面と同様にモダニティ——特にハイ・モダニティの段階においては——にとって中心的なのである。時間と空間の「空疎化」は、以前には存在しなかった単一の「世界」を確立した過程を起動させた。中世ヨーロッパを含む大半の前近代文化においては、時間と空間は「特権的な場所」と同様に神と聖霊の領域とも混ざり合っていた(18)。全体的に見れば、前近代の「世界システム」に特徴的な文化と意識の多様なかたちは、純粋に断片的に並んでいただけの社会共同体を形づくっていた。対照的に後期モダニティは、人類がある意味では一つの「われわれ」になるような状況を作りだし、そこで対峙する問題と機会には、「他者」というものは存在しないのである。

ハイ・モダニティとその実存的パラメータ

ハイ・モダニティは、進歩的理性への広く行きわたった懐疑によって性格づけられる。またそれは、科学技術は諸刃の剣であり、人類に有益な可能性を提供しつつも新たなリスクと危険のパラメータを創出したのだという認識を伴ってもいる。このような懐疑は何も哲学者や知識人の書物や思索に限られるものではない。私たちは、再帰性の実存的パラメータを意識することがひじょうに広いレベルでの再帰性そのものの一部になってきていることを見てきた。ハイ・モダニティによって作り出された「世界」に生活することは、ジャガノート Juggernaut に乗っているような感覚を伴う[19]。それはただ単に、多少なりとも持続的で深い変化の過程が起こっているということではない。むしろ、変化が人間の期待にも制御にもつねに一致するわけではない、ということである。社会的・自然的環境がますます合理的な秩序化に服してくるだろうという予測の有効性は、証明されていない。モダニティの再帰性はこの現象と直接に結びついている。知識が、それ自身が分析し記述する行為環境へと持続的にもたらされることによって、ポスト伝統的な知識が循環的で当てにならないものになるだけではなく、実際に一連の不確実性がもたらされるのである。

進歩的理性――ものごとの性質をより現実的に理解することは、本質的に人間をより安全で有益な状態に導くという考え方――には、前近代の時代に由来する宿命 fate の概念の残滓が伴っている。宿命という考え方はむろん陰うつな影を持っているが、出来事の成り行きは何らかの仕方で前もって決定されている、といった意味をつねに持っている。モダニティ環境においては、伝統的な宿命の観念はいまだに存続しているかもしれないにしても、リスクが基本的要素となるような態度とは大部分一致しない。モダニティの抽象的システムによって多かれ少なかれ強制されている態度、すなわちリスクをリスクとして受け止めることは、どのような活動も前もって決められたコースをたどることはなく、いつでも偶発的な出来事が生じうる、ということを認めることである。この意味では、ウルリッヒ・ベックのようにモダニティを「リスク社会」として性格づけるのはひじょうに鋭い見方である。「リスク社会」とは、単に近代社会の生活は人間が直面すべき危険の新たな形態を招いたという事実以上のことを意味している。[20]「リスク社会」に生きるということは、肯定的にせよ否定的にせよ、行為の開かれた可能性に対して計算的な態度をもって生きるということなのであり、そのような行為において私たちは個人としてもまたグローバルにも、現代社会に持続的に向き合うのである。

近代社会の活動は、その再帰的に作動する――しかし本来的に移ろいやすい――ダイナミズムのゆえに、本質的に反実仮想的な性格を持っている。ポスト伝統的な社会的世界においては、無限の範囲を持つ行為の潜在的コースが（それに付随するリスクとともに）個人および集団に開かれている。そのような選択肢から選ぶことは、つねに「かのように」の事柄、すなわち「可能的世界」の選択の問題である。近代という環境に生活するということは、反実仮想的な出来事について日常的に思索するということであって、単に伝統的文化に特徴的な「過去志向」から「未来志向」への変換を意味しているのではない。

後期モダニティの極端な再帰性のもとでは、未来は単に来るべき出来事の予期から成り立っているのではない。「未来」は、知識が、知識自身が形成された環境へと持続的に還流されるという意味で、現在において再帰的に組織される。この同じ過程が、一見逆説的に、当の知識による予期をたびたび混乱に陥れるのである。ハイ・モダニティのシステムにおける未来学の人気は、風変わりな熱狂、古い時代の占い師の現代版ではない。それは、反実仮想的に可能性について考えることは、リスクの評定と評価をする際の再帰性にとって本質的なものである、という認識の現れなのだ。ある意味ではもちろん、このような考え方は近代的制度に長いあいだ組み込まれてきたものだ。たとえば保険はかなり早くから、資本主義市場に内包されるリスクだけではなく、多くの個人と集団におこりうる未来にも結びついてきた。保険会社の側での未来計算はそれ自体リスクを伴う試みではあるが、実践的行為の大半の状況においてはできないような方法で、重要なリスクに制限をかけてしまうことはできる。保険会社にとってのリスク計算は保険数理に基づいたものであり、保険会社は広域サンプルによって得られた見込みの計算に適合しないリスク——すなわち「神の御業」——を排除しようとするものだ。

人生はいつの時代も危険に満ちたリスキーなものであった。リスクの評定、および反実仮想的思考への傾向が、なぜ前近代システムと比べて近代社会生活においては特に重要となるのだろうか。私たちはこれに、専門知識についての疑問を加えてもいいだろう。すなわち、前近代文化においても人々は魔術師や治療師などの専門家に相談していたのだし、モダニティの信頼と抽象的システムには何らかの際立った特徴が存在するのだろうか、という疑問である。実際には、いずれの点においても、大多数の前近代システムとモダニティの制度とのあいだには大きな違いがある。二つ目の疑問に関していえば、この違いは、技術的知識と日常的知識との関係の性質とともに、抽象的システムの主だったすべての範囲に存在している。前近代社会、特に狭い範囲の社会には、専門家はいたが技術的システムはまずなかった。したがってこのような社会の個人メンバーにとって、もしそう望むならば、ほとんど自分たちのローカルな知識だけで、もしくは直近の親族集団の知識だけで、人生を送ることは可能なことであった。このような関わりあいのなさは、モダニティにおいては不可能である。先ほど指摘したように、このことはある意味で地球上にいるすべての人間に当てはまることであり、特に地理的にモダニティの中心地域に生活する人間にとって当てはまることである。

前近代とモダニティのシステムを比較する場合の、技術的知識と日常的知識との結びつき方の違いは、専門的なスキルと情報への一般行為者のアクセス可能性の違いにある。前近代文化の専門知識は、明示的な法典化を拒むような手続きや象徴形式に依拠することが多い。つまり、よしんば専門知識が法典化されるにしても、読み書き能力は少数の者によって用心深く独占されていたために、通常の個人には近づけないものであった。「スキルとアート」とは関係のない要素についてはとりわけ、専門家は一般人とは違うその卓越した地位を、主に難解な専門知識を保持することによって手に入れたのであろう。近代システムの専門知識の難解な側面は、知識の神秘性とはほとんどなんの関係もなく、長期の訓練と専門化によるものである——もっとも、（社会学者のような）専門家がおのれの技術的卓越性を護持するために、業界用語や儀礼でもってうわべを取りつくろうことも、確かによくあることなのであるが。専門化は事実、モダニティの抽象的システムの特性にとっての鍵である。近代的な専門知識に組み込まれている知識は、原則としてすべての人に利用可能なものであるが、それは個人がその知識を獲得するための資源、時間、エネルギーを手に入れることができるならば、の話である。一個人には近代知識システムのせいぜいごく小さな片隅で専門家になることくらいしかできない、という事実は、多くの人間にとって抽象的システムは不透明である、ということを意味している。その不透明な性質——これは脱埋め込みメカニズムにおいて信頼が広がる基礎となる要素であるが——は、抽象的システムが要求しかつ育成する、他ならぬ専門化の凄まじさからきているものなのだ。

モダニティの特化された専門知識は、モダニティの移ろいやすく暴走的な性格を直に導く。モダニティの専門知識は、ほとんどの前近代的知識とは対照的に、高度に再帰的に活用され、持続的な内部改良と有効性を目指したものである。専門家の問題解決の試みは、問題をより明確に精密に定義する能力（この性質がさらなる専門特化を生み出す）によって評価されることが多い。しかしながら、与えられた問題に精密に焦点を合わせるほど、その問題を取り巻く分野の知識は関係個人にとってぼやけてくるし、それだけ当の知識が適用できる特定領域を越えた範囲での結果を予想することができなくなる。専門知識はそれを取り巻くより大きな抽象的システムの内部で組織されるというのに、専門知識それ自身はますます狭い範囲に限定され、それが含みきれない意図せざる、予期せぬ結果を生み出しやすくなるのである——より高度な専門知識が発展することはあるが、その場合でも同じ現象が繰り返されるのだ。[21]

このように、特化された専門知識が予測不可能な結果に結びつくことは、リスク概念の重要性に加え、反実仮想的な思索がモダニティにおいてここまで重要であることの主な理由である。前近代文化においては、「先んじて考えること」は通常、貯蔵された知識を帰納的に使用することか、あるいは予言者に問い合わせることかのどちらかであった。たとえば穀物の生産であれば、未来の必要を予想して、記憶された季節の移り変わりに合わせて種を蒔かねばならない。伝統的に確立された農耕法が、おそらく専門的な魔術的助言を伴って、現在の必要と未来の結果とを結合するために採用されたであろう。近代社会生活においても、個人は「修理一般」や予期せぬ偶発性に関しては専門家に相談しながら、既存の習慣によってある程度のあいだやっていくことも可能かもしれない。専門家自身――再度強調しておくが、専門家とは明確に区別できるような社会層ではない――より広い帰結とか意味とかには少しも注意を払わずに、狭い専門範囲に頑固に集中することによって彼らの技術的な仕事に突き進むことも可能かもしれない。このような状況では、リスク評価は多かれ少なかれ確立されたものごとのやり方のなかにすっかり「埋没」してしまう。しかし、いつ何時このような実践が突然古臭いものになり、きわめて徹底的な変化にさらされ始めたとしてもおかしくはない。

専門知識は何も、知識が帰納的に機能する安定した環境を作りあげるのではない。新たな、本質的に移ろいやすい状況と出来事が、抽象的システムが拡張していくことの避けられない帰結である。再帰性を吹き込まれた行為の領域の外部にある危険は、今でも存在している（たとえば地震あるいは自然災害）が、しかし大半の危険は再帰的行為の領域によってフィルタリングされているか、あるいはある程度再帰的に積極的に作りだされている。私たちはしばしばリスクを、保険会社が計算するように、精密に評価されうる確率パラメータをもって考える。しかし後期モダニティにおいては、多くのリスクはそれを形づくる知識環境の移ろいやすさゆえに、明確な評価を許さない。さらに比較的閉鎖的な環境でのリスク評価さえも、しばしば「追って知らせがあるまで」有効なものでしかないのである。

なぜモダニティと個人的アイデンティティか

自己アイデンティティの変化とグローバル化は、ハイ・モダニティにおけるローカルなものとグローバルなものとの弁証法の二つの極である、と私は考える。言い換えれば、個人生活の親密な側面の変化は、ひじょうに広い範囲での社会的結合の成立と直接に結びついている。私は、多数存在する中間的な結合の存在を否認するわけではない——地方と国家組織とのあいだの結合などはその一例であろう。しかしハイ・モダニティによってもたらされた時間-空間の距離化のレベルはあまりに広範であるために、人類史においてはじめて、「自己」と「社会」とはグローバルな環境において相互関連するに至ったのである。ハイ・モダニティにおいては、様々な要因が自己アイデンティティと近代的制度とのあいだの関係に作用を及ぼす。先に強調したように、モダニティは人間の営為に、信頼のメカニズムとリスク環境における変化と結びついた基本的なダイナミズムをもたらした。モダニティは先行する時代に比べて不安要素が特別に多い時代である、と主張する者もいるが、私はこれは真実ではないと思う。不安と不確実さは私たちの時代ではなくとも存在したし、より狭く伝統的な文化における生活は今日よりも穏やかで単調だった、というたびたびなされる仮定はおそらく何ら正当なものではない。とはいえ、主な不安の内容と形式は、確かに変化したのである。

モダニティの再帰性は自己の核心部にまで及ぶ。別な言い方をすると、ポスト伝統的な秩序においては、自己は**再帰的プロジェクト**となるのだ。個人の生活の変遷はつねに心的な再組織化、伝統的文化においてしばしば通過儀礼というかたちで儀礼化されたものを要求する。しかし伝統的文化では、ものごとは集合体のレベルでは世代が代わっても多かれ少なかれ同じでありつづけたため、変化したアイデンティティ——青年期から成年期への変化のような——ははっきりと確認された。対照的にモダニティという環境では、変容する自己は個人的変化と社会的変化とを結びつける再帰的な過程の一部分として模索され構築される。このことはウォラースタインとブレイクスリーの研究においてはっきりと強調された点であるし、また彼らの著作はこのような過程の検証であるだけでなく、このような過程を構成するのに寄与してもいるのだ。彼らが言うような、個人が結婚を解消したあとに開拓する「新しい自己の感覚」は、たとえば近代的な継親としての親業 step-parenting のような革新的な社会形式の道を開く過程の一部として成立するのである(まさにこの「親としての役目を果たす parenting」という言葉は比較的最近つくられたものであり、この言葉は自身が今描写しているものを構成する働きをする)。ウォラースタインとブレイクスリーが分析している「自分の子ども期の経験に立ち戻る」過程は、まさに自己アイデンティティの再帰的流動化の一部である。これは何も人生の危機に限定されるものではなく、心的再組織化に関連する近代的社会活動の一般的特徴なのである。

このような状況では、抽象的システムはモダニティの制度的秩序だけでなく自己の形成と連続性にも中心的に関わってくる。たとえば幼い子どもの社会化は、一つの世代による他の世代への直接の伝授よりも、ますます専門家(小児科医および教育家)の助言や指導に依存するようになる——そしてこの助言や指導はそれ自体、進行中の調査研究に再帰的に反応するのである。アカデミックな領域として、社会学と心理学はこのように再帰的な自己と直接結びついている。しかしながら抽象的システムと自己との最も顕著な結合は、あらゆる種類のセラピーおよびカウンセリングの出現において見出される。セラピーの発展を、近代的制度が自己の経験や感情に対して持つ減衰効果への反応として、純粋に否定的に理解する仕方もあるにはある。それによれば、モダニティは狭い共同体や伝統の保護的な枠組みを取っ払ってしまい、それをより巨大で非人格的な組織に置き換えてしまったのだ、ということになるだろう。個人は、伝統的な舞台において与えられていた心理的支えや安心感を欠いた世界において、切り離され孤独であると感じる。セラピーは頼るべき人を提供する、すなわち世俗的な懺悔である、というわけである。

私は、このような見解は全面的に放棄されるべきだ、と言いたいわけではない。それは間違いなく部分的には有効であるからだ。しかしながら、このような考え方が根本的に不適当なものであると考えるにもっともな理由もある。自己アイデンティティはモダニティにおいては、より伝統的な文脈における自己‐社会関係とは対照的なかたちで問題のあるものとなっている。これは単なる喪失状況ではないし、またそれは不安のレベルが必然的に増加するということを意味しているのでもない。セラピーは新たな不安に対処する単なる手段ではなく、自己の再帰性の表れなのである。ここにおいては、個人のレベルでは、モダニティのより広い制度と同じく、機会と潜在的カタストロフィーとが同じ物差しで比較される。

このポイントは以下に続く部分で詳述される。しかしこのような問題について論を展開していく前に、自己と自己アイデンティティとに関する一般的問題を取り上げねばならない。この考察は、さらに展開される考え方と合わせて、この研究全体の一般的な概念的背景となるものである。

第二章　自己：存在論的安心と実存的不安

自己アイデンティティの説明は、個人の心理構成の全体像という観点から発展させる必要がある。このような全体像は「層化モデル」のかたちをとるべきであると、以前の著作で私は提案した。(1) 人間であるということは、自分の行動とその理由を、ほとんどいつでも何らかの記述という観点から知っているということである。これが私たちの出発点である。この立場の論理は、実存主義的現象学とウィトゲンシュタイン哲学の視点から十分探究されてきた。日々の活動のなかで生産され、再生産される社会的慣習は、生活の様々な場面で「行いを続けること going on」の一部として、行為者によって再帰的にモニタリングされている。この意味での再帰的意識はあらゆる人間行為の特徴であり、前章でモダニティの本質的要素として言及された、広範に発達した制度的再帰性に特有の条件である。あらゆる人間は、自らの活動の環境を自分の行為の特徴としてモニタリングしており、このモニタリングはつねに言説的特徴を備えている。つまり、行為者は、自らが従事している行為について問われれば、その性質やその理由についての言説的な解釈を通常与えることができる。

人間という行為主体の持っている理解能力は、しかしながら、自らの行為の条件についての言説的意識にとどまらない。「行いを続ける」ことができることに関わる要素の多くは、実践的意識のレベルで保持され、日常の活動の連続性のなかに組み込まれていく。実践的意識は、行為の再帰的モニタリングにとって不可欠なものであるが、それは、無意識的ではなくて、「非意識的」である。実践的意識の大部分の形式は社会的活動の最中に「心に留めておく」ことはできないであろう。というのも、これらの形式が暗黙あるいは当然とみなされる類のものであるということは、行為者が目の前にある課題に専念する上で必須の条件であるからだ。だからといって、無意識と意識が一般に分離しているように、言説的意識と実践的意識とが認知上の障壁で隔てられているわけではない。無意識の認知様式や感情機構は、定義からして、意識に昇ることに特に抵抗する。それは歪められ、置き換えられたかたちでしか、意識に現れることはない。

存在論的安心と信頼

実践的意識は、すべての文化における広範囲な人間の活動を特徴づける、**存在論的安心**

ontological security という感覚の認知面や情緒面での要となっている。存在論的安心という概念は実践的意識が暗黙的であるという特徴と密接に結びついている。現象学の表現でいうなら、存在論的安心は、日常生活での「自然的態度」で前提とされている「括弧入れ」に密接に結びついている。日々の行為や言説の瑣末にみえるものの裏側には、混沌が潜んでいる。しかも、この混沌は単なる無秩序ではない。事物や他者についての現実感そのものの喪失である。この点において、ガーフィンケルが行った日常言語に関する「実験」は、人間の存在の持っている根本的な特徴についての哲学的な省察とひじょうに密接に結びつくことになる。(2) 日常生活の最も単純な質問に答えたり、もしくはぞんざいな発言に対応したりするだけでも、個人にとって潜在的にはほぼ無限の可能性を括弧に入れることが必要になる。ある反応は、現実についての共有された——しかし証明されず、証明もできない——枠組みがあってはじめて「適切な」あるいは「容認できる」ものになる。人や事物について共有される現実の感覚は、頑強であると同時に脆弱である。この頑強さは、日々の社会的行為の文脈をふつうの行為者が生産し再生産することによりそれが高い信頼性を帯びることに表れている。ガーフィンケルの実験はひじょうに強固に維持されている慣習に違反する。そのため、この実験における違背に接した人々の反応は劇的で直接的なものであった。

この反応は認知面および情緒面での方向喪失である。自然的態度の脆弱さは、ガーフィンケルの実験の手順を検討した者なら誰にでも明らかなことである。日常生活の慣習がたいていは堰きとめることに成功している不安が流れ込む、ということが起こったのである。自然的態度は、毎日の活動を続けるためには自明視しなければならない自分や他者、対象－世界に関する疑問を括弧に入れる。単刀直入にこれらの疑問が提起されるならば、その答えは、知識は全体として「基礎づけを欠いている」という以上に、根本的に不確実なものである。むしろ、この疑問を解決することに内在する困難は、より「証明可能である」と思える知識や主張にすら完全に揺らぎのない根拠を与えることができない理由の根底にあるものだ。何世紀もの哲学上の探究が見出したように、懐疑的な眼差しのもとであれば消え去るようなことがらを、日常生活を送るために、私たちは通常自明視している。このようなことがらは、哲学的分析のレベルでも、心理的危機を経験している人における実践的レベルでも、実存的と呼ぶことが適切なものを含む。それは、時間、空間、持続性、アイデンティティについての問いである。自然的態度においては、行為者は、自らが遵守している相互行為の慣習によって維持されているが、決して「根拠づけられて」はいない、自らの行為の実存的パラメータを自明視している。持続や外延というカテゴリに加えて事物や他者、そして――本書の研究にとっては特に重要である――自己についてのアイデンティティを暗黙に承認しているということを、実存的にはこれらの相互行為の慣習は前提としている。

抽象的で哲学的な議論のレベルでこれらの問題を探究することは、実際にこの問題を「生きる」こととはもちろん、まったく異なる。毎日の慣習の平凡さの裏側に潜む混沌は心理的にはキルケゴールのいう意味での恐れ dread ととらえることができる。すなわち、私たちは「世界内存在」であるということを一貫して感じているが、恐れとは、その感覚の根元を揺るがす様々な不安 anxieties によって押しつぶされてしまうと予期することである。実践的意識は、それが再生産する日々のルーティーンとともに、この不安を括弧に入れることに役立つ。その理由は、実践的意識とルーティーンが社会的な安定を意味しているからだけではない。このことは主要な理由ですらない。それは、実存的問題に関する「かのように」の環境 an as if environment を編成するという構成的な役割を果たすからである。実践的意識とルーティーンは様々な方向付けの様式を与え、その様式が実践レベルでは、存在の枠組みについて提起されうる諸問題に「答えている」。この「答え」の基盤は単に認知的であるというより情緒的なものであるということを理解することは、以下の分析にとってたいへん重要になる。異なる文化的環境が、実存的問題に象徴的解釈をもたらすことによって、日常生活の一貫性に対して達成されうる「信仰」を許容する程度は、以下に論じるようにきわめて重要である。ただ、意味の認知的な枠組みがこの信仰を生み出すときにはかならず、同程度の基底的な情緒面でのコミットメント——これから論じるように、このコミットメントの起源は大部分、無意識なものである——が存在する。信頼や希望、勇気はすべてこのコミットメントに関連している。

人間の心理的発達において、この信仰はいかに達成されるのであろうか？　存在論的安心によって人は転機や危機、高リスクの環境を乗り切っているのだが、何がこの存在論的安心の感覚を作りだすのであろうか？　情緒的またいくらかは認知的な意味での現実の実存的基盤への信頼は、幼児の早期の経験によって獲得される、他者の信頼性についての確信にかかっている。エリク・エリクソンがD・W・ウィニコットをまねて「**基本的信頼**」と呼んだものが、他者、事物‐世界、自己アイデンティティに対する総合的な情緒的‐認知的方向性のもととなる、根元的な結びつきを形成する。(3) 基本的信頼を経験することは、エルンスト・ブロッホが語る「希望」の中核であり、ティリッヒが「生きる勇気」と呼ぶものの根元にある。早期の養育者からの愛情に満ちた関心を通して基本的信頼は発達し、それは自己アイデンティティを、他者の評価と決定的に結びつけることになる。基本的信頼の前提となる早期の養育者との相互性は主に無意識の社会性であり、この社会性が「主我I」と「客我me」に先行しており、この両者のあらゆる分化のア・プリオリな基礎になっている。

基本的信頼は、対人関係に関する時間と空間の編成に必然的に結びつく。養育者が自分と別のアイデンティティを持つという意識は、不在を情緒的に受容することから生まれる。それはすなわち、幼児の前に存在しないとしても、養育者が戻ってくるという「信仰」である。基本的信頼は、幼児と主な養育者とを関係づけつつも引き離す、ウィニコットが「潜在空間」と呼んだもの（実際には、時間－空間の現象である）をつうじて形成される。潜在空間が作られることによって、幼児は全能感から現実原則の把握へと移行する。しかし、ここでの「現実」は、単に所与の対象－世界と理解すべきではない。幼児と養育者の相互性をとおして構成的に編成される経験として理解すべきである。

人生の早い時期から、幼児と養育者とのあいだの潜在空間における関係の形成に習慣やルーティーンが根本的な役割を果たす。ルーティーンと、調整的な慣習の再生産と、成長後の諸活動における存在論的安心とのあいだに中核的な結びつきが創り上げられる。この結びつきからみれば、日々のルーティーンの些細と思われる側面が、ガーフィンケルの「実験」が示した情緒的重要性を帯びる理由を理解できる。だが、日々のルーティーンは、そのしつけとの早期の関わりが示唆するように、根深い両義性を表す。ウィトゲンシュタインが明らかにしたように、ルーティーンな活動は決して自動的に実行されるだけではない。社会生活を「行い続ける」ためには、身体や言説のコントロールの側面で行為者はつねに注意を維持しなければならない。習慣やルーティーンの維持は、脅威となる不安に対する重要な防壁であるが、その一方で、重要な防壁というまさにその理由のために、この維持はそれ自体として緊張に満ちた現象である。

ウィニコットが言うように、幼児は、「想像を絶するような不安の縁につねに立たされている」。生まれたばかりの幼児は「存在者 a being」ではなく、「存在への途上の者 a going on being」である。つまり、養育者が与える養育環境によって「実存へ招き入れられる」必要がある。(4) ルーティーンをしつけることは「存在 being」の感覚と、その「非在 non-being」との分離を育むことによって、実存に関する「定形枠組み」の構成に寄与する。この分離は存在論的安心にとって根本的なものになる。この枠組みのなかには対象‐世界の諸側面への方向付けが含まれ、この方向付けによって象徴的残余が成長後の人生に入り込む。ウィニコットの用語でいえば、「移行対象」は、幼児と養育者とのあいだの潜在空間を橋渡しする。これらの最初の「自分ではない」対象物は、それがほとんどつねに結びついているルーティーンと同様に、不安への防衛であると同時に、対象物や人物の安定した世界をあらたに経験する際のリンクとなるものでもある。移行対象は、フロイトの言う意味での「現実吟味」に先行する。なぜなら、それは、子どもが全能的支配から操作による支配へ移る具体的手段の一部であるからだ。

通常の環境で子どもが養育者に与える信頼は、実存的不安への一種の情緒的予防接種と理解できると、私は主張したい。つまり、将来の脅威や危険に対するこの保護によって、子どもはあとになって、どんなに困惑する環境に出会っても、勇気と希望とを維持できるようになるのだ。基本的信頼は、行為や相互行為の環境における、リスクや危険に対するふるいである。ふつうの人々はすべて防御のための甲羅、すなわち**保護被膜**をもち、それによって日々の諸事にあたることができているが、基本的信頼はそうした甲羅あるいは保護被膜の情緒的な支えである。

生命を維持することは、身体的な意味でも、心理的な健康の意味でも本質的にリスクにさらされている。人間の行為は、行為主体が持っている計算能力とともに、媒介された経験にひじょうに強く影響されている。この事実が意味していることは、(原理的には)すべての人間が生きることそのものが含んでいるリスクへの不安によって圧倒されるかもしれないということである。「大丈夫」という感覚は、基本的信頼からもたらされる。その感覚は一般的な希望的態度を促し、否定的な可能性を遮断する。保護被膜は本質的に、安心だという揺るぎない信念ではなく「非現実」の感覚である。つまり、保護被膜とは、行為者の身体的および心理的統一性を脅かす出来事が起こる可能性を、実践レベルで括弧に入れることである。あらゆるリスクに埋め込まれている否定的な偶有性が現実であることを示すような出来事が、保護被膜による防壁を一時的もしくは恒久的に貫くことがある。車を運転する人はみな、重大な交通事故の光景の脇を通りすぎるときに、ハッとして、そのあと――数マイルのあいだであっても――スピードを落として運転した経験を持つのではないだろうか? このような例は、抽象的な可能性の反実仮想的な世界のなかでではなく、身近ではっきりとしたかたちで運転のリスクを示し、それゆえ一時的に保護被膜を引きはがす役目を果たすものだ。けれども、大丈夫という感覚はすぐに戻ってきて、運転者はまたスピードを上げるかもしれない。

自明なルーティーンと存在論的安心の相互依存を強調することは、「事態が良好である」という感覚が、習慣への固執によってもたらされるということを意味するものではない。逆に、どんなことがあろうとも既存のルーティーンへ無条件にコミットすることは、神経症的強迫のサインである。この強迫は、基本的信頼を生み出すように潜在空間を切り開くことに――なんらかの理由で――子どもが失敗することに起因する。それは克服されない不安から生まれる強迫性であり、既存のパターンを超えて社会関係を作りだすような明確な希望を欠いている。ルーティーンが成長途上の人間の自律性にとって中心要素であるとしても、社会生活という文脈のなかで「行いを続ける」方法を実践的に習得することは創造性を阻害しないということになる。むしろ、この習得は創造性を前提とするとともに、創造性の前提となるものである。典型的ケースは言語の獲得と使用であるが、言語の領域に当てはまることは幼い頃の学習や経験にも当てはまる。

創造性は、既存の活動様式に対して革新的に活動したり思考したりする能力を意味するが、基本的信頼に密接に結びついている。信頼自体が、そのまさに本質上、ある意味創造的である。なぜなら、信頼は、「未知なるものへの飛躍」というコミットメント、つまり、新しい種類の経験を受け入れる準備を意味する、運の人質となることを伴うからである。

しかし、信頼することは（無意識的であろうとも、意識的であろうとも）喪失の可能性に直面することである。基本的信頼の場合には、それは養育者（たち）の援助を喪失するかもしれないということである。喪失の恐怖は努力を生む。子どもは、慣習の最も反復的な実行にすら投入されなくてはならない「認知的作業」を学ぶとともに、関係に情緒的に「働きかける」ことによって基本的信頼を維持する。

他者や対象 ‐ 世界との創造的な関係は、ほとんど確実に心理的満足や「道徳的意味」の発見の基本的要素となる。ルーティーンな現象として創造性を経験することが、個人的価値の感覚の基本的な支柱であり、それゆえに心理的健康の支柱であるということは、深遠な哲学的人間学によらずとも理解できることである。ルーティーンの強迫的実行のために、あるいは周囲の人や対象に完全な「内実」を付与できないために、人が創造的に生きることができないとき、慢性的な憂鬱傾向や統合失調症的傾向が生じる可能性がある。ウィニコットは、子どもの早期の人生で「平均的で予測可能な環境」は、このような創造的関係の発達にとって必要条件であると指摘している。幼児は「狂気」の時期を切り抜けなければならない。ウィニコットの言葉でいえば、この「狂気」は、「赤ん坊に許された特殊なかたちで赤ん坊が狂気であることを可能にする」。それは、「成長後に現れたときのみ真の狂気となるものである」。早期のルーティーンが獲得され、幼児と養育者とのあいだに潜在空間を切り開く段階では、幼児の「狂気」は創造性である。幼児は、「対象を創造する。しかし、幼児が対象を創造するとき、もしその対象があらかじめその場にないならば、その対象自体創造されないだろう」(5)。

基本的信頼を創り出すことは、他者や対象のアイデンティティの彫琢の条件であるとともに、自己アイデンティティの彫琢の条件でもある。幼児と養育者とのあいだの潜在空間は、「自分ではないもの not-me」として自分以外の対象を拒否する手段を与える。養育者が子どもの欲求を満たすのにつねに払っていた配慮を減少させるにつれて、幼児は主な養育行為者と融合している局面から脱し、この行為者から自分自身を分離する。分離を通して早期の（そして無意識の）自分ではないものが出現することを可能にする潜在空間は、成人に対する心理療法のある時点で達成される分離の段階に対応する。幼児期早期の愛着の場合と同様、信頼と信頼性によって達成されているのではない分離はトラウマ的な帰結を生じることがある。幼児と成人患者の双方において信頼は、潜在空間を切り開くことに含意される時間－空間上の不在を処理する様式である。幼児の場合より意識的で自覚的であるが、患者は、幼児と同様に、自律性を達成する過程の主要な部分として、手離すということをする。その過程で分離は分析家によっても受容される。

不安と社会的組織化

前節で論じたのは、人生の早期において獲得されたルーティーンや、それに関わる習得の諸形式は、人や対象の所与の世界への適応という以上に大きな意義のあるものだ、ということであった。これらは安定した人間の実存に必須の、「外的世界」の現実の情緒的な受容を構成する。同時に、この受容は、自分ではないものの学習をつうじて、自己アイデンティティの起源になる。このような見方は、現実との早期の出会いの情緒的側面を強調するが、外的現実の性質に関するウィトゲンシュタインの見解とも完全に符合する。ウィトゲンシュタイン哲学は時おり、解釈者によって相対主義的な方向に位置づけられるが、ウィトゲンシュタインが相対主義者ではなかったことは明白であると思える。普遍的に経験される、外的現実の世界は存在する。しかし、行為者が自分の行動を組織化するもととなる慣習の意味ある要素に、その世界が直接的に反映されているわけではない。意味は、外的現実の記述をとおして構成されるわけでもなければ、私たちの現実との遭遇とは無関係に秩序づけられる意味のコードのなかにあるわけでもない。むしろ、「言葉に置き換えられないもの」――日々の実践のレベルでの人や対象との交流――が、語られうるものや実践的意識に含まれる意味の必要条件を形成するのである。

それゆえ、言葉の意味を知るということは、日々の生活のルーティーンの実行の不可欠な一部として言葉を使用できるということである。私たちは、現実をそれ自体として知覚することから、現実を知るのではない。日々の実践のなかで形づくられる差異の結果として現実を知るのである。「テーブル」という言葉の意味を知るようになるのは、テーブルの使用目的を知ることであり、そこには、テーブルの使用が椅子やベンチのような他の機能的対象と、いかに異なっているか知ることもまた含まれる。意味は差異の集合を前提とする。しかし、それは、日々の経験で出会う現実の一部として受け入れられた差異であって、構造主義がいうシニフィアン間の差異だけではない。

言語の獲得に先立って、幼児と養育者のあいだに導入された潜在空間のうちに差異が確立され、それが後に言語的な意味に発展する。現実とは今‐ここ、つまり直接的な感覚的知覚の文脈だけではなく、不在のもの――当座は見えないものや、直接的には出会うことはないけれども、その「存在」を単に受け入れているもの――のアイデンティティと変化でもある。このため、外的現実について学ぶことはほとんど、媒介された経験に関することである。媒介された経験のより豊かなテクスチュアの大部分は分化した言語的詳細に依拠するが、外的現実の諸性質の理解はずっと早く始まっている。不在の人や対象の特徴を学ぶこと――現実の世界を現実として受け入れること――は、基本的信頼が与える情緒的安心に依存する。幼い頃に十分に基本的信頼が発達しなかった人の生活につきまとうかもしれない非現実感には様々な形態がある。たとえば対象‐世界や他者が影のような存在に感じられることもある。あるいは自己アイデンティティが継続するという明確な感覚を維持できないこともある。

不安とは、特定のリスクや危険に結びついた状況特定的な現象としてだけ理解すべきではない。むしろ、個人が発達させる安心システム全体から理解しなければならない。不安は恐怖 fear と区別しなければならない。このことは、この主題についてのほとんどすべての研究者が同意している。恐怖は特定の脅威への反応であり、それゆえ明確な対象を持つ。これに対して不安は、フロイトが言うように「対象を度外視している」。言い換えれば、不安は個人の感情の一般化された状態である。フロイトはさらに、ある状況のなかでどれほど深く不安を感じるのかは、その人の「外界に対する知識と権力感」に大部分依存している、という。(6)「不安を感じながらの準備」の状況は不安そのものと異なる。なぜなら、不安を感じながらの準備とは、脅威の根源に有機体が直面する際に、生理的・機能的に態勢が整っているという状況だからである。行為のための準備は、いわば、危険への適切な反応を促進するものである。(7)不安そのものは促進的ではなく、適切な行為を生み出さず、それを麻痺させがちである。

不安は拡散的なものであるがゆえに、自由に漂う。つまり、特定の対象を欠いているので、不安はもともとそれを引き起こしたものに(無意識的には的確なのだが)間接的に反応するような物、特徴、状況に固定される。フロイトの論文には、様々な種類の固着や強迫を示すが、それ以外の面では不安感情から比較的自由であるように見える人々の例が多く取り上げられている。不安は代償的である。すなわち症状が不安にとって代わり、不安は身についた硬着的行動パターンに「呑みこまれてしまう」。とはいえ、このパターンは緊張に満ちたものである。というのも、当該の行動をなしえなかったり、妨げられたりするとき、不安が吹き出すからである。代償形成は、不安の管理の面で二つの利点がある。つまり、両義性から生じる心的葛藤を直接に経験することを避けることと、その主要な原因から不安がさらに発展することをブロックすることという利点である。不安は無意識的抑圧から生じるのではない、と結論することは妥当であろう。逆に、抑圧とそれに伴う行為上の症状は不安によって作られる。不安とは、本質的には、外在化された脅威ではなく「内的危険」を示す情緒的緊張を無意識に形成したために対象を失った恐怖である。不安は本質的に、恐怖が無意識的に組織化された状態として理解されなければならない。不安な気持ちは、ある程度意識のレベルで経験されうる。しかし「私は不安である」と言う人は、自分が何について不安なのかということもふつう知っている。この状況は、無意識のレベルでの不安の「自由浮遊的」性格とは明確に異なるものである。

すべての人が、様々なルーティーンを基盤として、存在論的安心の枠組みを発達させる。人々は、危険や、それに伴う恐怖に、毎日の行動や思考の一部となっている情緒的・行動的「決まりごと」によって対処する。不安は恐怖と異なる。不安は個人の安心システムの統合性に対する脅威であると（無意識的に）知覚されるものに関わる。フロイト自身ではなく、ハリー・スタック・サリヴァンによって成し遂げられた不安についての分析が、この点でひじょうに役に立つ[8]。サリヴァンは、子どもの生活においてきわめて早い時期に安心の欲求が現れ、それは「人間においては飢えや渇きから生じる衝動よりもはるかに大切である」ということを強調している。(9)

　ウィニコットやエリクソンと同じように、サリヴァンは、幼児が早期に感じる安心感は、養育者の愛情に満ちた世話に基づく、と強調している。これを、サリヴァンは親による是認と否認への幼児の感受性の点から解釈する。不安を感じるのは、養育者による否認を──現実にもしくは想像上で──感じることによる。これは、他者による否認に対して意識的な反応を発達させるはるか以前のことである。不安は、他者の反応と出現しつつある自尊心に関わる「世界全体の」経験として感じられる。基本的安心システムが一度できあがると、不安は自己の中核を攻撃する。このため、個人が不安を対象化することはひじょうに難しい。不安の増大は、対象‐世界の構築的特徴との関係においての自意識が曖昧になるため、自己アイデンティティの意識を脅かしがちである。基本的安心システム、すなわち存在論的安心の源がなければ、人は、基本的信頼を通じて認知的に組織される人や事物の世界と関連づけて自己を経験することができない。

　不安と恐怖、あるいは外的に構成された対象を持つ懸念との区分は、よく神経症的不安と正常な不安とのあいだの区分と組み合わせて論じられてきた。(10)けれども、不安が基本的に無意識的作用に依存することを認めるならば、この後者の区分は不要と思われる。すべての不安は正常であるとともに、神経症的である。基本的安心システムのメカニズムが不安を生成する要素をつねに含むという点で、それは正常である。フロイトの言うところの、不安が「対象を持たない」という点で、それは神経症的である。不安が人格を阻害する影響の程度やたとえば強迫的ないし恐怖症的行為に表れる程度は、その人の心理社会的な発達によって異なるが、これらの特徴は不安の種類に左右されるものではない。むしろ、これらは不安のレベルやそれに関連する抑圧の性質に関わる。

不安は、主な養育者（多くの場合母親）からの分離の恐怖にその源がある。この現象は、幼児にとって、出現しつつある自己や、より一般的には存在論的安心の核を脅かすものである。喪失の恐怖——養育者の時間－空間的な不在に対して発達する信頼の否定的側面——は、早期の安心システムに浸透する特性である。喪失の恐怖はさらに、放棄の感覚によって生み出される敵意に結びつく。それは信頼と一体となって、希望と勇気を作りだす愛という感情のアンチテーゼである。不安が幼児のなかに喚起する敵意は、無力であることの痛みへの反応と考えれば最もわかりやすい。この敵意は、制限されたり転換されたりしなければ、さらなる不安を惹起する。幼児の怒りの表現に反応して養育者が敵意を持つような場合は特にそうである。(11)

同一化と投影は、不安と敵意が増幅する可能性を避けるための主要な方法である。同一化は部分的であり文脈に左右される——不安を生み出すパターンの解消や軽減に関わる他者の行為の特性やパターンを引き継ぐことである。それはつねに緊張に満ちたものである。

というのは、それが部分的であり、投影のメカニズムを含んでおり、基本的に潜在的不安への防衛的反応だからである。養育者の不在が喚起する不安、すなわち基本的信頼の発達の場である時間 - 空間関係は、同一化への最初の刺激となるとともに、対象 - 世界の特徴を理解する認知的学習の過程の端緒でもある。つまり、「他者の一部になること」によって、不在や、別個の人としての「他者」とは何であるのかを、徐々に理解することになる。

不安、信頼、社会的相互行為の毎日のルーティーンは互いに密接に結びついていることから、日常生活の儀礼が対処メカニズムであることは容易に理解できる。この見解は、このような儀礼が、機能的な観点から、不安の縮減の手段（それゆえ、社会統合の手段）と解釈されるべきであるという意味ではない。むしろ、儀礼は、不安を社会的に管理する方法と関係しているという意味だ。ゴッフマンが見事に分析した、街頭ですれちがう見知らぬ人々のあいだの「儀礼的無関心」の遵守は、公共的場面での相互行為に必要な、一般的信頼の態度を維持することに役立っている。[12] これは、日々の相互行為でモダニティが「実行されている」ことの基本的な部分である。このことは前近代の文脈での典型的な態度とこの現象を比較することで理解できる。

儀礼的無関心は、近代の社会生活の公的場面への参加者が結ぶ相互承認と保護という暗黙の契約を表す。街頭で他の人と出会うとき、人は眼差しをコントロールすることで他者が尊重に値することを示し、視線を調整することで、自分が他者にとって脅威ではないことを示す。そして、他者も同様のことを行う。「なじみのある」者と「見知らぬ」者との境界が明確な多くの伝統的な文脈では、人々は儀礼的無関心の儀礼を持たない。他者の視線をまったく避けるか、近代の社会環境のなかでは無礼か脅威と思われる仕方で他者を見つめるだろう。

日常生活での信頼や機転の儀礼は、ゴッフマンによって論じられているように、単に自分や他者の自尊心を守る（あるいは特定のやり方で使用されるときは、自尊心を攻撃する、または損なう）方法以上のものである。信頼や機転の儀礼は——身振り、顔つき、眼差しのコントロール、言語の使用を通して——日々の相互行為の根幹に関わるものであるがゆえに、存在論的安心の最も基本的な側面に触れるものである。

実存的問題

存在論的に安心であるということは、すべての人間生活がなんらかのかたちで対処している根本的な**実存的問題**に、無意識や実践的意識のレベルで「答え」を持っているということである。キルケゴールが言うように、ある意味で不安は人間の自由につきものである。自由は、人間の所与の性質ではなく、外的現実や個人的アイデンティティについての存在論的な理解を獲得することに由来する。人間が獲得する自律性は、媒介された経験の範囲を拡張する能力に由来する。すなわち、それは感覚的に関与しうる身近な環境を超えた対象や出来事の属性を知ることからもたらされる。このように考えれば、キルケゴールが不安を「自由の可能性[13]」として記述したことを再解釈できる。一般現象として不安は、先のことを考え、現在の行為に関連づけて反実仮想的に未来の可能性を予期する能力——むしろ必要性——からもたらされる。しかし、さらに根元的には不安（もしくはその起こりやすさ）は、存在論的安心が示唆する、人や事物の独立した存在に対する「信仰」そのものに由来する。

心理的発達の早期に幼児が「答える」第一の実存的問題は、実存それ自体に関するものである。つまり、幼児は「外的現実」の存在論的枠組みを発見するのだ。キルケゴールが不安——あるいは基本的恐怖——は「非在に対する存在の戦い」であると分析したとき、彼は直接この問題を指摘している。人間にとって「存在」することとは、存在論的な意識を持つことである[14]。幼児の発達経験において存在論的意識と自己アイデンティティ意識がどれほど密接に関係していようとも、存在論的意識と自己アイデンティティ意識とは同一のものではない。「非在に対する存在の戦い」は、現実を「受け入れる」だけでなく、日々の生活の文脈において「行いを続ける」ことに必須の側面として存在論的準拠点を作りあげるという、個人にとっての永続的な課題である。実存とは、キルケゴールの言う世界内存在の一様式である。毎日の生活を「行う」とき、あらゆる人間が存在についての問題に

「答えている」。彼らは自分たちの行為の性質によって「答えている」のである。以下で述べる他の実存的問題と同様に、この「答え」は基本的に行為のレベルに位置づけられている。

前近代の文脈では、伝統が、行為や存在論的枠組みの明確化に重要な役割を果たしていた。伝統は、存在論的規範に具体的に適合した社会生活を組織化する手段を与える。第一に、伝統は、反実仮想的未来の広がりを制限するようなかたちで時間を秩序化する。最も伝統的な文化も含めて、すべての文化において、人々は、未来、現在、過去を区別し、ありそうな未来を考慮して、あれこれと行為の方針を吟味する。だが、前章でみたように、伝統的な実践様式が支配的なところでは、過去は広範な「認証された実践」を未来に持ち込む。時間は空虚なものではなく、一貫した「存在の様式」が未来を過去と関係づける。また、伝統は、典型的には認知的要素と道徳的要素を混合する、事物の確かさの感覚を創り出す。世界が現在のようであるのは、世界がそうあるべきだからである。もちろん、多くの伝統文化において、また、ほとんどすべての合理的な宗教システムにおいて、明示的な存在論的概念が見出される。とはいっても、これらの概念は伝統的な実践それ自体の実行とはひじょうな緊張関係にあるかもしれない。

第二のタイプの実存の問いは、存在の性質よりむしろ、外的世界と人間の生命との関係に関わる。ここには、時間の無限や「永遠なもの」と比較して人間が有限であるという様相においで、根本的な時間の側面も存在する。すべての人間が、私が他のところで**実存的矛盾**と呼んだものの環境のなかで生きている。すなわち、私たちは無生命の世界のものである一方で、自分の有限の性質を意識する自意識的存在としてそれに対峙している。ハイデガーが言うように、現存在は、生き死にするだけでなく、死ぬ運命にあるという地平を意識している存在である。これは、ティリッヒの語るところの、「非在を実存的に自覚すること」であり、「非在が自分自身の存在の一部であるという意識[15]」である。純粋に生物的意味では、死はほとんど問題にならない、有機体の生理的機能の停止でしかない。キルケゴールが指摘しているように、生物学的死と異なり、「主体にとっての死」は「まったくの不確実性」である。それは、私たちが本質的に理解できないものである。実存的問題とはいかに主体にとっての死に近づくかということである。すなわち、「生きている人間はどんな意味でも死に近づく可能性から排除されている。というのは、滑稽にも自分を実験の祭壇に捧げることがなければ、実験的に死に近づくことができない上に、この実験を実験的に制御することもできないため、そこから何も学ぶことはできないためである[16]」。

精神分析理論においては、有限性の実存的地平は不安の起源において主要な位置を占めない。というよりそもそも、無意識は自分自身の死を考えることができない。というのは、キルケゴールが述べた理由のためでなく、無意識は時間の感覚を持たないためである。それゆえ、フロイトの理論において死についての不安は、他者の喪失の恐怖に主に由来する。

それは幼児期における不在の克服に直接に関係したものである。しかし、この二つの解釈のあいだの食い違いは、実際のものというより見かけ上のものである。なぜなら、仮に私たちが「主体にとっての死」を理解できないならば、死は、存在から非在への移行にほかならず、非在の恐怖は、発達中の幼児の持つ原初的不安の一つとなるからだ。とりわけ最初の段階における幼児の存在に対する脅威は喪失の感情や予感である。すなわち、人や対象の恒常性は養育者が与える安定した関係と結びついているという認識である。養育者の喪失の可能性が、自己に関して死や病気の恐怖が現れるもととなる初期的枠組みを与える。無意識のレベルで、人が自分の死を認識できないことは本当であろう。フロイトの言うように、無意識的には私たちすべてが、自分の死の際でもその見物人として生き残ると思っている。けれども、時間に関するカテゴリを認知的に習得するにつれて、人間は有限性の意識を発達させる。この意識はきわめて根本的な不安に結びつく。

人間行為者にとって死の意識が実存の中心になっていることを受け入れたからといって、キルケゴールやハイデガーがその上に打ち立てた「信実性 authenticity」の哲学を支持することにはならない。ハイデガーにとって、死は現存在の「究極の可能性」であり、その必然性を示すことによって、「信実的な人生」を選択肢とする。有限性は、それなしでは移ろいゆく出来事のなかに、道徳的意味を認めることを可能にするものである。この道徳的意味は有限の地平を持たない存在には与えられないものである。有限性についての意識がもたらす「良心の呼びかけ」は、自分たちの「死へ向かう存在としての時間的本質」を実現するよう人間を刺激する。ハイデガーが「決心」と呼ぶものは、時間が——個人にとって——「尽きる」前に、人生が与えるものに人が自己を投入する必要性として実感される切迫性のことである。[17]ハイデガーはこの見方を、道徳哲学としてではなく、人間の経験の実像の説明として提示している。けれども、これは、確かに超越論的見地からは維持することが難しい立場である。とりわけこれは、キルケゴールが「死に至る病」と呼んだものによって苦しんでいる文明に向けられた見解である。キルケゴールは「死に至る病」という言葉によって、人間にとって死が本当に終焉であることを受け入れる傾向を意味した。[18]人間の心理的発達に由来する、有限性についての不安が普遍的である一方、死についての文化的表象はそうではない。宗教的宇宙観は、来世や輪廻転生の観念を発達させる上でこの不安を利用するかもしれない。けれども、それは主に人の存在のはかなさを強調することで道徳的意味をつねに開拓するわけではまったくない。

実存的問題の第三のカテゴリは他者の実存に関するものである。現象学の初期の文献でこれは最も徹底的に探究された問題である。だが、これらの文献が陥った哲学上の誤りを避けるよう注意しなければならない。フッサールは、間人的な知識を定義するにあたり、デカルト的合理主義に依拠している。この立場に立てば、人は他者の身体を知覚できるが、主体として認識することはできない。「私は自分の身体より魂の方をよく知っている」とデカルトは記している。しかし、私は他者の意識に近づけないから、私は他者の身体しか知らない、と彼は続ける。(19) フッサールによれば、他者の感情や経験を知るのは、自分自身の感情や経験からの共感的推論を基礎としてのみである。周知のとおり、この見解の不適切さは彼の哲学の克服しがたい難点の一つである。自我の超越論哲学は直すことができない独我論に終わってしまう。

この困難は、後期ウィトゲンシュタイン哲学の立場と、より洗練されたバージョンの実存主義的現象学において避けられている。自意識は他者の意識に対してなんら優位性を持たない。なぜなら、言語――本質的に公共的である――が双方に近づく手段であるからである。間主観性が主観性からもたらされるのではなく、主観性が間主観性からもたらされるのである。しかし、子どもの早期の経験が言語の獲得に先立つならば、発達という観点からこの見解をどのように拡張すべきであろうか？　そして、フッサールと袂を分かつならば、どういう意味で他者の実存が実存的問題になるのであろうか？　答えは、先ほど展開した議論のなかから導かれる。他者の特性について学ぶことは、対象 - 世界の最も初期の探究や、後に自己アイデンティティの確立した感情となるものの最初の芽ばえと関連している。人は、ある時突然に、他者と出会う存在ではない。情緒的・認知的に「他者を発見すること」は、自意識そのものの初期の発達においてきわめて重要である。この早期の発達過程が進んでいなければ、それに続く言語の獲得は不可能である。

「他者の問題」は、自分の確実な内的経験から不可知な他者にいかに移行するかの問題ではない。むしろ、それは他者の特徴を学ぶことと存在論的安心の他の主要な軸とのあいだに存在する内在的な連関に関わる。幼児の早期の生活において、また成人の活動においてつねに、他者への信頼が、安定した外的世界の経験と一貫した自己アイデンティティの感覚の起源にある。ここで重要なのは、他者の信頼性と統合性への「信仰」である。他者への信頼は、個人的確信——養育者への確信——の文脈から始まる。しかし、それは、養育者を人物として意識することに先んじ、また、成長後は、社会生活の間主観的な性質という一般的な要素を形づくる。信頼と、対人関係、事物の「実在性」への信念は、成人の人生の社会的環境において連携している。他者の反応は、「観察可能な／説明可能な」世界を維持するために必要であるが、それに完全に頼りきれるという地点はない。社会的再生産は、物理的世界の特徴である因果的決定に依るのではなく、慣習の巧みな使用というつねに偶発的な特性として展開される。さらに、社会的世界は、「自我」が「他我」に出会う多様な状況として理解されるべきではない。それは、各人が予測可能な社会的相互行為を組織化するという能動的過程に等しく関わっている状況として理解されるべきである。日常生活が秩序立っているということは奇跡的な出来事であるが、それをもたらすのは、外部からの介入ではない。それは、まったくのきまりきったやり方で、ふつうの行為者の継続的達成として生まれる。この秩序性は堅牢で恒常的なものである。とはいっても、他者へのちょっとした眼差しや声の変調、表情や身振りの変化でも、この秩序性は脅かされうる。

第四のタイプの実存的問題はまさに**自己アイデンティティ**に関わる。では、自己アイデンティティとは正確には何なのであろうか？　自己はいくばくか無定型な現象であるため、自己アイデンティティは、哲学者が対象や物の「アイデンティティ（同一性）」について語るように単にその時間を超えての持続を指すことはできない。[20]一般現象としての自己に対して、自己の「アイデンティティ」は再帰的な意識を前提としている。それは、「自意識」という語において、人が意識する「もの」である。言い換えれば、自己アイデンティティは、一人の人間の行為システムが継続している結果として与えられるものではなく、人間の再帰的な活動のなかでつねに作られ、維持されなくてはならないものなのである。

自己アイデンティティに重要な言説的特性は、「主我I／客我me／汝you」（もしくはそれの同等物）という言語学的分化である。だが、自己アイデンティティに関してG・H・ミードの「主我／客我」の対の定式化は不完全である。ミードの理論では、「客我」は、子どもが心理的に発達するうちに、「主我」が意識することになるアイデンティティ——社会的アイデンティティ——である。「主我」は、いわば人の能動的原初的意志であり、社会的絆の反映としての「客我」を捉えている。早期の経験の社会的文脈に反応して、幼児が自己を発達させ始めるという点では、ミードに同意できる。だが、主我／客我（そして主我／客我／汝）関係は言語に内在する関係であり、人の社会化されない領域（主我）と「社会的自己」を結びつける関係ではない。「主我」は言語学的には転換子 shifter である。転換子はことばのネットワークから意味を得る。このネットワークによって主観性の言説システムは獲得される。「私」という言葉や主体性について他の関連した言葉を使用できるという能力は、自意識が現れる条件であるが、その能力自体は自意識を規定しない。

自己アイデンティティは、個人が所持している弁別的特性ではないし、特性の集合ですらない。自己アイデンティティは、来歴という観点から自分自身によって再帰的に理解された自己である。ここでのアイデンティティは時間と空間における継続性を前提としてはいる。しかし自己アイデンティティは、行為主体によって再帰的に解釈される継続性である。これには、人格についての認知的要素も含まれる。「人」であることは再帰的な行為者であることだけでなく（自己と他者のともに適用される）人という概念を持っていることである。すべての文化に共通する人という概念の要素はあるが、人であるということとは何であると理解されるか、は確かに文化によって多様である。文脈の転換に応じて「私」という言葉を使う能力は、既知のあらゆる文化の特徴であり、人格の再帰的概念化の最も基本的な要素である。

具体例から一般性をまとめて自己アイデンティティを分析する最良の方法は、自己の感覚が破壊されたり妨げられたりしている人々との対比である。レインが、この問題について重要な議論を行っている。[21] 存在論的に不安定な人は以下の特性を一つないし複数示す傾向にある、とレインは指摘する。第一に、このような人は来歴の継続性についての一貫した感覚を欠いている。自分自身が生きていることを永続的に認識することができないこともある。レインはカフカの登場人物の言葉を引用している。「私には、俺が生きているぞと確信を持つことのできた時間というものが絶えてなかったのです[22]」。時間経験の不連続性はしばしば、このような感覚の基本的特徴である。時間がばらばらな瞬間として理解されることがある。このとき、それぞれの瞬間は先立つ経験とそれに続く経験を切断するために、継続的な「ナラティブ narrative」が維持できない。せん滅についての不安や、外部から進入する出来事によって呑みこまれ、押しつぶされ、圧倒されることへの不安はしばしば、この感覚に伴うものである。第二に、このような人は、変化に満ちた外的環境のなかで、自分の実存へのリスク可能性の懸念に強迫的に取り付かれ、実践的行為という点で麻痺する。このような人物は、レインが「内的死」と呼んだものを経験する。内的死は、危険が進入してくることを防げないことから起きる。すなわち、先に触れた保護被膜を維持できないことに由来するのである。この不安に呑みこまれた人々は自分につきまとう危険の標的になることを避けるために「周囲にとけ込もうとする」こともある。第三に、このような人は自己統合性への信頼を発達させること、あるいは維持することができない。「自愛のぬくもり」を欠いているために、このような人は道徳的に「空虚だ」と感じる。[23]

逆説的であるが、このような行為者は、きわめて多くの場合、自分の行動や思考をつねに内省している。この内省は強迫的である。その経験上の結果は、他の場合と同様である。それはつまり、自己の生き生きとした自発性が、死んだ、生命のないものになってしまうという感覚である。

正常な自己アイデンティティの感覚はこれらと反対の特性を持つ。自己アイデンティティが適度に安定した感覚の人は、再帰的に理解できる、来歴が継続しているという感覚をもち、多少なりともそれを他人に伝えることができる。このような人物はまた、自己統合性を原理的には脅かしうる多くの危険を日常生活の実践において「濾過する」保護被膜を早期の信頼関係によって確立している。最後に、このような人物は統合性を価値あるものとして受け入れることができる。自己が「生きている」という感覚を支える十分な自尊心がある。それは自己が対象‐世界の生気のないものではなく再帰的コントロールの及ぶ範囲にあるという感覚である。

自己アイデンティティの実存的問題は、人が自己に「与える」来歴の脆弱さと関係がある。ある人のアイデンティティは行為のなかにあるものでも、他者の反応のなかに――これは重要ではあるが――あるものでもない。むしろ、特定のナラティヴを進行させる能力のなかにあるものである。ある人が日常の世界で他者と規則的な相互行為を維持するのであれば、その来歴はまったくの虚構であってはならない。来歴は、外的世界において起こる出来事を統合し、自己についての「ストーリー」の進行にこの出来事をまとめる必要がある。チャールズ・テイラーが言うように、「私たちが何者であるかを理解するためには、自分がどのように成り立ってきたのか、どこへ向かっているのかを知っている必要がある」[24]。この絶えざる作業にはもちろん無意識の側面が存在し、この側面は、おそらくは基本的に夢をとおして組織化されている。夢を見ることは一日の終わりに行われる、記憶の無意識的な選択と破棄であるといえるだろう[25]。

自己アイデンティティの安定した感覚は、存在論的安心の他の要素――事物や他者の実在性の受容――を前提としているが、それから直接的に導かれるものではない。存在論的安心の他の実存的要素と同様に、自己アイデンティティの感覚は頑強である一方で脆弱でもある。脆弱であるというのは、人が再帰的に心に留めている来歴は、一つの「ストーリー」にすぎず、自己の発達に関して語りうる他の多くのストーリーが存在するからである。一方、頑強であるというのは、自己アイデンティティの感覚は、人が動いていく社会環境のなかでの大きな緊張や移行を切り抜けるに十分な程度安定しているということがよくあるからである。

他の実存的領域と同様に、自己アイデンティティの「内容」――その特性から来歴は構成される――は、社会的にも文化的にも多様である。いくつかの点でこれは十分明白なことである。たとえば、人の名前は、その人の来歴において主な要素である。社会における実存的問題は、人間の生活の基本的パラメータに関わり、社会的活動の文脈において「行いを続ける」すべての人によって「答えられている」。それは次のような存在論的かつ認識論的要素を前提としている。

実存と存在：実存の本質。対象や出来事の同一性。

有限性と人間の生命：実存的矛盾。これによって、人間は自然に属しながらも、感覚を持った再帰的な生物として自然から区別される。

他者についての経験：いかに他者の特性や行動を解釈するか。

自己アイデンティティの継続性：継続的な自己や身体における人格感覚の持続。

図2　実存的問題

名付けの実践、名前が親族関係を表す程度、人生の諸段階での改名の有無――これらはすべて、文化によって異なる。だが、他のもっと微妙で、しかし重要な相違が存在する。ストーリーが――たとえば形式やスタイルという点で――多様であるのとまったく同じように、再帰的な来歴も多様である。これから論じていくように、この問題は、モダニティという条件下での自己アイデンティティのメカニズムを評価する上できわめて重要である。

身体と自己

自己は当然のことながら、身体化されている。身体の輪郭や特性についての意識は、子どもが対象や他者の特徴を学びとる、世界に対する根元的な探究のまさに出発点である。子どもは、自分が身体を「持っている」ことを学ぶのではない。というのは、自己意識は、身体の分化をつうじて現れるのであって、その逆ではないからである。ウィトゲンシュタインは、身体と自己の関係についてもまた私たちに多くのことを教えてくれる。子どもは、主に対象‐世界や他者との実践的関係の点から自分の身体について学ぶ。現実は、日々のプラクシスによって捉えられる。したがって、身体は単なる「実体」ではない。それは外的状況や出来事に対処する実践的様式として経験される（メルロ゠ポンティも強調していることである）。表情やその他の身振りは、日々のコミュニケーションの条件である文脈性とインデックス性の基本的な内容を与える。能力ある行為者となること——すなわち、他者と対等に、社会関係の生産と再生産に参加できること——を学ぶことは、継続的にまたじょうずに顔や身体のモニタリングができるようになることである。身体のコントロールは、「言葉で言えない」ものの中心的側面である。というのは、それは私たちが語ることができるもの（または、有意味に語ることができるもの）にとっての必要な枠組みだからである。

ゴッフマンとガーフィンケルの著作は多くの点で、ウィトゲンシュタインが哲学のレベルで提起したテーマを経験的に探究している。社会的相互行為のあらゆる場面で、個人に期待される身体のコントロールがいかに仔細で、徹底的で、果てしないものであるか、このことを彼らは示したのである。さらに、能力ある行為者であるということは、この継続的なコントロールを維持するだけではなく、そう振る舞っていると他者からも見られることをも意味する。能力ある行為者は、他の行為者から能力ある行為者であるとつねにみなされる行為者である。そのような人は身体のコントロールの失策を避けなければならない。万一、そのようなことが起きたとしても、「問題」はないことを身振りや間投詞によって他者に知らせなければならない(26)。

ルーティーン化された身体のコントロールは、日々の相互行為という状況のなかで保護被膜を維持するために重要である。ふつうの状況では、人は、ゴッフマンが「気楽なコントロール(27)」と呼んだものを示す身体的傾向を維持している。身体的経験やスキルは、人が何を危険として察知し、それゆえ警戒すべきものとして扱うか、ということに関して重要な働きをする。ゴッフマンが簡潔に述べたように、「ある人が現在は気楽に行うほとんどすべての活動は、ある時点においては真剣な努力が必要なものであった。歩くこと。道をわたること。完全な文を発声すること。ズボンを穿くこと。靴紐を結ぶこと。足し算をすること。これらのすべてのルーティーンは、ぼんやりとしていても適切に行えるが、初期の段階を冷や汗をかきながら切り抜けるという習得の過程を通して、得られたものである(28)」。ある状況で人が気楽でいられるのは、その状況が与える脅威や機会に直面する長い経験を経てのことである。行為者は、「生き残り可能な短い反応時間」つまり、危険を感知し、適切な反応をするのに必要な短いインターバルを獲得する。しかし、身体の自己管理は完璧に、絶え間なく行わなければならないので、能力が崩壊し存在論的安心の枠組みが脅かされるようなストレスに満ちた瞬間には、誰もが傷つきやすい。

近年の社会理論において、身体の問題はとりわけフーコーの名前に関係づけられる。フーコーは、権力のメカニズムとの関わりで身体を分析し、モダニティにおける「規律＝訓練的権力」の出現について特に集中して論じた。身体は権力の焦点となり、前近代のように身体の外側に「刻印する」代わりに、この権力は、自己コントロールという内的な規律＝訓練に身体を従わせる。フーコーによって描かれたように、訓練のメカニズムは、「従順な身体」[29]を創り出す。だが、フーコーの規律＝訓練に対する解釈がどんなに重要でも、身体についての彼の見解はまったく不十分である。フーコーは、身体と行為者とのあいだの関係を分析できない。というのは、実質上、両者を同一のものとみなしているからである。基本的には、身体に権力を足したものが行為者となっている。しかし、この見解は有効でもない上に、フーコー以前のメルロ＝ポンティや同時代のゴッフマンによって発展させられた立場と並べてみれば、洗練されてもいない。身体的規律＝訓練は能力ある社会的行為者に本質的なものである。それは文化を超えたものであり、モダニティに特に関わるわけでもない。それは毎日の生活の持続 *durée* における行為の流れの継続的な特性である。最も重要なことは、日常的な身体コントロールは、行為主体の性質と、他者から能力ある者として受け入れられる（信頼される）という性質と、まさに双方にとって不可欠なものであるということである。

行為主体に関して身体が持つこの二重の意味は、主我／客我の分化という普遍的と思える特徴の説明となるかもしれない。身体の定型化されたコントロールは、自己アイデンティティの来歴が維持される基本的手段である。その一方で同時に、身体化されているために自己は多かれ少なかれつねに他者に「表示されている」。身体のこの両側面を同時に扱う必要性は、幼児の初期の経験に起源がある。それは身体が統合されているという感覚――自己が安全に身体「に」宿っているという感覚――が他者による日頃の評価と密接に結びつく主な理由である。ゴッフマンが「正常な外観 normal appearance」と呼んだものは、相互行為のルーティーンの文脈のきわめて重要な部分である。正常な外観は、（仔細にモニタリングされる）身体に関する習慣的な型であり、それによって人は、「常態 normalcy」的な状況のなかで保護被膜を能動的に再生産する。「正常な外観は、環境の安定性をチェックする際にわずかな注意を向けるのみで、目前の活動を続けても安全で無事であることを意味する」[30]。正常な外観とは、すでに論じた「括弧入れ」の過程の身体上の表現である。日常生活の相互行為のすべての側面と同じように、正常な外観は入念な配慮によって管理される必要がある。たとえ、この配慮が不在であるようにみえることがその入念な配慮のまさに主な特徴だとしても、そうなのである。

正常な外観が来歴のナラティブと整合的に保たれる程度は、存在論的安心の感情にとってきわめて重要である。人間はすべて、どんな文化においても、自己アイデンティティと、特定の社会的文脈で行っている「パフォーマンス」とを区別している。けれども、ある状況下では、自分の行動の流れ全体がわざとらしいとか嘘だと感じるようになることがある。様々な理由で、既存のルーティーンが無効になる。たとえば、ある夫は、浮気をしている事実を妻に隠して、離婚を考えているかもしれない。このとき、日常のルーティーンは偽りのパフォーマンスとなり、この人物が距離を感じる、演じられたルーティーンとなる。すなわち、この人物は何も起こっていないかのように行為することで、日常の外観を続けなければならないのである。習慣的に構造化されて実践的意識に組み込まれているものが作為的なものとなり、おそらくは無意識的に問題あるものになる。誠実な夫の役を演じることは偽のペルソナであるが、自己像を深刻に危うくするものではない。

だが、この解離が徹底し、どのような文脈でも生じると、より深刻な混乱が起こりうる。ほとんどあるいはすべてのルーティーンを、妥当な理由があって行うのではなくて、単になぞっていると感じる人がいる。レインが正しいとしたら、この状況は典型的には、「身体化されない」自己の原因になる。ほとんどの人々は自分自身が身体のなかにあり、自分が身体と自己の統一されたものであると感じている。受容されたルーティーンと来歴のナラティブのあいだの齟齬が根元的になれば、レインが（ウィニコットに従って）にせの自己と呼んだものが生じる。にせの自己においては、身体は、舞台裏から自己によって操作される対象や道具として現れる。精神的エクスタシーというかたちでの身体からの解放——むしろ、おそらくは自己と身体の完全な融合——は、世界の宗教の共通の理想であり、そこでは肯定的な意味で現れる。しかし、この解離がパーソナリティの好ましからぬ特徴として起きたときには、自己アイデンティティを直接おびやかす実存的な不安を表す。

身体化されない人は、身体上の欲望から切り離されたように感じ、危険をまるで他人への脅威であるように経験するだろう。実際、このような人物は、ふつうの人以上に簡単に、身体の物理的安寧への攻撃を切り抜けることができるかもしれない。しかし、この能力の対価は別種の強度の不安である。このような場合に作りあげられる自己アイデンティティのナラティブは、中立的な無関心や冷笑的な態度、嫌悪、皮肉に満ちた感興から自分の身体活動を観察できるような形に作られる。キルケゴールがこの現象について書いている。彼は、身体からの自己の「閉鎖」、すなわち、行為がまるで遠隔操作のもとにあるようになる状態について語っている。[31] 脱身体化は、前章で述べた現実の反転に関係がある。先の大戦でナチの強制収容所の囚人は、身体的・心理的に恐ろしい圧力にさらされ、身体と自己の解離を経験した。囚人たちにとって、身体から「抜け出た」と感じること——「夢のようだ」とか、「非現実的だ」とか、「芝居の登場人物のようだ」と記述される状況——は、身体が被っている物理的剝奪から距離をとることを可能にする、機能的な現象であったように思える。[32] 統合失調症の人にみられる非現実感はしばしばこれと似た形態を取り、おそらく同様の防衛メカニズムも関わっていると思われる。脱身体化は、危険を超越し安全であろうとする試みである。

より小規模な脱身体化は、日常生活の緊張を伴う状況にある誰もが経験する存在論的安心の破綻の特徴である。この分裂は、過ぎ去る危険に対する一時的反応であり、慢性的な解離ではない。この点でウィニコット、レインとラカンのあいだに密接なつながりを認めることは、的外れなことではない。というのは、鏡像段階の仮説が正しいなら、身体を独立したものとして——想像において——認識することは、子どもの発達のある段階において自己アイデンティティの形成にとって重要だからである。自己アイデンティティのナラティブが始まるのは、この段階を乗り越えてからである。より正確にいえば、そのようなナラティブの発生はこの乗り越えの手段である。こうしてみると、緊張する状況では、身体から分離するという感覚が一般的であるのは驚くべきことではない。人は一時的な統合失調状態に陥り、身体が行っていることや身体に対して行われていることから分離する。

鏡像と自己は、明確で半永続的な統合失調質パーソナリティにおいてははっきりと反転する。行為主体の経験は身体から撤回されて、ナラティブ的来歴の空想世界に固着され、日常の社会活動の基礎である想像界と現実原則の交わりから分離される。自己アイデンティティは、その人が関わる日々のルーティーンにもはや統合されない。実際、この人は他者にとって自分が不可視であるように感じるかもしれない。なぜなら、行為する身体が「自己の媒体 vehicle of the self」ではなくなるからである。フロイトは、子どもはいないいない遊びをしばしば行うが、このゲームは鏡の前で行われることがあると記している。子どもは自分を消し去る方法——鏡から隠れたり、自分の像が見えないところに移動する方法——に気づく。このゲームは深い不安に触れる。不可視になるという恐怖は、養育者との早期の関係、特に、不在の母親がもう戻ってこないかもしれないという恐怖と関係がある。自分の消滅を子どもが探究することは、不在の親が「永遠にいなくなってしまった」のではないことを把握することの困難さと密接に関わっている[33]。

親の消失という脅威が、身体のなかに完全に「存在」することに対抗する防衛と結びつけられる場合、不可視という感覚は慢性化しやすい。「正常な」心理的発達において、身体は他者に対して些細な感情を伝える道具以上のものである、という事実の持つ中心的な重要性を私たちはここで再び確認することになる。自己の全体は身体の表面や身振りに見えるものではない。だが、自己がまったく可視的ではない場合、通常の身体化の感覚——日々の行動の流れと「ともに」あり、その「なかに」あるという感情——は、狂いあるいは溶解してしまう。

レインは、このにせの自己のペルソナの病理について四つの特徴を特定している。

にせの自己システムはますます大規模で包括的になる。
1 それは、身体的ルーティーンからますます自律的なものになっていく。
2 それは、強迫的行動の断片によって「悩まされる」ようになる。
3 身体の行動はますます「死に、非現実となり、虚妄となり、機械的となる」[34]。

日常のルーティーンから多かれ少なかれ完全に分離しているという感覚は、ある若い統合失調症の男性についてのレインの症例記述において十分伝えられている。この人物は、自分の「脳」——彼自身の表現である——のなかの思考は実際には彼のものではないと感じるようになった。彼は日常の社会生活の慣習に対して自分の反応を「演じている」と感じている。そして、この点で、自分の身体は機械のようである、「[ギアが]ニュートラルに入っている」、あるいは不可解な衝動にとりつかれていると感じている。たとえば、彼の妻が彼に紅茶をつぐと、それに反応して、彼は微笑み、感謝の言葉をかけるだろう。だが、次にはすぐ嫌悪感に圧倒される。彼の妻は機械的に行動したのだし、彼は同じように「社会的機構」(彼の言葉)として反応したのだ。

日々の社会生活の文脈で「行いを続ける」ことには、社会的な相互行為へのすべての参加者による身体への安定した絶間ない作業が含まれる。ふつうの人間にとっては、この労働の多くは気づかれずに行われ、身体のコントロールや表情という点で実践的意識に深く染みこんでいる。それに対して、スキゾイド的あるいは統合失調質の人物——身体統合の何気ない受容を維持できない者——にとって、正常な外観を維持する努力は、恐ろしく重荷となる。この人物は、結局文字どおり（この語句の持っている二重の意味で）[訳註]「行いを続ける go on」ことができず、空想の内的世界に多かれ少なかれ完全に逃避していく。

当然のことであるが、身体は、局所化された行為の媒体であるだけではない。それは所有者によってケアされなければならない身体組織である。それは性別が区分されているものであり、快楽や苦痛の源でもある。人間の基本的な特性は、人生の最初の数年間、自分をケアできないということである。ケアのルーティーンは、幼児の生活における信頼の環境にとって基本である。すなわち、大人の養育者は提供者でもある。食事や有機体としての他の基本的必要物を与える様式は**体制** regimes とみなすのが最もよい。子どもは早くか

（訳註）この「二重の意味」が何を指すかは明記されていないが、ギデンズから訳者（秋吉）に対して説明を受けた（二〇二一年七月）。ギデンズによれば、〝go on〟の二重の意味とは、行動を今までと同じように続けていくことおよび生きていくことという二つの意味である。前者の意味では「行動を変えなくてはならない」という含みがあり、後者の意味ではより深刻な「もう生きていけない」「死をも考える」というような意味合いがある。〝go on〟という表現は複数の解釈が可能であり、この一節の意味はあまり明確ではないため、訳文からは削除してもよいとのアドバイスもいただいたが、ここでは原文に沿って訳出している。

ら、食べ物は要求によってすぐに入手できるものではなく、定期的に与えられるものであることを学ぶ。体制はつねに、部分的には個人の影響と好みの問題である。新生児すら養育者の反応を能動的に条件付けし、ときにはそれがかなりの程度に及ぶこともある。けれども体制はまたつねに社会的文化的に組織化されている。大人にとって、食べ物の体制がどの程度標準化され、綿密に規制されているか、どの程度個々の好みに任されているかは、所与の文化の性質に左右される。同様なことは、子どもの行動であれ、大人の行動であれ、性的な体制についてもいえる。服装は、また別のタイプの体制である。あらゆる文化において服装は、単に身体を守る手段以上のものである。明らかに、服装は象徴的な表示の手段であり、自己アイデンティティのナラティブに外的なかたちを与える手段である。

体制は、「行いを続ける」という通常のルーティーンとは異なる。すべての社会的ルーティーンは継続的な身体のコントロールを伴う。一方体制は、有機体的欲求を厳しくコントロールすることを伴う、学習された実践である。服装は一部例外的であるが、体制は、いかなる象徴的な要素を帯びるとしても、有機体の生理的な特徴によって実行されるものである。体制は満足／欠乏に集中する。このために、動機のエネルギーにとっての焦点となる。フロイトが明らかにしたように、体制は、現実原則へのもっとも早期の無意識的適応から始まる。人が行動の習慣として作りあげた体制は、行動を無意識に条件付ける要素として存続し、永続的な動機のパターンに結晶する。体制は自己の規律＝訓練の様式であるが、日常生活における慣習の秩序付けによって構成されるだけではない。それは社会的慣習によって部分的には組織化されているが、個人の好みや傾向によっても形成される個人的習慣である。

体制は、まさに身体の見た目の諸相と習慣を結びつけるため、自己アイデンティティにとってきわめて重要である。食事の習慣はそれ自体儀礼的表現であるが、身体の型へも影響するものであるし、したがっておそらく、個人の背景やその人が育んだ自己像についても何かを示している。食事の体制にはまた、その病理があるとともに、それは身体的な規律＝訓練の肯定的強調の多様な持続的形態にかかわる。絶食や他の身体的剝奪を伴う禁欲は通常、身体体制の遵守一般と同様、宗教的価値の追求に結びついている。より個人的なレベルでは、身体的資源の自己剝奪は、あらゆる社会において心理的障害としてしばしば現れる特徴であり、放恣も同じことである。同じようなことが性的体制についてもいえる。性的禁欲は、一部の宗教的秩序のなかで尊ばれる身体的否定であるが、一方で、さまざまな性的強迫と同じように、人格障害の表れであることもある。自己装飾の体制は同じように、パーソナリティの重要な特徴に結びついている。衣服は自己呈示の手段であるが、それはまた人の来歴における隠蔽／開示とも直接に関係したものである。それは慣習をアイデンティティの基本的側面に結びつける。

性的な特性との関連で身体をいかに考えるべきであろうか？　ジェンダーとは、生物学的なセックスの差の単なる延長線上にあるものではなく、学習と絶間ない「作業」の問題であるということはいたって明白である。身体のこの側面については、ガーフィンケルによって洗練されたエスノメソドロジーの中心テーマをふりかえることができる。エスノメソドロジーがあまりに会話分析と同一視されるようになったために忘れられやすいことだが、ガーフィンケルの仕事はジェンダーの管理に対する直接の関心から展開したものだ。『エスノメソドロジー研究』で論じられている、アグネスというトランスセクシュアルの事例は、「男性」や「女性」であることは、身体や身振りの恒常的モニタリングを要することを示している。すべての女性をすべての男性からわかつ単一の身体的特性は存在しない㉟。両方の性への帰属を完全に経験する少数の人々だけが、ジェンダーが「行われる」ための身体呈示と管理の詳細が広範にわたるものであることを十分に実感できる。

動機

この章の冒頭で説明したように、行為の理由は、あらゆる人間行為主体によって行われる行為の再帰的なモニタリングの本質的な部分である。行為の理由は、順序や全体的なまとまりといったかたちで行為と関連しているのではなく、行為の進行中の特徴を形作る。すべての能力ある行為主体は、行為を生産し再生産するという一側面として、行為の根拠とつねに「連絡を取っている」。理由は動機と区別される。動機は行為の源を指す。動機は、理由と違ってつねに行為に影響を及ぼすわけではない。ルーティーンな行為の多くの側面は直接には動機づけられておらず、単に日常生活の要素として実行される。理由が個別の心理的単位として存在しないように、動機も個別の心理的単位として存在しているわけではない。動機は、人の持つ基底的な「感情状態」とみなすべきであり、そのなかには、無意識的なかたちの情緒や、より意識的に経験される苦痛や刺激が含まれる。

幼児には動機がなく、欲求と要求だけがある。もちろん、赤ん坊も、受動的な有機体ではない。養育者が課そうとする体制がどのようなものであれ、それに反応することで、自分の要求に養育者が応えることを能動的にしきりに促す存在である。とはいっても、欲求は動機ではない。というのも、欲求は実現されるべき状況を認知的に予期するということ——すなわち動機の定義的特徴——を含んでいないからである。動機は本質的に、存在論的安心が生み出される学習過程とともに、不安から生まれる。

動機は、すでに描いた基本的安心システムの特徴から分析される必要がある。より具体的には、動機は幼児期の信頼関係に関わる情緒に結びついている。信頼関係は、社会的紐帯の形成という点から理解できる。社会的紐帯は、情緒をともなう他者に対する依存の絆であり、養育者とのあいだに発達した絆から始まるものである(36)。幼児期の養育者との間に確立された紐帯は、様々な情緒的身振りを伴い、成人後の生活において形成される親密な社会関係すべてに影響を残す。一つ一つの情緒が何なのかは学習されなければならないのであるが――そして、情緒の社会構成主義的解釈が示すように、それはかなりの部分、文脈依存的なものである[37]――情緒的な反応は、ひじょうに幼い子どもの生活に本質的なものである。情緒に関わる身振り、たとえば子どもの泣き声や満足の表情、養育者のケアの身体的表現は、社会的紐帯の発展に不可欠な要素である。

幼児期の生活の情緒的関係に対処するなかで、必然的に子どもは養育者との紐帯に影響する緊張に巻き込まれていく。罪悪感は、このような緊張によって刺激された不安が喚起するものの一つの表れである。罪悪感は、侵犯の恐怖によって生み出された不安である。つまり、自分の思考や活動が規範的な期待に合わないという恐怖である。クラインが説得的に示したように、罪悪感の経験は、子どもの生活において、フロイトが示唆していたよりも早い時期に生じる。罪悪感のメカニズムは精神分析の文献で幅広く探究されているが、自己アイデンティティの問題に関しては、さほど幅広くは論じられてこなかった羞恥の方が重要である。罪悪感の反対は補償である。罪悪感は、行われたことあるいは、行われなかったことに関係する。無意識に広がる特徴として経験される罪悪感は、羞恥よりも自己アイデンティティの多くの側面に影響するかもしれない。しかし罪悪感に関しては、行動の個別要素やそれが示唆あるいは含意する罰が強調される傾向がある。

羞恥は本質的に、人が一貫した来歴を維持するためのナラティブが十全であることについての不安なので、自己アイデンティティに直接関係したものである。羞恥は、不全や屈辱が喚起される経験によって促されるため、罪悪感と同じくらい早期に生じる。これらの感情は、分化した言語を習得するよりはるかに早い時期に生じる。罪悪感が私的な不安状態であるのに対し、羞恥は公的な不安である、と論じる人もいる。だが、こういった区分方法が最も適切であるとは言えない。というのも、最も明瞭なかたちでは、両者とも摂取された introjected 人物に関わっているからである――特に無意識のレベルではそうである。――このため、サルトルは、羞恥を本質的に可視的現象として扱う。サルトルは、ある出来事が自分を不快にしたとき、下品なそぶりをする男の例を挙げている。このとき、この男は自分が観察されていることに気づく。彼は、突然他者の目をとおして自分を見ることになり、羞恥を感じることになる。[38] だが、まったく一人の場合でさえ、羞恥を感じることがある。実際、羞恥は、長続きするきわめて根深い感情でありうる。他者に見えるサインはせいぜいそのきっかけでしかない。[39] 羞恥は、個人の不全感に依拠する。この感情は、幼児の頃から個人の心理的構成の基本的要素となることもある。羞恥は、自己の統合性に関連させて理解されるべきであるが、罪悪感は悪事の感覚に由来する。

ヘレン・ルイスは、羞恥の二つの一般形態を区別した。一つは、彼女が「明白で、未分化的」羞恥と呼んだものであり、もう一つは、「迂回的」羞恥と呼んだものである。[40] 明白な羞恥は、他者から何らかのかたちで恥をかかせられた子どもが経験する感情を指す。迂回的羞恥は、認識されていない罪悪感に関連するものである。それは自己の不全について無意識的に経験された不安からくる羞恥である。ルイスが述べたように、迂回的羞恥は、存在論的不安の感覚に直接結びつく。迂回的羞恥は、自己アイデンティティのナラティブが、その一貫性や社会的受容可能性に対する強大な圧力に耐えられないという抑圧された恐怖からなる。羞恥は、見捨てられるという幼児の恐怖に根本的なかたちで関わるので、罪悪感よりも激しく信頼を根幹から腐食させる。他者への信頼は、幼い子どもの存在論的安心の感覚が発達するための鍵である。だが、それにかならず伴うのが、不在が引き起こす心配である。

羞恥の経験は信頼を脅かす、あるいは破壊することがあるので、羞恥と信頼は互いに密接に結びついている。たとえば、ある人が、他者の自分に対する見方について、自分の想定が誤りであると、ある他人の反応をみて解釈したら――この解釈が正しかろうとそうでなかろうと――それまで築かれてきた信頼関係全体が損なわれるかもしれない。基本的信頼は、一貫性と継続性と信頼性を持つ世界を経験するなかで、子どものなかに創られるものである。このような期待が裏切られると、他者に対する信頼だけでなく、対象‐世界の一貫性に対する信頼も失われるかもしれない。ヘレン・リンドが述べるように、このようなことが起こると、「それまでなじんでいたはずの世界のただなかで、よそ者になってしまう。「私は誰?」「私はどこに属するの?」この疑問への自分の答えを信頼できないことに気づくとき、私たちは不安を経験する。……信頼が裏切られるたびに、見知らぬ世界で自己に確信を持てない子どもに逆戻りしてしまうのである」[41]。

羞恥は、行為主体の動機システムの否定的側面である。羞恥の反対は「プライド」や自尊心、すなわち、自己アイデンティティのナラティブの統合性とその価値を確信することである。自己のプライドを養うことに成功した人とは、来歴が正当で、統一的であることを感じる心理的能力がある人である。自己の一貫性、その他者との関係、より一般的な存在論的安心の感覚との本質的な関係ゆえに、プライドの感覚を維持することは、単に自己アイデンティティを防衛し増進する以上の効果がある。先に分析された理由のために自己アイデンティティの主な要素が脅かされる場合、世界の「現実性」の他の側面も危険にさらされるかもしれない。

プライドは、社会的紐帯において作られるため、つねに他者の反応に弱く、羞恥の経験は、自己の「可視的な」側面、すなわち身体にしばしば集中する。フロイトは、羞恥を特に身体の露出や裸の恐怖と結びつける。羞恥は、傍観者の視線の前で裸であることから生じるというのである。けれども、裸を見られることの恐怖はおもに象徴的現象であり、社会的相互行為におけるプライドと羞恥のあいだにある緊張を表している。罪悪感と羞恥のあいだの相違は、自己アイデンティティにとっての特徴の観点からみれば、罪悪感には、プライドや自尊心に対応する肯定的な相関物がないということである。

議論を続ける前に、ここでエリクソンとリンドの著作を取り上げ、カテゴリとして人格の「罪悪感の軸」を「羞恥の軸」と比較すると有用だろう。ただし、それぞれの軸が一人の人物の態度と行為のなかに、同一の状況のなかでもしばしば入り込むということには留意しなければならない。

羞恥は精神分析の文献のなかで重視されていない。それはフロイトが羞恥についてほとんど書かなかったからでもあるが、さらに重要な理由は、主流の精神分析理論へ容易に統合されない概念――まさに自己と自己アイデンティティの概念――に羞恥が関連しているからである。[42]ピアースやシンガーは、罪悪感と羞恥を超自我と自我理想にそれぞれ関係づけている。[43]罪悪感は、超自我の制約が侵されたときにつねに起こる不安である。一方、羞恥は、自我理想に組み込まれている期待に応えることの失敗に由来する。ピアースやシンガーによると、「境界が接触され、侵される時にはいつでも」罪悪感が生まれる。それに対して羞恥は、「目標に到達できず」、「「欠点」を露呈してしまったときに生じる」。[44]しかし、自我理想の概念を使用せずとも、コフートの著作に依拠して、いっそう包括的で有用な概念である理想自己と羞恥を関係づけることもできる。理想自己とは、「自分がありたいと思う自己」のことである。

羞恥は、養育者のアイデンティティから分離した自己アイデンティティを最初に発達させる「原初的な環境 archaic environment」に起源がある。「理想自己」は、自己アイデンテ

罪悪感の軸	羞恥の軸
コードやタブーの侵害に関連する個々の行為に関わる	自己アイデンティティの組成全体に関わる
抑圧を克服することで自律性が発達するという累積的過程を含む	自己アイデンティティのナラティブへの洞察を含む。それは必ずしも累積的な進歩ではない
非行や侵犯の暴露	自己アイデンティティのナラティブを危うくする隠れた特徴の暴露
身体に関する「適切なふるまい」のコードに違反することに対する懸念	自己アイデンティティのメカニズムと関連する身体への関心
尊敬する他者や愛する他者に間違ったことをしたという感覚	自分が、尊敬した他者や愛した他者にとって不十分な存在であるという感覚
裏切りや不忠の不在に基づく信頼	「他者に知られている」ということに基づく信頼。この場合、自己開示は暴露に対する不安を引き起こさない
罪悪感を克服することは道徳的な高潔さをもたらす	羞恥を乗り越えていくことは、自己アイデンティティを安定させる

イティのナラティブが展開されるもととなる、肯定的な達成動機の回路を形成するゆえに、自己アイデンティティの主要な部分である。多くの場合、幼児期の全能感は、自己の不完全さと限界を承認することによって、安定した自尊心にかたちを変える。コフートが言うところでは、「誇大な空想の範囲と力が徐々に減少することは、一般にパーソナリティの自己愛的区域における精神健康のための前提条件である」(45)。羞恥の経験はこの過程で基本的役割を演じる。しかし、特にナルシシスティックな人格障害の場合など、場合によっては自分や自分が達成したことへのプライドが発達しすぎたり（ここには劣等感が隠れているのだが）、頓挫させられたりすることになる。この状況をコフートは以下のように述べている。

自己愛パーソナリティ障害の患者が自分自身を組み立て直そうとする闘い、あるいは、（たとえば）中年後期になって中核的野心と理想のなかにあった自己の基本様式が実現されていなかったことに気づいた人たちの絶望――罪責感を伴わない絶望ということを私は強調したい……この時期は、ある人々にとって、もっとも希望のない、まったく無気力の時期であり、罪悪感と自己に向かう攻撃を伴わないあの抑うつの時期である。自分が失敗してしまった……そう感じる人々に、この感情は襲いかかる。(46)

羞恥は直接にナルシシズムと関わる。だからといって、強大な野心を持つ理想自己をかならず伴うと考えてはならない。羞恥は、養育者との原初的「一体感」や、ほとんど制限されていない全能感との「一体感」から自己アイデンティティを分離する際に個人が経験する困難に結びついている。羞恥の不安に関しては、理想の一貫性の欠如や追求すべき価値ある理想を発見することの困難さも、目的が難しすぎて達成できない状況と同じくらい重要であるかもしれない。

エリクソンは、「今日の患者は、何を信じそしてどんな人間になるべきか、或は実際、どんな人間でありえたか、またなりえたか、という問題でもっとも悩んでいる。一方、初期の精神分析の患者は、自分が誰であり、どのような人間であるかを知っていると思っていながら、その彼が考えているような人間になることを妨げている抑制のために、もっとも悩んでいた」と観察している(17)。本研究の以下の諸章で、なぜこのようなことになるのか、またモダニティの状況において、なぜ罪悪感より羞恥が心理的組織の特徴として強調される傾向があるのかを示そう。

第三章　自己の軌跡

この章では、自己というテーマを掘り下げながら、第一章と同じコースをたどっていくことにする。ここで参照する自己についての分析と助言もまた、ただその「主題」を描写するだけではなくて、それが関わっている行為の領域を構成する助けとなるものである。ジャネット・レインウォーターによる『セルフ・セラピー』は、直接に実践に向けられた著作である。ウォラースタインとブレイクスリーによる研究と同様に、この本はこの手のテーマについての無数の著作のうちの一つに過ぎないが、ここでの分析では、この著作を、その内容のゆえにではなく、それが兆候的に示すもののゆえに取りあげる。「あなた自身のセラピストになるためのガイド」と副題が付けられているこの本は、誰もが実行できる自己実現のプログラムとして書かれている。

あなたはもしかすると落ち着きのなさを感じているかもしれません。あるいは妻、夫、子ども、仕事の要求によって圧倒されていると感じているかもしれません。身近な人々によってありがたがられていないと感じているかもしれません。あなたは多分、人生は過ぎて行くのに以前に望んだことは何ら成し遂げられていない、ということに憤りを感じているでしょう。何かが、あなたの生活には欠けています。あなたはこの本のタイトルに引き付けられ、あなたはなすべきことをやろうとしているのです。何をすべきですか。(1)

何をすべきか？　どう振る舞うべきか？　誰になるべきか？　これらは後期モダニティの環境に生きる者すべてにとっての中心的な問題である――そしてこの疑問に私たちのすべてが、何らかのレベルにおいて、言葉で、あるいは日々の社会行動を通して、答えている。こういった疑問は実存的問題であるが、後に見て行くように、前の章で論じた実存的課題とこれらの疑問の関係は、多分に問題をはらんだものである。

レインウォーターの考え方の要点は、本のかなり初めの方で述べられている。他の人間――精神科医やカウンセラー――とともに行うセラピーは、自己実現の過程にとって重要な、しばしば決定的な部分であること、これは彼女も認めている。しかし、レインウォーターが言うには、セラピーはそれが当人自身の再帰性を含むとき――すなわち「クライアント自身もセルフ・セラピーを学び始めたとき」――にのみ効果がある。(2)というのもセラピーとは一人の人間に「なされたり」、「起こったり」するものではないからである。セラピーとは、個人を、彼あるいは彼女の人生の発達のコースについての体系的な反省に巻き込む経験の一つなのである。セラピストは、せいぜいセルフ・セラピーであるべき過程を促進することのできる触媒に過ぎない。この命題は自分の本にも当てはまる、とレインウォーターは書いている。つまりこの本はありうべき自己変革の様式と方向について何らかのことを教えることはできるが、この自己変革は、読者自身が自分の人生に起こる問題に照らして解釈的に組織しなければならないものだ、というのである。

セルフ・セラピーは何よりも、継続的な自己観察に基づいている。生活のあらゆる機会は「新たな機会」であり、そこにおいて個人は「自分は自分自身のために何を欲しているのか?」と問うことができる、とレインウォーターは強調する。あらゆる機会を反省的に生きることは、思考、感情、身体感覚に対する意識を高めることによって可能になる。意識することは潜在的な変化を作り出し、実際に意識自身の変化および意識を通じた変化を引き起こすだろう。たとえば「あなたはたった今息をしていることに気づいていますか?」という質問も、少なくとも最初に聞かれたときには、即座の変化を生み出すものである。このように問いかけることによって、人は「正常な精一杯の呼吸の循環を抑えていたことに気づき、体を休めて「ふう」と声を出し、深く息を吸い、それを吐き出す」かもしれない。「さらに」とレインウォーターはあいだに入り込んできて読者に付け加える。

「この段落を読んだあとの、ちょうど今のあなたの呼吸はどうですか?」[3]——この質問を、このテクストを読んでいるすべての人に私が繰り返すことだってできる……。

現在意識 Present-awareness、あるいはレインウォーターが「自己観察のルーティーン的技法」と呼んでいるものは、目下の経験に持続的に埋没することではない。反対に、先のことを効果的に計画する条件に他ならない。セルフ・セラピーとは瞬間瞬間をフルに生きようと模索することであって、決して現在の誘惑に屈することではない。「今現在私は私自身のために何を欲しているのか?」という疑問は、場当たり的に生きる、といったことではない。「今において存在する技法」は、先のことを計画し、個人の内的な望みに適合した人生の軌跡を構築するときに必要となる自己理解を生み出すものである。セラピーは成長の過程であり、人の人生が通り過ぎるであろう大きな変化をふまえたものでなければならない。日誌をつけ、空想あるいは実際の自伝を作りあげることが、先のことを考えるための手段として推奨される。日誌はもっぱら自分自身のために書くべきであって、他の誰かに見せることを考えて書いてはならない、とレインウォーターは示唆する。日誌は人が完全に自分に正直になり、以前に記憶された経験と失敗から学ぶことで、成長の継続的な過程を計画することのできる場である。日誌それ自体がはっきりと自伝のかたちをとるにせよとらないにせよ、「自伝的思考」はセルフ・セラピーの中心的な要素である。というのも、自分の人生の一貫した意味を作りあげることは、過去の束縛を逃れ未来に自分を開く主要な手段だからである。自伝の作者は、可能なかぎり幼児期に遡ることと同時に、未来を囲い込むために潜在的な発達のラインを組み立てることを要求される。

自伝は過去への修正的介入であって、単なる過ぎ去った出来事の年代記ではない。自伝にはたとえば、「子どものころのあなたを育てる」といった側面がある。個人は、幼児期の困難なトラウマ的局面に思考を遡らせつつ、子どもの頃の自分に話しかけ、それをなだめ、支え、それにアドバイスを与える。こうすることによって、「もし〜でさえあったなら」という感情が乗り越えられるのだ、とレインウォーターは論じる。「自伝的な文章を書くことの基本的な目的は、過去との決別を促すことなのです(4)」。自伝のもう一つの側面は、「感情的経験の修正訓練」である。過去の出来事を現在起こりうる短い物語のかたちで書き留め、そこで起こったこと、およびそれに関わる感情をできるだけ正確に想起する。そのあとその物語を、新しい会話、感情およびエピソードの解決とともに、そうであればよかったと望んだとおりに書き直すのである。

過去の再構成は、未来に起こりうる人生の軌跡に対する期待とともに進むものだ。セルフ・セラピーは、レインウォーターが「時間との対話」と呼ぶもの——自分の人生の時間をいかに扱うかについて自問自答する過程——を前提とする。時間について積極的に考えること——人生を、過ぎ去ってしまう有限の時間からなるものとしてではなく、人生が生きられるためにあるものと考えること——は、「どうしようもない、希望もない」態度を避けることを可能にする。「私たちをともに運ぶ」時間は、多くの伝統文化に見られるような宿命の概念を含んでいる。宿命のもとでは、人々は人生を自分自身の自己理解によって左右することができず、出来事や出来合いの舞台装置の囚人となっている。時間と対話を持つということは、緊張に満ちた出来事（過去に実際に起こった出来事や、未来に直面するかもしれない出来事）を見定め、そういった出来事が引き起こす結果にけじめをつけることを意味する。レインウォーターは、その分野の研究資料に基づいて、ストレスを伴う出来事の「格付尺度」を提示している（また彼女は、そのような出来事は身体の病を引き起こしうるということを指摘している）。配偶者の死、離婚または別居、失業、財政難、その他多くの出来事や状況が例示されている。

「自分自身の人生を引き受けること」は、様々な開かれた可能性に直面することを意味するため、リスクをはらんだものになる。個人は、必要ならば多少なりとも過去と断絶して、単純に従来の習慣によっては導かれえない新しい行為の筋道を考える用意をしなくてはならない。従来のパターンに執着することによって得られる安全は脆く、いつかは壊れてしまうだろう。パターンへの執着は未来への恐怖の現れであって、それを克服する手段を与えるものではない。

未来を恐れる人々は――お金、財産、健康保険、人間関係、婚約によって――自分自身を「保証」しようと試みます。親は子どもを拘束しようとします。なかには怖がって家庭の巣から離れようとしなくなる子どももいます。夫と妻は、相手の生活とサービスの継続を保証しようとします。残酷なのは、人間関係には、株式市場、天気、「国家安全保障」などと同じく、永遠はないという真実です……このように安心へと固執しようとすることは、お互いの関係にとってはひじょうに邪魔なものですし、あなた自身の自己成長の妨げにもなるでしょう。私たちがみな真に他者と共存することを学び、ルールを作らず、未来を柵で囲ってしまわないようにすれば、私たちはより強くなれるし、より緊密で幸せな人間関係を築くことができるでしょう。

最後には……死である。「そしてあなたは、ここでもまた責任者でありうるのです！」[5]死について人々にたずねると、典型的な反応は次の二つのうちの一つだ、とレインウォーターは言う。人が現在を自分や愛する者の死を心配しながら過ごしている場合には、死は恐怖に結びつく。そうでなければ、死は知りえないもの、それゆえできるだけ避けるべきものと見なされる。この両方の態度――死への恐怖と死の否定――にも、レインウォーターの本の他のところでも描写されているテクニックを使ったセルフ・ヘルプ・プログラムによって立ち向かうことができる。過去へ、最初に他人の死を経験したときへと遡ることは、死についての隠れた感情をあぶり出すことを可能にする。この場合、将来を見ることは、残っていると信じている人生の年々についてよく考え、将来自分が死ぬときの状況を想像することを意味する。想像のなかで死と直面することで、「何をすべきか?」の質問を再び自分に課すことができるのである。

あなたの人生にはちょうど三年しか残されていない、と聞かされたと想像してみてください。残された時間あなたは健康であるとします……あなたは即座にどのように反応するでしょうか?……時間をいかに過ごすかの計画を始めますか? あるいは残された時間の短さに憤りを感じますか?「死に行く運命に対して怒りを覚えること」、あるいは死に方を想像してその幻想にはまり込んではいけません。残りの時間をいかに過ごすか、最後の三年間をいかに生きたいのかを決めるのです。

どこで生活したいのか?

誰と?

働きたいですか?

あるいは勉強?

(6)想像上の人生のなかに、現在の生活に含めたいと思うようなことが何かありますか?

自己アイデンティティ、歴史、モダニティ

レインウォーターの「セルフ・ヘルプ・マニュアル」に表れているような関心と方向性は、歴史的に見てどれほどの独自性を持っているのだろうか。むろん、自己アイデンティティの探求は近代的問題であり、おそらく西欧個人主義にその起源を持っていると簡単に言ってしまうこともできるだろう。バウマイスターなどは、個人性 individuality に対する私たちの近年の強調は前近代においては不在であったと主張する。(7) 個人はそれぞれ独自の性格と、実現したりしなかったりする特別の可能性を持っているという考えは、前近代文化には無縁のものである。ヨーロッパ中世においては、家系、ジェンダー、社会的地位その他の特性はすべて比較的固定的なものであった。人生の様々な段階における転機は、制度的過程によって支配されており、そのなかで個人が果たす役割は比較的受動的なものであった、というのである。バウマイスターの分析はデュルケムを想起させる。「個人」は伝統文化においてはある意味では存在せず、また尊ばれなかった。近代社会の登場、とりわけ分業の発達を待ってはじめて、個別存在としての個人は注意を引くようになる、というわけだ。(8)

これらの見解にも何かしら見るべきものがあるのは疑いえない。だがモダニティの独自

の特徴として争点になっているのが「個人」の存在であるとは、ましてや自己であるとは、私は思わない。「個人性」は確実にすべての文化において――様々な範囲内で――尊重されてきたし、個人的可能性の開拓にしても、ある意味ではそうである。「個人」、「自己」、そして「自己アイデンティティ」といった一般的な言葉をモダニティに特徴的なものとして語るよりも、むしろ私たちは事態をもっと精緻に分析すべきなのである。私たちはこの分析を、セラピーとは一体何であり、何を行うのかに関するレインウォーターの描写の特徴と含意を列挙することで始めることができる。以下のような要素が彼女のテクストから引き出せる。

1　自己は再帰的プロジェクトであり、個人はその責任を負っている（このテーマは第一章で登場した）。私たちは私たちが現にそれであるものではなく、私たちが私たち自身から作りあげているものである。自己が完全に無内容なものと見なされているというわけではない。というのも、自己の再構成のためのパラメータをもたらす自己形成の心理的過程や心理的欲求が存在するからである。しかしながらその他の点では、個人がなるところのものは、その個人が取り組む再構成の努力次第である。そこには単に「自分自身をよりよく知る」ことよりもずっと多くのことが存在する。自己理解は、一貫した実りのあるアイデンティティ感覚を構築／再構築するという、より包括的・根本的な狙いに服している。

このような再帰性は社会調査および心理学の調査に驚くほど多く含まれており、提起されるセラピー見通しのなかにも広く浸透している。

2　自己は過去から予期される未来へと続く発達の軌跡を形づくる。個人は、（構成された）未来に何が期待されているかという観点から、様々に想起された自らの過去を利用する。自己の軌跡は、人生の様々な局面を意識的に認識することから生じる一貫性を備えている。外の世界の出来事ではなく自分の人生が、ゲシュタルト的な意味で支配的な「前景」になる。すべての外的な出来事や制度が、人生が形成され浮き彫りにされる際の背景となる「かすみ」であるわけではない。しかしながらそのような出来事は、自己発達の支えを与えたり、克服されるべき障害を投げかけたり、直面される不確定性のもととなったりするかぎりで、人生の形成に介入してくるに過ぎない。

3　自己の再帰性は広く浸透するものであると同時に、継続的でもある。あらゆる瞬間に、少なくとも一定の期間ごとに、個人は何が起こっているかを自己尋問することを要求される。意識的になされる一連の質問として始めて、個人は「自分が変わるためにこの瞬間をいかに使用できるか」を尋ねることに慣れていく。この意味での再帰性は、モダニティの再帰的歴史性に属しており、より一般的な行為の再帰的モニタリングからは区別される。レインウォーターが強調するように、それは訓練された自己観察の技術である。

今何が起こっているか?
私は何を考えているか?
私は何をやっているのか?
私は何を感じているのか?
私はどうやって呼吸しているのか?(9)

4　自己アイデンティティは、一貫した現象として、ナラティブを前提とすることがはっきりと示されている。つまり、自己のナラティブが明確にされるのである。日誌をつけること、そして自伝をきちんと作りあげることが、自己の統一感覚を維持するために中心的に促されることだ。自伝を書くこと(来歴も同様である)が近代になって発展したということは、歴史家のあいだでは一般的に知られていることである。(10)出版された自伝の多くは、むろんのこと、傑出した人物が人生や業績を自賛したものだ。このような自伝は、有名な人物の特殊な経験をその他大勢の経験から区別して特別扱いするためのものである。こうみると自伝は、個人の独自性という全体の中では周辺に位置するようなものであるようにも見える。しかし自伝――特に、書き留められていようといまいと、当の個人によって作り出される解釈的な自己史という広い意味での自伝――は実際には、近代社会生活における自己アイデンティティの中核に位置しているのだ。その他の形式化されたナラティブと同様、それは作り出されねばならない何かであり、創造的に情報を得ることを必要としている。

5　自己実現は、時間をコントロールすることを意味する。それは本質的には、外的な時間的秩序（時計や普遍化された計測基準が支配するルーティーン化された時空世界）と疎遠なつながりしか持たない、個人的時間のゾーンを確立することである。個人的時間（日々の社会生活の持続）を優先させるという主張は、レインウォーターの本の至るところに見受けられる――もっとも、すでに見てきたように、それは「絶対的現在」の哲学としてではなく、人生のうちで得られる時間をコントロールする仕方として提示されている。「時間と対話を持つこと」は自己実現のまさに基本である。というのも、それはいかなる瞬間においても満足を達成すること――人生をフルに生きることの本質的な条件だからである。未来は可能性と共鳴するものとして考えられるが、かといって何もかも偶然に委ねられているわけではない。未来は、まさにあの積極的な時間的コントロールの過程と、自己のナラティブの統一性を可能にする活発な相互作用によって、可能なかぎり組織されなければならない。

6　自己の再帰性は身体にまで拡張されるが、そこにおいて身体は（前章で示されたように）単なる受動的物体ではなく行為システムの一部である。身体的過程の観察――「私はどのように呼吸しているか？」――は、行為主体が自らの振る舞いに対して払うことを要求される持続的な再帰的注意に本質的なものである。身体を意識することは、「瞬間の充実性をつかまえること」にとって基本的なことであり、環境からだけでなく、全体として主な身体器官、身体的性向からの感覚的インプットを、意識的にモニタリングすることである。身体意識にはまた、運動やダイエットの必要性を意識することも含まれる。人々は「ダイエットを続けること」について語るが、私たちはみなダイエットしているのだ！とレインウォーターは指摘する。私たちが食べているものがダイエット食である。一日のなかで何度も私たちは、飲み食いするべきかどうか、あるいはまさに何を飲み食いするべきかについて決定を下している。「あなたがやっている食事法が気にいらない場合は、新たな選択ポイントがすぐさま現れる。あなた次第なのです！」[11]

身体意識は伝統的宗教の一部、特に東洋の宗教において実践されている身体体制に似ているかもしれない。実際レインウォーターも、今日自己実現やセラピーに関して書いている他の著者と同じように、自らが提起するプログラムにおいてそのような体制のいくつかを参考にしている。しかし相違点についても述べられている。というのは、彼女にとって身体意識とは自我の溶解などではなく、違った自己を構築する手段として提示されているからである。身体を経験することは自己を統合された全体としてまとめあげることなのであり、そこにおいて個人は、「これが私が生きているところだ」というのである。

7　自己実現は機会とリスクのバランスの観点から理解される。重苦しい情緒的習慣から自由になるための様々なテクニックを通して、過去を手放すことは、自己発達に貢献する多様な機会を生み出す。世界は、個人が今現在始めることのできる実験的な取り組みのなかで、個人のあり方と振る舞い方の潜在的可能性に満ちあふれているものになる。心理的に解放されている人物はリスクに直面するが、より伝統的な自己はそうではない、というのは正しくないだろう。肝心なのはむしろ日常的なリスク意識なのであり、それは未来に向けて採用される打算的な戦略に本質的に含まれているものである。

個人は、旧来の行動パターンを打ち破ることに必要なことの一部として、新たな危険――事態が以前より悪化するリスクを含む――に直面しなくてはならない。セルフ・セラピーに関する他の本は、ものごとを以下のように叙述している。

人生がよい方に向かっているのならば、あえて打って出るべきです。惰性から抜け出し、新しい人々に出会い、新たな思考を開拓し、見知らぬ道を行くべきでしょう。

自己成長のリスクは、ある意味では未知のものへと、つまり言葉と習慣が異なり、手探りしつつ進まなくてはならない見知らぬ土地へと入ってゆくことを意味しています。逆説的なことに、すべてが保証されているという感覚を捨てないかぎり、私たちは何かを与えてくれる友人、仲間、仕事を本当に信頼することができません。真の個人的安心は外から来るのではなく、内側から来るのです。心から安心するためには、私たちは私たち自身に全面的信頼を置かなくてはなりません。

自己成長のために慎重なリスクテイクをすることを拒否するなら、私たちは不可避的に現状に囚われたままになってしまうでしょう。そうでなくとも、予期せぬリスクに直面するはめになってしまうでしょう。このどちらの場合でも、私たちは個人の成長に限界を置き、自己尊重を目指す行為から自らを切り離すことになります。(12)

8　自己実現の道徳的な筋道は、「自らに誠実であること」に基づいた信実性（ハイデガーの意味とは異なるが）の筋道である。個人的成長は、本当の私たちを理解することを阻害する情緒的妨害や緊張を克服することにかかっている。信実的に振る舞うことができるということは、単に自己知識をできるかぎり有効かつフルに活用しつつ振る舞う以上のことである。それは——レインの言葉でいえば——にせの自己から真の自己を解放することである。個人として私たちは「歴史を作る」ことはできないが、もし自らの内的経験を無視するなら、私たちはそれを繰り返すことを運命づけられ、非信実的な――というのもそれは他者によって（特に早期の幼児期に）押しつけられた感情や過去の状況であるから――習性の囚人になってしまう。セルフ・セラピーのモットーは、「回復か反復か」なのである。

信実性という道徳は、あらゆる普遍的道徳基準の外側にあり、親密な関係の領域の内部においてのみ他の人々との関連を持つ――もっともこの領域は自己にとってひじょうに重要なものとして受け止められているのだが。自らに誠実であることは自らを発見することであるが、このことは活発な自己構築の過程であるゆえに、それは包括的な目標――依存から抜け出し達成を実現すること――に基づいたものでなくてはならない。達成は一部には道徳的な現象である。というのもそれは自分が「善」であり「価値ある人間」であるという感覚を助長することを意味するからである。「私は、自己の価値を高めるにつれて、自分がより多くの誠実さ integrity、正直さ、共感、エネルギー、そして愛を感じるだろうということを知っている」[13]。

9　ライフ・コースは「移行 passage」の連なりとみなされる。個人は移行を経験するだろうし、また経験しなくてはならないが、移行は制度化されておらず、形式的な儀式を伴っているわけでもない。このような転機はすべて喪失を（そして通常は潜在的には獲得を）含んでおり、喪失は——配偶者との別居におけるように——自己実現を軌道に乗せるために悲しみをもって経験されなくてはならない。人生の移行は、先に語られたリスクと機会の相互作用に特別の説得力を与える——あらゆる場合にそうであるというわけではないが、移行が、移行の影響を受ける個人によって始められる場合には、特にそうである。人生の重要な転機を切り抜けること、家庭を去ること、新しい仕事を得ること、失業に直面すること、新たな関係を作りあげること、異なった地域やルーティーンのあいだを移動すること、病気と対峙すること、セラピーを始めること——これらすべては、個人的危機が開く新たな機会をつかむために意識的にリスクを演出することである。人生の移行が伝統的な意味でのそれと異なっているのは、単に移行が儀式を欠いているという点においてではない。より重要なことは、そのような転機が、再帰的に作動する自己実現の軌跡に引き入れられ、その軌跡を手段として切り抜けられるということなのである。

10　自己発達のラインは**内的に準拠している**。唯一の重要なつなぎの糸は、人生の軌跡それ自体である。個人の誠実性は、信実的自己の達成として、自己発達の物語のなかで人生の経験を統合すること、つまり「自分は何よりも自分に忠実だ」と認めるための個人的信仰システムを作りだすことによって達成される。鍵となる準拠点は「内側から」、いかにして個人がその人生を構築・再構築するかという点に置かれるのである。

これらすべてに関して、疑問がわいてくるかもしれない。これらのコンセプトはどれくらい有効なのか？　ある意味でイデオロギー的ではないのか？　これらは、モダニティにおいて自己に影響を与えたと思われる変化に関係する以上に、セラピーに関することがらなのではないのか？　ひとまず私はこれらの問題を括弧に入れておきたい。上で概要を示した考えは、部分的、不適当かつ特異なものであるかもしれないが、現代世界――後期モダニティの世界における自己と自己アイデンティティについての何らかの真実を示しているということは間違いないだろう。その理由を、現代世界に特徴的な制度的変動にこれらの考え方を接合することによって、見ていくことができる。

ライフスタイルとライフプラン

ここでの議論の背景は、後期モダニティの生活の実存的な地形である。再帰的に組織され、抽象的システムによって浸潤され、時間と空間の再秩序化がローカルなものをグローバルなものに再結合させるポスト伝統的社会的宇宙においては、自己は多大な変化を被る。セラピーは、セルフ・セラピーを含めて、この変動の現れでもあるし、自己実現というかたちでこの変動を実現するプログラムを与えるものでもある。自己のレベルにおいては、日常の活動の基本的な構成要素とは、単純なことだが、選択の活動である。日常のものごとにおける選択をまったく排除した文化などは明らかに存在しないし、すべての伝統は事実上無限の可能な行動パターンからの選択である。しかしながら、定義上、伝統や確立された習慣は、生活を比較的固定的なチャンネルの内部で組織する。モダニティは個人を複雑多様な選択に直面させ、さらにそれは根拠づけられていないゆえに、どの選択肢を選ぶべきかについては、ほとんど助けてくれない。様々な帰結がここから引き出される。

一つには、ライフスタイルが最重要なものになり、それが個々の行為主体にとって不可欠なものになるということである。ライフスタイルという言葉は、グラビア誌や広告イメージによって示されているように、表層的な消費主義との関連だけで思い浮かべられることが多く、なにかしら取るに足らないことのように思われている。* しかしそのような表層

＊　「ライフスタイル」という言葉は再帰性の興味深い例である。『ニューヨーク・タイムズ』のコラムニスト、ウイリアム・サファイアは、この言葉はアルフレート・アドラーの著作からきており、その後六〇年代において急進主義者によって取り上げられると同時に、広告コピーライターによって使われたのだ、と論じている。しかしながらデニス・ロングによれば、最も大きな影響を及ぼしたのは実はマックス・ウェーバーである。ウェーバーの用法における Stände（身分）に関係した「生活のスタイル」が、結局日常的語法における「ライフスタイル」になったのだ、というわけである。(14)

的な概念が示すよりも、ずっと根本的な何かが進展しているのだ。ハイ・モダニティという条件のもとでは、私たちはすべて単にライフスタイルを追求するのではなく、そうするように強制される——私たちは選択するしかないのである。ライフスタイルは、単に功利主義的な必要を満たすだけではなく、自己アイデンティティのナラティブに実質的なかたちを与えるがゆえに、個人が受け入れている多かれ少なかれ統合された実践のセットとして定義されうる。

ライフスタイルという概念は伝統文化にうまく適用することができないが、それは、ライフスタイルが複数の可能な選択肢からの選択を意味しており、「受け継がれる」というよりも「採用される」ものであるからである。ライフスタイルはルーティーン化された実践であり、服装、食事、行為の様式、他者と出会うのに好ましい環境などに関する習慣に組み込まれているルーティーンである。とはいえ、従われるルーティーンは移ろいやすい自己アイデンティティに照らして再帰的に変化にさらされている。日々なされるすべての些細な決断——なにを着るか、なにを食べるか、仕事でどのように行動するか、そのあと晩に誰と会うか——が、そのようなルーティーンを構成する。すべてのこのような選択は(より重要で決定的な選択と同じく)、どのように行為するかについてだけではなく、誰になるのかについての決断である。個人が活動する舞台が伝統から切り離されると、ますますライフスタイルは自己アイデンティティの核に、アイデンティティの構築と再構築に関わるようになる。

ライフスタイルの考え方は特に消費の領域に適用されると考えられていることが多い。確かに仕事の領域は経済的強制によって支配されており、仕事場での行動のスタイルは仕事以外の場におけるスタイルよりも個人のコントロールに左右されにくいことは事実である。しかし、明らかにこのようなコントラストが存在するにせよ、ライフスタイルが仕事以外の活動にのみ関わっていると考えることは間違っている。確かに仕事はウェーバーのいう生活機会 life chances を強力に条件づけているし、生活機会という概念も、潜在的に実現可能なライフスタイルという観点から理解しなくてはならない。しかしそれにしても、仕事は決して完全に複数の選択の舞台から切り離されていないし、仕事と仕事環境の選択はモダニティの極端に複雑な分業体制においてライフスタイルの基本的な要素なのである。

選択の複数性を論じるということは、すべての選択がすべての人に開かれている、あるいは、人々は多数の実行可能な選択肢を完全に認知した上ですべてを決断している、と想定することではない。消費の領域においてと同じく仕事においても、伝統による拘束から解放された集団にとっては、複数のライフスタイルの選択が存在している。当然、ブルデューが強調したように、集団におけるライフスタイルの多様性は基本的に階層を構造化するものでもあり、単に生産領域における階級格差の「結果」であるわけではない(15)。

ライフスタイル全体のパターンは、むろんのこと、日常的な決断において利用可能な多様な選択肢よりも、あるいは長期的な戦略的決断における選択肢よりも、より幅の狭いものとなる。ライフスタイルは習慣と方向性の束であり、したがって選択肢を多かれ少なかれ秩序づけられたパターンとして結合する統一性――これは持続的な存在論的安心の感覚にとって重要なものである――を有している。現在の特定のライフスタイルに依拠している者は、他の様々な選択肢を必然的に自分にとって「ふさわしくない」ものとみなすのだが、その人物がつきあいのある他者もまた類似の振る舞いをするだろう。さらには、ライフスタイルの選択と創造は、社会経済的状況によるほか、周囲からの圧力と役割モデルの認知度によって影響されるものである。

ハイ・モダニティにおいて個人が対峙する選択の複数性は、いくつかの影響を受けて生じるものである。第一に、私たちはポスト伝統的秩序において生活しているという事実がある。複数選択の世界において行為し、それに関わるということは、伝統によって確立された道しるべがもはや存在しない状況において、選択をするということである。したがってたとえばある人は、果物と繊維が豊富で糖質、脂肪、アルコールが控えめな食事が体のためになり、特定の病気にかかるリスクを減らすということを示す研究結果を無視するという決断をくだすかもしれない。その人は以前の世代が消費していたのと同じような濃くて脂肪と糖分の多い食事に断固として固執するかもしれない。しかしながら、食事メニューに関する選択肢があり、個人は少なくともそれらを意識しているという事実を考えれば、そのような振る舞いもやはり明確なライフスタイルの一部をなしているといえる。

二つ目は、バーガーが「生活世界の複数化」と呼ぶものである。[16] バーガーが指摘するとおり、歴史の大半を通じて、人々は互いにかなり密接なつながりのあるいくつかの社会的舞台のなかで生活してきた。仕事であれ余暇であれ家族であれ、個人は似たようなタイプの環境で生活してきた。こういった現象は、大半の前近代的社会においてはローカルな共同体が支配的であったことによって確固たるものとなった。モダニティの社会生活の舞台は、これよりずっと多様に区分けされている。特に公的領域と私的領域との分化が顕著であるが、この両者ともまたそれぞれの内部で複数化している。ライフスタイルは、典型的にはある特定の行為環境に結びついており、またそれを表すものである。したがってライフスタイルの選択肢はしばしば、他の可能性を犠牲にした上で、その特定の領域へと没入するという決断である。個人はふつう、毎日の生活の過程において異なった場や環境のあいだを移動するため、何らかのかたちで自分のライフスタイルに疑問を抱かせるような舞台においては、居心地の悪さを感じることがあるかもしれない。

複数の行為環境が存在することもあって、ライフスタイルの選択や活動は個人にとって断片的なものになることがひじょうによくある。一つの文脈で従われている行為の様式は、ともすれば他の文脈での様式と多少なりとも実質的に食い違うかもしれない。私はこれらライフスタイルの断片を、**ライフスタイル部門** lifestyle sectors と呼ぼうと思う。一つのライフスタイル部門は、個人の活動全体の時間・空間的な「一片」であり、その一片のなかで、ある程度一貫し組織された実践のセットが採用され実行される。ライフスタイル部門は、活動の局在化の表れである。[17] 一つのライフスタイル部門にはたとえば、特定の曜日の夜や週末にだけ行う活動がある。友人関係や結婚なども、それが時空を横断して確立された明確な行為形式によって内的に完結しているかぎりは、ライフスタイル部門になりうる。

選択の複数性を条件づけている第三の要因は、保証された信条がモダニティにおいては文脈依存的な性質を持ってしまうことの、実存的なインパクトである。最初の章で述べたように、恣意的な伝統と思弁的な知識の主張を、確実な理性に置き換えようという啓蒙主義運動のプロジェクトは、本質的に失敗したことが証明された。モダニティの再帰性は、ますます確実性を増していく状況においてではなく、方法論的な懐疑の状況において機能するものである。最も頼りになる権威でさえ、「追って知らせのあるまで」信頼されうるに過ぎない。そして日常生活の大部分を貫いている抽象的システムは通常、固定的な活動のガイドラインや処方ではなく、複数の可能性を提供する。専門家に問い合わせることはいつでもできるが、専門家自身も理論と実践的診断の両面で頻繁に見解の不一致を見せる。セラピーを考えてみればよい。セラピーを受けるつもりでいる人は、驚くほど多くの学派やプログラムに直面し、またほとんどのセラピーの実効性自体を否定する心理学者もいるという事実をも考慮に入れなくてはならない。同じことは自然科学の最も堅実な分野にもいえる。というのも、科学の主張は包括的に懐疑にさらされているからである。ゆえに医療的な問題を抱えたある人は、ハイテク治療のうちのどれを選ぶかだけではなく、科学的医療およびホリスティック医療（これに関しても、自らの解法を主張する無限に多くのバラエティが存在する）を含めた対立する主張のなかからの選択に直面するということもありうる。

第四に、媒介された経験の流布もまた、明確にかつ精妙に選択の複数性に影響を与えている。メディアがますますグローバルになるにつれて、原則的に多くの環境が、関連情報の収集に気を配っている者なら誰にでも、可視的になった。テレビや新聞のコラージュ効果は、舞台装置やライフスタイルの潜在的な選択肢が羅列されることの一例である。他方でマスメディアのすべてが、多様化と断片化の方向に作用したわけではない。メディアは、人が個人的に接触することのないような場面へのアクセスを提供する。しかし同時に、以前には分離されていた場面の境界のうちいくつかは、乗り越えられてしまう。メイロウィッツが言うように、メディア、特に電子メディアは、社会生活の「状況地理 situation geography」を変えてしまう。「メディアはますます、私たちを他の場所でなされている興行の「直の」見物人にし、「物理的に存在」していない観衆へのアクセスを可能にする」[18]。その結果、「物理的場面」と「社会状況」とのあいだの伝統的なつながりが突き崩される。媒介された社会状況が、前もって構成された社会経験のあいだに新たな共同性——と差異——を構築する。メイロウィッツの個々の説明には批判もありえようが、この見解の全体的な主張は確かに正しい。

代替的なライフスタイルの選択肢がある世界では、戦略的なライフプランニングが特に重要になってくる。ライフスタイルのパターンと同様に、あれやこれやのライフプランもまたポスト伝統的な社会形態に不可避的に伴うものである。[19]ライフプランは再帰的に組織された自己の軌跡の実質的な内容となるものである。ライフプランニングは、自己の来歴に登場する将来の活動のコースを準備するための手段である。ここで、個人的なカレンダーつまりライフプラン・カレンダーの存在について論じてみよう。人生の個人的な時間は、このライフプラン・カレンダーとの関係において取り扱われる。個人的なカレンダーは、個人の人生のなかの重要な出来事を時間的に位置づける道具であり、その出来事を個人的な年表に差し挟むものである。ライフプランと同じく個人的カレンダーも多くの場合、個人の環境や心の枠組みの変化に応じて修正され再構築される。ライフプラン・カレンダーのうちの基本的な日付である「私が結婚した時」は、『セカンドチャンス』が示しているように、より重要な心理的区切りである「婚姻が破棄されたとき」によって大部分追い出されてしまうかもしれない。個人的カレンダーはしばしば媒介された経験を組み込んでいる。たとえば、あるカップルが「ケネディー大統領暗殺の二週間後に」結婚したことを覚えている場合などである。[20]

ライフプランニングは時間を組織化する特定の様式を前提としている。というのも、自己アイデンティティの再帰的な構築は、過去を解釈することと同程度に将来へ向けて準備することにかかっているからである。とはいえ過去の出来事の「再構成」はこの過程においてつねに重要であることに変わりはないのであるが。ライフプランニングはむろん、かならずしも未来の人生のすべてに戦略的に備えるということを意味しているわけではないが、レインウォーターの本は、できるかぎり先のこと、つまり想像上の人生の終わりやそれまでに起こりうる大きな局面について考えることは、自己実現にとって重要であるということを明確に論じている。(21)

ライフスタイルの選択やライフプランニングは、ただ単に社会的行為主体の日常生活の「なか」に、あるいはそれを構成しつつ存在しているだけではなく、行為主体が行為を形づくる制度的な環境でもある。このことは、ハイ・モダニティにおいて、特定の個人や集団の社会状況がいかに客観的に恵まれないものであろうとも、ライフスタイルの選択やライフプランニングの影響が多かれ少なかれ普遍的なものであることの一つの理由である。スラム街の貧困のなかで生活している、数人の子どものいる片親家族の親である黒人女性のような人物を思い描いてみよう。そのような人間は、より恵まれた階級に与えられている選択肢をつらい羨望を持ってただ眺めていると考えられるかもしれない。彼女は、厳しい限界のなかで日々の活動を繰り返しこつこつとやっていくしかない。彼女には異なったライフスタイルに従う機会もなく、外的拘束によって支配されているがゆえに人生を計画することも至難である、というわけである。

むろん、あらゆる個人や集団にとって、生活機会はライフスタイルを条件づけている（そして私たちは、ライフスタイルの選択は生活機会の分配を多くの場合積極的に強固にするために使用されるということを忘れてはならない）。抑圧された状況からの解放は、ある種のライフスタイルの選択の範囲を拡張するのには欠かせないものである（第七章「ライフ・ポリティクスの登場」を見よ）。しかし今日最も恵まれない立場の者でさえも、モダニティの制度的要素が浸透した状況で生活しているのだ。経済的貧困によって否定された可能性は、伝統の枠組みによって排除された可能性とは異なるし、異なったかたちで――つまり、可能性として、――経験されるのだ。それに加え、ある種の貧困状況では、伝統の拘束は貧困がない場合よりもおそらく格段に壊れてしまっている。その結果、ライフスタイルの創造的な構築は、特に貧困の状況に当てはまる、ということもありうるわけである。ライフスタイルの習慣は、明確な文化スタイルや活動様式を直接作りあげることによってだけではなく、ゲットー生活の抵抗のなかでも構築されるのである。

このような貧困状況においても、自己アイデンティティの再帰的な構成は、裕福な階層とまったく同じように重要であり、またグローバル化の影響を同じように被るかもしれない。家族の面倒を一人で見ている黒人女性は、その生活がいかに圧迫され困難なものであろうと、女性一般の地位を変えるいくつかの要因について知っているであろうし、彼女自身の活動も確実にその知識によって変更を被るであろう。十分整備されていない社会環境にいるだけに、彼女は子ども、性的関係、友人関係などについて、新たな活動様式を開拓することを事実上強制されることになる。そのような開拓は、それとして言説的に明確なかたちを持ってないかもしれないが、再帰的なアイデンティティ形成を伴っている。しかしながら彼女が服している欠乏状況のせいで、このアイデンティティの形成という課題は担いきれない重荷になるし、自己向上ではなく絶望を生み出すものとなるかもしれない。ライフプランニングは、「未来の植民地化」として後の章で詳しく論じる、より一般的な現象の特殊例である。レインウォーターのいう「時間との対話」は確かに、ひじょうに多様な仕方で、いろんな社会的文脈と異なった社会階層において行われる。彼女が描いている（そして提起している）時間をコントロールする姿勢は、未来を現在へ引き込む再帰的な試みを生み出すと同時に、それを拒否したり一時的に混乱させたりすることにもつながる。「放浪する」ティーンエイジャーは、未来のキャリアについて考えることを拒否し、「未来に何の思考も与えること」もせずに、この方向付けを拒否するのであるが、それは特に支配的になっていく時間的な展望に対する反抗としてそうするのである。

最後に、選択の複数性はまた他者との関係に――親密な関係の変容に――直接に結合しうる。[22] 今日の個人関係が前近代の緊密な個人間的結びつきと著しく異なっているかどうかについては、ここでは詳細な議論は行わない。近代の結婚が、非近代文化一般からと同様に、前近代ヨーロッパにおける結婚制度と劇的に異なっているということを私たちは知っている。同じようなことは友人関係にもみられる。ギリシャ人は今日的意味での「友人」に当たる言葉を持っていなかった。*philos*（フィロス）という言葉は、「親類、姻戚、あるいは血のつながっていない他の人々であろうとも、ある人にとって「身近で親しい」者すべて」を指すのに使われていた[23]。ある人のフィロスのネットワークは大部分その個人の社会的位置によって決まっており、自発的な選択の余地は限られていた。このような状況は多くの伝統文化の特徴であり、そこにおいては、「友人」という概念が存在したとしても、それは外部の人間——見知らぬ人、潜在的な敵——と対比される身内を主に指していたのである。

パートナーが多様な可能性から自発的に選ばれるというのは、近代的な性関係と友人関係のシステムに特徴的なことである。むろんのこと、場所的に近いことは親密な関係が発展するのに通常必要なことであるし、実際の選択の範囲は多くの社会的・心理的な差異によって様々なものになる。しかし、恋人・友人募集コーナー、コンピューターデート、およびその他の紹介サービスは、もし人が伝統的な行為の仕方の最後の衣を脱ぎ捨てる用意があるならば、複数の選択肢を簡単に得ることができるということを十分に証明している。結びつきが多かれ少なかれ自由に選ばれたものであるかぎりで、私たちは最近一般的な言葉遣いにおいて獲得された意味での、すべての「関係」について語ることができる。ある程度長持ちする性的結合、婚姻、友人関係は、今日ではすべて**純粋な関係性** pure relationship に近づいていく傾向にある。理由はこれも後で述べるが、ハイ・モダニティでは、純粋な関係性（これは性的な純潔とは何の関係もない）が自己の再帰的なプロジェクトにとって基本的に重要なものとなる。このことはレインウォーターの本からも明らかであり、セルフプログラムであろうとなかろうと、事実上すべてのセラピーにとってもいえることである。

純粋な関係性の理論と実践

以下の文章は、シア・ハイトの研究『女性と愛』のなかで「関係性のなかの情緒的不確実性」という見出しで書かれているものである。ハイトの研究はアメリカ女性の男性との関係における経験と感情から広く得られたコメントに基づいている。ある女性は次のように述べている。

どうしてだかわからないけど、不満な感情がいつも残ってしまいます。彼が電話してこないでも電話してきても、ロマンティックじゃないし、まあそういうことで……。彼と話そうとしてるとき、本当に話してるとき、何か成し遂げられない感じがするんで……。それはまるで、「彼は本当に大丈夫？（まだ私のことを愛してる？）」とか「私の方は大丈夫？　私はどうなの？」みたいに自問自答しなくちゃならないような感じがいつも頭をめぐっているような感じです。もし私がとても不幸で、彼が私と問題について話し合ったりとか、それを解決しようとかしない場合、私は「そう、彼がオーケーで彼がそこにいてまだ私を愛してるんだから、全部本当にオーケーなんだ」というべきでしょうか。それとも「ひどい関係だわ。彼が私を幸せにしてくれないんだから、別れてしまおう」というべきなんでしょうか。彼を愛していると、別れるのも難しいんです。

彼をもっと打ち解けさせるべきなのでしょうか、それとも自分の心配をして彼と別れるべきなんでしょうか。……問題は、最初は彼は、自分が弱い立場にいて、私を愛していると言っていたのに、あとになってそれを認めずに、そんなふうに振る舞わなくなって、冷淡になってしまったことです。私は自分に、「目標はどうしてもこの男なんだろうか？」と問いかけます。それはまるで、誰かが私を深いプールの底まで追いかけてきて、私が（感動して）底に着いて、本当に恋をし、彼を信頼したとき、彼が「何だって？　何で僕なんだ？」と言う、そんなかんじです。私はいつもびくびくしていて、何が起こっても彼を善意に解釈しようとして自分に「信じるんだ、信じるんだ」と言い聞かせ、ネガティブなしるしは信じないようにし、彼はただ、私がやった強がりに不安になって反応しているだけなんだ、と考えるようにしました。「誰かいてくれない？」と、いつもびくびくして当惑していました。(24)

この追想はつきあっている男性と一緒に生活していない女性のものであり、関係のほんの初期の段階を描写したものである。だが、この感想は「探究的」であるため、それは関係がどのようにして構築されるのかについての洞察をいくらか与えてくれている。中心には愛があり、親密性の探求は、少なくとも性関係が含まれている場合、ロマンティックな愛着に終始すると考えられるかもしれない。また、このレポートは一人の女性の経験を語っているのであり、男性の方の見解は書かれていないものの、ジェンダー関係が主な焦点になっているのだと結論することもできるかもしれない。こういった見方の重要性を否定するわけではないが、私としては別のことに焦点を当ててみたい。というのも、これから示していこうと思うのだが、ここには他の種類の親密で情緒的に重要な関係――たとえば同性愛関係やひじょうに仲の良い友人関係など――にも特徴的な核心的要素がいくつか含まれているからである。その要素とは純粋な関係性の要素である。それらは（理念型的なかたちで）次のように書き出すことができる。

1　伝統的文脈での緊密な個人的つながりと比べて、純粋な関係性は社会的・経済的生活といった外的条件にはつなぎ止められていない――それはいわば自由に浮遊している。たとえば、昔の結婚を例として考えてみよう。結婚は一つの契約であり、当事者自身によってではなくしばしば親や親類によって発起された。結婚という契約は通常、経済的要因に強く影響され、より広い経済的なネットワークや交換の一部であった。近代に入って、古い結婚形態が実質的に崩壊してからも、婚姻関係は内的分業、つまり稼ぎ手としての夫と子育てと家庭に専念する妻、という分業によってつなぎ止められていた（もっとも、労働力はつねにかなりの割合の女性を含んでいたことを忘れるべきではない）。こういった伝統的結婚の特徴のなかには、特定の社会経済集団において存続しているものもある。しかし一般的には、過去に存在したこれらの外部は消滅する傾向にある。この現象は、ロマンティック・ラブが結婚の基本的な動機として登場する時期に同時に出てきたものである。結婚はますます、それが他者との緊密な接触から得られる情緒的満足のゆえに始められ、そうであるかぎりで存続するような関係になってきている。他の特性――子どもがいることなどの一見根本的な特性でさえも――は、関係をつなぎ止める特徴ではなく、起こりうる別離を「だらだらと先延ばし」する原因になることが多いのである。

近代の友人関係はこの特徴をさらにはっきりさせる。友人とは、ある人が関係それ自体による見返り以外によっては促されないような関係を持っている誰か、として定義される。同僚と親しくなったり、仕事で近い場所にいること、仕事を通して利害を共有することが友人関係のきっかけになることもあるだろう——しかしそれは相手との絆がその関係自身のために価値を持つかぎりにおいて、友人関係であるといえるのである。このことのゆえに、友人と親類とのあいだには鋭い区分が引かれる。今ではきわめて弱くなったとはいえ、血縁関係に特有の、親類相互の義務というものが存在している。さらに、これらの義務は一般的で曖昧であるとはいえ、血縁関係は、それがとにかく血のつながりであるなら、壊れることはない。友人関係のつながりはそれ特有の惰性を持つこともあるが、原則的にあるいは事実上、親密な感情がそれ自身のためにやり取りされるかぎりにおいて、ある人は友人でありつづけるのである。

2　純粋な関係性は、その関係性がパートナーに与えるもののためだけに求められる。この点は前述の(1)に自然に伴うものであるし、関係性が「純粋」であるというのはまさにこの意味においてである。確かに、いくらかでも継続する人間関係には、得るところがあるだけでなく試練や緊張がつきものである。しかしそれ自身のために存在しているような関係性においては、パートナーどうしのあいだに何か都合の悪いことが起これば、それは本質的に関係性それ自体を脅かすことになる。したがって、「あまり努力せず、とりあえず続ける」ことは外的基準によって支配されている関係では可能でも、純粋な関係性ではなかなかそうはいかない。片方のパートナーがもし努力せずに続けるというような態度をとれば、もう片方は離れていってしまうことになりかねない。このことが引き起こす特徴的な緊張はハイトの本にある別の事例、特に結婚に関わる事例においてうまく示されている。

女たちは群れをなして結婚を捨て去っている。離婚を通してか、あるいは情緒的に、大半の気持ちを結婚から引き上げてしまう……たいていは、最初に努力する時期を過ぎたあとで、情緒的満足を得るための他の場所を探し始める。一人また一人と、「何とかしよう」とする時期が何年か続いたあと、あきらめ、静かに、徐々に、おそらく気づかれないうちに結婚から離れていってしまうのである。(25)

とはいえ……ほとんどの女性は愛を、あるいは生き生きとした関係性を追い求めることを諦めるわけではない。

ある女性が言うように、愛は、おそらく何か鍵のようなものとして、装いを変えつつ、私たちのところに帰ってくる。「まだ言葉では言えないような感じで、ロマンティック・ラブは私のアイデンティティの鍵を持っているんです。私自身を、私のうちなる存在を発見するための。」多くの女性がこのように感じている。なぜだろうか。

おそらく女たちはすぐに戻ってきて、愛を働かせようとし、どうしてそれが働かないのかを理解しようとする……多くは単純に「愛」を欲しているわけではなく、彼女が語っているような本当の愛のようなものを希求している。だから、現在誰かとつきあっている女たちでも、来るべき「より深い愛」についてたびたび語るし、彼女自身の隠された部分で、さらなる何かが人生にはある、と信じているということは別に不思議なことではない…… そして事実、そこには何もないと断言できるであろうか？(26)

再び、ここで問題となっているのは愛あるいは愛への希求であり、特に関係性それ自体に関わる何かではないように考えられるかもしれない。しかしながら、愛——曖昧で難しい概念であるが——は性的関係の性格を形づくる強力な力であり、この文脈では性的関係から独立した価値ではない。しかも、男性も女性と同じくらい緊密な情緒的関係性を見つけることに関心を持っていて、それに執着しているということを示す証拠は豊富にある。(27) 男性はそのような関係性が扱いづらいものだと思っていて、たいてい自分の感情と要求を相手に伝えるのが下手なものであるが、このことはここでの論の筋道とは関係のない事柄である。満足のいく関係性を見つけてそれを維持していくことの難しさは、部分的には愛やジェンダーの非対称性の問題でもある。しかしそれは純粋な関係性に内在する苦しみにもまたきわめて深く関係しているのだ。最初に引用した回答者が述べたような、関係性のうちにあって「決して満たされない」という感情は、その絆に各々が持ち込むものと、そこから得るものとのバランスと互酬性を備えた、双方が満足できるような関係を作り出し、維持することの困難を反映したものである。

3　純粋な関係性は、開かれたかたちで、途切れることなく、再帰的に形成される。このこともまた、一四九ページの引用で十分に明らかなことである。そこでは「すべてオーケーか？」という疑問が主導的なモチーフとして登場していた。関係性がそれ自身にだけ依拠すればするほど、このような再帰的問いかけが核心的なものになる――そして(2)で述べられたような緊張を強めることになる。純粋な関係性に伴う自己検証は、自己の再帰的なプロジェクトにはっきりと結びついている。「私はどうなのか？」という自分への問いかけは、関係性が与える痛みと見返りに直接に向けられたものである（パートナーの、あの「何で僕なんだ？」という返答もまた、自己アイデンティティと純粋な関係性の要求とのあいだのつながりに関する疑問である）。

今日のすべての緊密な関係性の再帰的な調整は、その関係性がいかに「完全に純粋」であることから遠いものであるとしても、広範囲にわたるモダニティの再帰性の一部である。おびただしい数の雑誌、新聞記事、専門文献とマニュアル、テレビやラジオの番組が、緊密な関係性についての調査情報や論争を伝え、それらが叙述する現象を継続的に再構成している。ハイト自身の仕事はこのような再帰性と興味深い関係にあるが、こういった関係は決して珍しいものではない。彼女の本は、その前の著作(28)と同様に、無数の社会調査研究において使用される標準的な質問表の手続きに基づいている。しかしながら彼女の仕事は幅広い読者を獲得した。読者の態度はやがて調査が描く展望と一致するところとなるだろう。一方で、彼らが調査結果を読むことにより、当の展望や関連する行動が変化するかもしれない。

4　「コミットメント」は純粋な関係性において中心的な働きをする。コミットメントは多くの人間の社会活動に存在し、あらゆる文化において見受けられるものだと考えられるかもしれない。たとえば、宗教秩序における熱狂的な信者は、信奉する宗教の価値や実践に徹底的にコミットしてきた者だ、といえるかもしれない。しかし信仰はコミットメントとは異なるものであり、後者について今日の緊密な関係性との絡みで考える場合、私たちはおそらく歴史的に新しい何かを想定しているのだ。コミットメントは、純粋な関係性においては、本質的に前近代において緊密な個人的絆が持っていた外的係留にとって代わるものである。現代的なロマンティック・ラブは、コミットメントの一つのかたちであるが、コミットメントの方がより広いカテゴリである。緊密な関係性における「コミットした人物」とは何なのだろうか。それは近代的な関係性に内在する緊張を認識しつつ、それでもなお、少なくともしばらくは関係をやってみようとする者であり、唯一の見返りは関係性自体に内在するものであるということをわきまえている者である。友人とは定義上、コミットした人物のことである。結婚している者は、その関係性がただ外的なしがらみによって、あるいはあれやこれやの惰性的な引き延ばしによって維持されているのではない場合にのみ、純粋な関係性であるといえる。コミットメントは当事者によって時間を購うものと認識されている。つまり、関係性がくぐり抜けるであろう攪乱要因の少なくともいくつかには耐えて続くことを保証する情緒的支援を与えると思われている(もっともこのことの見返りはつねに要求されるのであるが)。

コミットメントはある程度愛の力によって調整されるが、恋愛感情はそれ自体においてコミットメントを生むことはないし、いかなる意味でもコミットメントを保証するものでもない。ある人物は、どのような理由によろうとも、本人がそうしようと決断するかぎりにおいて他人にコミットするようになる。ハイトの研究から引用した文章のなかの女性は、自分はパートナーを愛しているが、その愛は彼女が望んだコミットメントを与えてはくれない、と感じている。コミットメントはつねに努力協定でなくてはならないがゆえに、愛がコミットメントをもたらすことなどできない。純粋な関係性は実質的な互酬性なしにはありえないのである。レインウォーターのセルフ・セラピーのプログラムは、多くの治療的な営みと同じく、このことをふまえたものである。自己の再帰性が鋭く洞察的な自己知識を作りだす理由の一つは、それによって緊密な関係性における依存を減らすことができるからである。レインウォーターによれば、うまくいっている関係性とは、各々の人間が自律しており、自分の価値に確信を持っているような関係である。そうでない場合には、私が惰性的な引き延ばしと呼んだもの——たとえば共依存的関係——が現れる。「共依存」とは、最初は薬物依存——アルコールその他のドラッグへの依存——を患っている者と関係を持っている個人の位置づけを描くための言葉であった。共依存的な人物とは、いくら当人がその関係性を嫌悪し、そのなかで不幸な状態にあったとしても、心理的に別れることのできないようなパートナーを指す。当人にとっては不明瞭な理由（もっともそれは個人あるいは家族に対するセラピーによって明らかにされることもあるが）によって、彼あるいは彼女は心的な見返りがほとんどないような関係性に依存してしまうのである。[29]

コミットメントは、まさにそれが純粋な関係性のうちでの相互協力を前提とするという理由で、築きあげることが困難なものである。それは、関係性の構成にとって同じように重要な再帰性と、不安定なつながりを持っている。コミットした人物は、他の可能な選択肢を犠牲にすることのリスクを受け入れる覚悟をする。関係性の初期の局面においては、一方は他方の活動を仔細に観察することが多い。というのも、片方の側でのコミットメントへの進み具合があまりに速いと、それは他方の側で、生まれつつある関係からの全面撤退を引き起こすことがあるからである。ハイトの回答者は、まさにこのような機敏な感受性を示している。

5　純粋な関係性は親密性に集中する。親密性は、長期にわたる安定した関係の第一条件である。親密な関係は、前近代のヨーロッパおよび多くの非近代文化一般に特徴的なプライバシーの欠如というネガティブな現象とは区別されなければならない。小さな共同体のなかで日々の生活を送っていれば、不可避的に物理的に隣接した生活構造――つまり、近代的な意味での私的生活の不在――が帰結するだろうが、より富裕な集団の生活でもそれは同じことであった(30)。家のなかでも、また他の大半の日常生活においても、人々はほぼつねに他者と近い距離にいた。因果連関については大いに議論の余地はあるにせよ、近代初期において「個人的」な生活が発展してきたことは歴史家によって十分に証明されてきた。親密性はプライバシーの裏面であるか、あるいは少なくとも実質的なプライバシーがあってはじめて可能になる(あるいは望まれる)ものなのである(31)。

ベンスマンとリリエンフェルドは、近代社会において親密性を獲得することへの関心が増大してきたことを強調した。「親密性への欲求は、それが実質的に強迫的になってしまうまで持続する(32)」。彼らはこの状況を、近代世界における大規模で非人格的な組織の発展が及ぼした疎外効果として説明する。社会生活の大半が、通常の個人から遠く離れており、個人によってはほとんどコントロールできない文脈において、非人格的な線に沿って動いている。親密な関係へと逃避することは、大規模なシステムにいまだ統合されていない親しみのある環境のうちで意味のある生活を確保しようという試みである、というのである。私はこのようなテーゼをのちにもう一度吟味するが、それは他の著述家もまた似たような議論をしているからである。私自身は、このような考え方が全面的に正しいとは思っていない。親密性の模索は肯定的な価値を持っている。親密性はただ大規模なシステムや社会的過程によって取り囲まれた世界への消極的な反応なのではない。プライバシーは、親密性の達成がもたらす心的な満足を可能にする。

親密性を期待することは、おそらく自己の再帰的なプロジェクトと純粋な関係性とのあいだに密接なつながりを与える。親密性、あるいはそれを探求することは、近代的な友人関係と既存の性的関係の核にあるものである。大半のセラピーのマニュアルは、レインウォーターのものを含めて、親密な関係は心理的な「働きかけ」を通してのみ獲得されるということ、そして親密な関係は自分自身の自己アイデンティティを確固なものとしている個人のあいだでのみ可能であるということを、明確に述べている。先に言及したセラピー的な研究はこのような事情の全体をうまくまとめている。親密な友人関係やパートナーシップは、著者がいうには、「意味のあるライフスタイルを分かち合うために互いにコミットし合っている二人の人間のあいだの選択」である[33]。レインウォーターは、成熟した親密性を欠いた関係性のタイプをいくつか描いている。ある関係性は対立に満ちあふれており、長続きする口論が日常茶飯事となる。情緒的な痛みが関係性の広い部分を支配し、それ抜きでは関係性は事実上壊れてしまうであろう。葛藤に満ちた関係は「エネルギーを抜かれた」関係とは対照的なものである。後者においてはパートナーのあいだでの直接の敵対はほとんどないが、強い絆があるわけでもない。関係性が惰性によって維持されているのだ。パートナーは日々の事柄をやるのに十分な程度には一緒にやっていくのであるが、お互い相手に対して飽き飽きしており、不快に感じている。「便宜上の」関係とは次のような関係のことである。すなわち、その関係のうちでは当事者は、外的な見返りに照らして、あるいは関係が壊れた場合に経験するであろう困難のゆえに、あるいはまた孤独ではないということの心地よさのために、すでにあるもので「手を打つ」ように、あからさまにあるいは暗黙に合意しているのだ。

このようなすべての「おざなり」な関係性は、「関係性の質」へのコミットメントが必要とされる親密な絆とは対照的なものである。関係性が上述のどちらかのタイプになりそうな場合には、「互いにコミットしなおし、より緊密になるのに必要なあらゆる変化や選択を行うという決断」がなされねばならない。パートナーの片方が親密な関係の追求に要求される誠実さを達成できないような場合には、「自分自身の個人的な回復」へのコミットメントもまた必要とされる。(34) 著者が強調しているように、親密性は、双方がプライバシーの範囲を明確にしていることを必要としている。というのも、緊密さが依存にとって代わられないためには、自律と、感情と経験の共有とのバランスが達成されなくてはならないからである。このような考え方からすれば、明らかに、親密な関係は性的な絆と混同されてはならないということになる。発展した親密性は性的ではない関係性すなわち友人関係においても可能になる。対立の多い関係でも性的活動が活発なことはありうる。他方で、性的な関係は、しばしば親密な関係を達成することの一部である。それはまた後に述べる身体の再帰性の一部でもある。

6　純粋な関係性はパートナー間の相互信頼に依拠しているが、この相互信頼は親密な関係の達成と密接な関連がある。純粋な関係性においては、信頼は「所与」とみなされえない。関係性の他の側面と同様に、信頼は精を出して獲得されなければならないものである。大半の前近代社会においては、個人的関係はすでに述べたような意味で外的基準によって固定されていて、信頼も既成のポジションに向けられる傾向にあった。そのような状況において、同族とて決していつも信頼されていたわけではないことは、王家において権力を獲得しようと企む親類どうしの陰謀とそれに対抗する陰謀などが示しているとおりである。だが血縁の義務はおそらくはたいていの場合受け入れられていたし、それは日常生活を組織するかなり安定した信頼環境を作りあげていた。純粋な関係性における個人的絆は、そのような性質を剝ぎ取られることで、新たなかたちの信頼を要求する――それが他者との親密な関係をとおして構築される信頼に他ならない。そのような信頼は、個人が他者に心を開くことを前提とする。というのも、他者がコミットしており、自分への敵対心をなんら心に抱いていないということを知ることが、外的支柱がほとんど不在である場合には信頼の唯一の枠組みであるからだ(35)。

信頼を構築するために個人は、少なくとも関係性の境界のなかでは、信頼し、かつ信頼に足る人間でなくてはならない。信頼は親密な関係とあまりに密接に結びついているため、親密なやり取りを維持するのに必要とされるのと同じ自律と相互開示のバランスを必要とする。純粋な関係性において信頼を構築する際に肝心なことは、各々が他方の性格を知っており、他方から何らかの望ましい反応を引き出すのをいつもあてにすることができる、ということである。このことは、信実性が自己実現においてどうしてそれほど重要なのか、ということの一つの(これだけではないが)答えである。大事なことは、一方が他方の言うこと・することを信じてあてにすることができる、ということだ。他者との親密な関係を獲得する能力が自己の再帰的プロジェクトにとって欠かせない要素であるかぎり――そして実際そうなのであるが――自己統制は信実性の必須の条件となる。

関係性において信頼はどのように創造されるのであろうか。ガイドを得るために再びセラピーのマニュアルに目を向けてみることにしよう。ウェグシャイダー゠クルーズは、関係性についての体系的調査から引き出された、信頼構築のための多様な実践的提案をしている。人は「毎日お互いの話を聞く時間を設けなければならない」。というのもコミュニケーションは親密な関係にとってまさに中心的なものであるからだ。このように相手に話し、また相手から聞くことを、つねに日常の些細な出来事に限ってしまうべきではない。直面すべき重要な問題がある場合には、それについて真剣に議論しなくてはならない。パートナーは「解決されるまで一つの問題に執着しなくてはならず、しかるべき後にその問題を片付けなくてはならない」。というのも「同じ問題を蒸し返すことは信頼を損ない、新たな問題を作りだすからである」。解決されずに膿んでいる古い対立は、より容易に直面できる新たな困難よりも信頼にとってしばしば破壊的なものである。人は「問題の背後にある感情に行き着かなくてはならない」。なぜなら表面的な外観は状況の本当の力学を隠してしまうことがあり、「深み」のないコミュニケーションはこの背後の力学に到達しえないからである。その他の忠告としては、気遣い caring の雰囲気を育てること、互いに参加できる様々な娯楽を設りること、建設的に怒りを表現する方法を身につけることなどが挙げられている(36)。

7　純粋な関係性においては、個人は単に「他者を承認する」のではなく、また他者の反応において自分の自己アイデンティティが肯定されていることを見出すのでもない。むしろ、すでに述べたポイントから導き出されるように、自己アイデンティティは自己啓発と他者との親密な関係の発展とが結合した過程を通して、達成されるのである。そのような過程は、共通の社会的位置にいることからくる経験の共有よりも潜在的に緊密な「共有された歴史」を創造する。この共有された歴史は、広範囲の社会的世界で通用している時間と空間の秩序からは、きわめて離れたところにある場合もある。しかし――後に詳しく展開する点であるが――共有された歴史は、広い世界から切り離されているというよりは、世界のうちに独特のやり方で挿入されているものである。事実、共有された歴史は、実質的にはそれらがどの程度まで当事者のライフプラン・カレンダーを統合しているのかという観点から作り出され、維持されるのである。

純粋な関係性は何よりもダイアド的であるが、その意義と影響は二者状況に限られるわけではない。一人の個人は、純粋なタイプに向かう傾向にある複数のかたちの社会関係に関わっていることが多い。純粋な関係性は典型的には相互に結合しており、親密な関係固有の環境を形成している。これらの環境は、続く章で論じられるように、私的舞台と公的舞台との制度的な分割を表している。

純粋な関係性は主にセクシュアリティ、婚姻関係、友人関係の領域に姿を現す。親密な領域が純粋な関係性に変わっていく程度は、この本で論じたモダニティの特性の多くと一緒で、端的に文脈や様々な社会経済的ポジションによって異なる。親子関係およびそれより広い血縁関係は、純粋な関係性の射程からは部分的に離れたところに留まりつづける。

その両者は、外的基準に実質的に結びつけられつづける。この場合の外的基準とはすなわち、関係の維持の鍵となる生物学的なつながりである。しかしそれらも、純粋な関係性を生み出している力の一部によって浸食され始めている。血縁関係から伝統的義務や拘束が剝ぎ取られているかぎりで、血縁関係の継続は上述した純粋な関係性の質にかかってくるようになる。血縁関係がその性格を薄めて形骸化することもあるだろうし、あるいはそれが親密な関係の再帰的な達成を通して再形成されることもあるだろう。

親子関係はどちらかといえば特殊例である。というのも、親子関係の権力は根本的に不均衡なものであり、またそれが社会化の過程にとって中心的な役割を果たすからである。親子のあいだに打ち立てられる緊密な紐帯は幼児期の依存関係において形成されるのだが、その絆はまた、幼い子どもが後の人生において親密なつながりを始める能力を育てる際の心理的なネクサスでもある。とはいえモダニティにおいては、子どもが大人になって自律するにつれて、より多く純粋な関係性の要素が働くようになる。家から出ていった者のなかには、義務として両親と頻繁に連絡を取り合う者もいるだろう。しかし関係性が深められるためには、再帰的に組織された信頼が、相互に受容されたコミットメントを伴って育てられなくてはならない。もしある人がある程度大きくなった子どもの継親になる場合には、そこで確立される関係は最初から純粋な関係性の性格を帯びてくることになる。

何をすべきか？　ものごととはどのようにあるのか？　この両者は制度的再帰性を介し

てつながっている。自己や純粋な関係性の領域に当てはまることは、同様に身体の領域にも当てはまる。つまり、身体は、後期モダニティにおいてはますます社会化され、社会生活の再帰的な組織化に引き込まれてくるのである。

身体と自己実現

「身体」は、特に「自己」や「自己アイデンティティ」のような概念と比べると、シンプルに思える言葉である。私たちすべてが各自の身体に特権を持ち、またその身体を持つことを運命づけられ、そのうちに住みついており、幸福や楽しみの感情のもととなるが、しかしまた身体は病気や緊張が生じる場所でもある。しかしすでに強調したように、身体は単に私たちが「所有」する物理的物体ではなく、行為システム、プラクシスの様態であり、身体が日常生活の相互行為に実践的に埋め込まれていることが、自己アイデンティティの一貫した感覚の維持にとって重要なこととなる。

自己や自己アイデンティティに関わっている身体の側面をいくつか特定してみよう。身体的な外観は、服装や化粧のモードを含んだ身体の表面のあらゆる特徴に関わっており、それは本人や他の行為主体にも見えるもので、通常は行為を解釈する手がかりとなるものである。**振る舞い** demeanour とは、日常活動の特定の状況において、個人によって外観がいかに利用されているかを規定する。これは、日常生活を構成する慣習との関わりにおいてどのように身体が活用されているか、ということである。身体の官能性 sensuality は、快楽や苦痛を経験する際の性向である。最後に私たちは、身体が服する体制を持つ。

特定のタイプの身体的外観と振る舞いは、モダニティの到来とともに明らかに特別に重要なものとなってきている。多くの前近代文化においては、外観はたいてい伝統的基準によって標準化されていた。たとえば化粧や服装のモードは、ある程度は従来も個性化の手段であったが、これが可能であったり望ましいことであったりするのは、通常きわめて限られた場合であった。外観は個人的アイデンティティではなく、何よりも社会的アイデンティティを示していた。服装と社会的アイデンティティは、確かに今日においてもまったく分離しているわけではないし、服装は今もジェンダー、階級的位置、職業的地位を表す道具である。服装のモードは集団的圧力、広告、社会経済的資源その他の、個人的差異ではなく標準化を推し進める要因によって影響を被る。しかし、私たちが特定の社会的位置によって標準化されている服装のスタイルを意味するために「ユニフォーム」という特殊な語彙を持っているという事実は、他の状況においては服装の選択は比較的自由であるということを意味している。外観は、大雑把に言うなら、またこれまで論じてきた考え方からしてみれば、自己の再帰的プロジェクトの中心的要素になってきているのだ。振る舞いは、環境の複数化によって強く影響されている。個人は、公共の場所においては、振る舞いを日常的な能力の一般的基準に適合させる必要がある。そこでは、他者と相互行為する態勢を整えるだけでなく、その他の多種多様な場面においても適当な行動を維持することができなくてはならない。むろん、個人は特定の場面が要求する基準に自分の外観と振る舞いの両方を合わせることになる。ここから、自己は本質的に分解し始めている——個人は自己アイデンティティの内的な核など存在しないような複数の自己を作りあげる傾向にある、と考えてかかる著述家もいる。だが、自己アイデンティティについての豊富な研究の存在が示しているように、それは単純に間違った考え方である。多様な相互行為場面を通して安定した振る舞いを維持することは、自己アイデンティティの一貫性が正常に保持されるための重要な手段となる。自己アイデンティティが分解する潜在的な可能性は、つねに抑制されている。というのも振る舞いが、「身体に安住している感覚」と個人化された物語とのつながりを維持しているからである。「ふつうの外観」を維持し、同時に時間と空間を超えて個人的継続性を確信するためには、振る舞いは個人化された物語に効果的に統合されていなくてはならない。たいていの場合このことは難なく達成されていることである（とはいえ、緊張はどこにでも生じうるのであるが）。

ハイ・モダニティというポスト伝統的な環境においては、外観も振る舞いも所与のものとして組織することができない。身体は、自己は構成されなくてはならないという原理にまさに直接に従っているのだ。官能性のパターンにも直接影響を及ぼす身体体制は、近代的社会生活の制度的再帰性が身体の開拓――ほとんど創造であると言ってもいいだろう――をする際の主な手段である。

このような事態を検証する手段として、ガイドを再び見てみることにしよう。ヴァーノン・コールマンの『身体感覚 *Bodysense*』は、既存の身体習慣への信頼と抽象的システムのうちで発展したおびただしい新情報（コールマンもその一人である医者、ホリスティック医療者、栄養士その他から発する情報）の洪水のあいだでうまく舵取りしていく方法についての、数え切れないほどのセルフ・ヘルプ的著作のうちの一つである。(37) ここでもそれを兆候として見ていくことにしよう。

この本は「包括的な審査プログラム」を提供している。これによって多くの健康状態や様々な病気・障害の感受性をモニターすることができる。これはきわめて具体的なライフプランニングである。たとえばチェックリストがついていて、当人の推定寿命がそれで計算できる。本のそれぞれのセクション（「診断」と呼ばれている）には、健康に関する質問事項、「真実のファイル」（対象についての現在の医学的事実の要約）、「行動計画」（各々の点に関して健康状態を改善するために個人が行うべきこと）が書かれている。リスクの概念がこの著作全体の軸となっている。質問事項によって、個人は自分が特定の病気――特にガン、心臓および循環器の障害、呼吸器の病気、消化器障害、筋肉および関節の障害など――にかかるリスクを評価することができる。

最も重要なセクションのうちの二つは、食事習慣と健康管理についてのものである。その各々が、プロフェッショナルでさえ専門家システムによく見られる多様な意見および反対意見のあいだで迷ってしまうという困難な課題の実地訓練となっている。コールマンが言うには、

もし、ご自分がお読みになった食物に関する資料をすべて信じるなら、あなたはもはや再び何かを食べることができなくなってしまうでしょう。テレビやラジオのスイッチをつけ、雑誌や新聞を読めば、食料品についての、ぞっとする話を聞くことになります。それだけでももう十分に気味の悪いものです。見栄えのいい食べ物を前にして、これが最後の食事かもしれないと心配することは、それにもまして楽しいことではありません。それだけにとどまらず、現在提供されている情報はしばしば先週のものと食い違うという事実によって、またまた心配事が増えてしまうのです……それでは私たちが口にするものについての真実とは何なのでしょうか。何がよくて何が悪いのでしょうか。何を避けるべきで、何を安心して食べるべきなのでしょうか。[38]

コールマンは権威のある回答をしようとするのだが、彼も自分の言った多くのことは他の専門家によって反論されるであろうこと、さらに、既存の知識があまりに不完全である

ゆえに、リスクは多くの点で計算されえないことを認めている。

コールマンのプログラムによると、コレステロールの摂取は控え目にしなくてはならない。動物性脂肪、塩分、糖分の摂取、飲酒は最小限にしなくてはならない。こういったことはきわめて自信ありげに推奨されている。対照的に、コーヒー——たとえばレインウォーターは健康上の理由からきっぱりと断つように勧めたが——については、「コーヒーが体に悪いという説を支持する確固とした証拠はどこにもない」という理由で、悪評を受けるに値するものではないとされている。(39) 食物繊維、糠、繊維質食品が健康な消化システムにとっては重要だとされているが、添加物はもっとあいまいな扱いを受けている。現在では多種多様な添加物が加工食品の製造に使用され、穀物には殺虫剤がかけられているということを指摘しつつ、コールマンは、それらの化学薬品は健康への影響を不十分にテストされているに過ぎず、それらの長期的影響について検査することはほとんど不可能なのが現状だ、ということを強調している。献立から人工添加物を全部取り除くことは不可能であるにせよ、できるかぎり野菜栽培業者や地方の農家・販売店から新鮮な、あるいは有機栽培された食物を入手するように示唆されている。

「身体感覚」は「身体ケア」を含むが、コールマンが言うにはそれは専門家から得られるものではない。適切だと思われる場合にはプロに相談することも必要だが、病気は何よりも身体「それ自体のスキル」を発達させることによって予防されなくてはならないとされる。身体ケアとは、良好な健康状態の恩恵を存分に経験し、かつ何かが調子を崩しているといったサインを拾いあげるために、つねに「身体に耳を傾ける」ことを意味している。身体ケアは「身体パワー」、つまり深刻な病気を予防する強力な能力および軽い症状なら薬なしですます能力をもたらしてくれる。身体パワーは、外観を維持し、さらには向上させる助けにもなる。身体がいかに機能するのかを理解し、この機能を注意深くモニターすることによって、肌は若々しく、体はスリムでありつづけるというわけである。

身体が近代的再帰性の一部になってきている、ということは一体どういうことなのであろうか。ハイ・モダニティにおける身体体制と官能性の形成は、選択の複数性という背景において、継続的に再帰的な注意を向けられたものになる。ライフプランニングとライフスタイルの選択肢の採用の両者ともが、(原則的に)身体体制と統合させられる。この現象を、変化していく身体的外観の理想(スリムさとか若々しさのような)といったものとみなしたり、広告の商品化力によってもたらされたものとしてのみ理解することは、きわめて的外れである。私たちは自分自身の身体をデザインする責任を負うようになったのであり、すでに述べたような意味で、私たちは社会環境がよりポスト伝統的なものになればなるほど、そうするように強制されることになるのである。

明らかに純粋に身体的外観とスリムさへの強迫的な執着である拒食症についての研究は、このポイントをはっきりと際立たせる手段を提供してくれている。

拒食症と身体の再帰性

以下は拒食的衝動のエピソードの個人的な叙述であり、実際にそのくびきから脱しようと闘った女性によって書かれたものである。

私は奇妙な服を着始めました。安売りのやつとか、自分でつくったものです。メークアップも奇妙なものです。白と黒の唇、暗めで派手な色のまぶたとか。眉をむしり取り、髪は逆立ててました。母は怒り狂って私に吼え立てました。そんなかっこうでは母は私を外に出してくれませんでしたから、私はいったん脱いで、バスのなかでもう一回身につけていました。こういう装いはみんな表面上のことです。一皮剝いでみれば、私はおびえていて孤独で、それでも私は絶望的になりながら、私自身になり、私が誰なのかを定義し、私自身の本質を表現しようとしていました。言葉が見つからなかったから顔を利用した、というわけです。雑誌の写真を見れば、女の子たちはきれいでほっそりとしてました。だけど私はそうではないし、そうありたいと思ったのです。私は、突然というわけではないですが、徐々に食べるのを止めていきました。私はベジタリアンになり、母は騒ぎ立てます。体重が減りました。母は私を医者に連れてゆき、医者は少なくとも魚を食べるように説得します。だから私も魚だけは食べようとしたのですが……。

後日、彼女は盲腸炎の手術のために病院につれて行かれた。

手術の二カ月後、私はパーティーに行きました。そこで私は古い知人に会いました。彼は私が体重を落としたことに気づいて、それが私には合っていると言いました。事実彼は、私がずっと魅力的に見えると言ってくれたのです。その時から私はかなり食べ物を減らしました。ポテトとパンを食べるのをやめました。しばらくしてバターとチーズもやめました。私はカロリーについて集めうる情報を「食べ尽くし」はじめました。消費者向けのダイエット本を読みました。食べ物をはかりにかけ、カロリー計算しました。……私の食事メニューはいつも同じでした。毎日同じでなくてはならないのです。お店に私の目当てのブランドのクリスプブレッドが置いてなかったら、私はパニックになっていたでしょう。それに、儀礼的に同じ時間に食事できないときも……。

彼女は偶然、親身で知識の豊富な医者を見つけ、その医者は再びもっと実のある食べ物を取り始める手助けをする。

　私は彼女を信頼していました。私には彼女が必要でした。彼女は私の言うことに親身に耳を傾けてくれて、私を裁いたり、指図したりせず、私をあるがままにさせてくれました。私は彼女の助けを借りて、混乱して葛藤している感情のもつれを解きほぐし始めました。

だけど、最後にはこれは私の問題でした。このことはひじょうに受け入れにくいことでした。彼女は私を助けてくれましたが、私がいかに生きるべきかを教えてくれるわけではありません。これは結局私の人生です。それは私に属しているのです。私はそれを開拓することができる。私はそれを育てることもできるし、飢えさせることもできる。私は選択することができるのです。そのこと、この選択するということはあまりに重荷だったので、自分だけでは負いきれないと思ったときもあります。……女性であるということはリスクの高い仕事です。私はそれに対処する別の戦略、私がコントロールできる戦略を見つけだしました。私自身になる戦略、自律的で自由になる闘いは、続いています。(40)

断食、それにいろいろな食べ物を自分から拒否することは、明らかに宗教的慣習の一部であったし、多くの文化的枠組みにおいても見ることができる。中世ヨーロッパでは、救済を模索する個人が長期の断食を経験することは比較的ふつうのことであった。食べ物の拒否によって得られた女性の神聖さは特に重要なものであった。中世の様々な年代記は、規則的な断食によって精神的な高貴さを獲得した聖女の物語を詳しく伝えている――十七、八世紀の医者はこの慣習をアノレクシア・ミラビリス、奇跡による食欲の喪失と呼んでいた。[41] しかしアノレクシア・ミラビリスが拒食症とはきわめて異なるものであるということは一般的に認められている。拒食症は近代特有のものであり、それも今の時代――後期モダニティの局面――に特徴的なものである。アノレクシア・ミラビリスは、拒食症のように十代とか若い大人の女性に顕著なものではなかった。それは身体的外観の開拓に関係するものではなく、より高度な価値の追求のなかで感覚的な食欲を克服することであった。拒食症は、十九世紀の終わりころに目立ってきた「断食する少女」の現象とともに始まったが、これは概して過渡的な症候群であり、いわば「世俗化する時代における、昔の女性の宗教文化の物議をかもした名残」であった。[42] 拒食症特有の条件は限られた意味での「ダイエット」の登場以降にはじめて広がったのであり、それは一九二〇年代から今に至る時期である。

拒食がジェンダー区分に密接に関係しているという事実は、食事と身体的外観に関する価値の変化とが結びついていることから窺い知ることができる。古くから肥満と裕福とは結びついてきたが、この関係は実質上二十世紀の最初の二、三十年のうちに失われた。女性は、ほとんどの男性がしないような方法で、体重を気にかけ始めた。しかし一九二〇年代はまた、広い意味での「ダイエット」という言葉がはじめて体重のコントロールや健康の自己調整と関連を持った時期でもある。そしてこの時代は、食料の工場生産が加速し始めた時期であり、それによってきわめて多様な食料が入手可能になった時期でもあるのだ。狭い意味での「ダイエット中」というフレーズは、もっと一般的な現象の特殊なバージョンに過ぎない——すなわち、自己のプロジェクトに再帰的に影響を与える手段としての身体体制の開拓という現象の特殊例である。

この見解からすれば、拒食と明らかにその対応物である強迫的な過食は、明確な自己アイデンティティを創出し維持しようという個人の欲求——および責任——の犠牲として理解されるべきだということになる。[43]それらは、いまや日常生活環境に本質的なものとなった身体体制のコントロールの極端な例なのである。

拒食は複雑な現象であり、それについては今日膨大な文献が存在している。この文脈でそれを詳しく分析することはほとんど不可能である。私はこの本全体のテーマに直接関わっている側面だけに専念しようと思う。拒食は再帰的な自己コントロールの病理として理解でき、それは自己アイデンティティと身体的外観という軸のまわりをめぐっていて、そこでは羞恥不安が支配的な役割を演じている。拒食に関するすべての重要な要素は、先程長めに描写した人物の経験に現れている。彼女のスリムになりたいという欲求は、食物に対する突然の反感としてではなく、コントロールされ累進的に進む現象として、「少しずつ」現れてくるものである。彼女は自分の食事に多大な管理と関心を捧げ、手に入れることのできる食物の多様な選択に取り囲まれつつ、身体体制における意図的な禁欲生活を送る。ここにははっきりとした再帰的要素があるのであり、そのことはたとえば彼女が手に入れることのできたカロリーについての情報のすべてを「食べ尽くす」という決意によって知ることができる。自己アイデンティティと関連して明確なライフスタイルを形成しなければならないという意識が、ひじょうに明確に現れてくる。さらに羞恥とプライドの両極性が、自分は自尊心を「飢えさせる」のではなく「育てる」ことができるという彼女の最終的な確信とは対照的に、彼女が構築しようと模索していた「うわべ」に目に見えるかたちで現れるのである。

拒食症はなぜ女性、特に比較的若い女性に何よりも特有なものなのであろうか。一つの理由は間違いなく、男性に比べれば女性にとっては身体的魅力により多くの価値が付されていること（もっともこの不均衡は変わりつつあるが）であり、ついでに成人初期はアイデンティティ形成における危機的な局面であることも挙げられよう。拒食についての一般的な見方は、それが「大人になることの拒否」――要するに性的成熟の拒否、女性よりも少女であろうとする願望――を表している、というものである。しかしながらこの解釈は説得力に乏しいし、ある観察者が言うように、拒食を「混乱した自己アイデンティティへの極端に複雑な反応」[44]としてではなく、誤って病理の一つとして取り扱ってしまっている。拒食はむしろ、後期モダニティが可能にした選択の複数性から理解されなくてはならない──そしてその背景には、女性が、そのような選択肢を生み出した社会活動の世界にフルに参加することから持続的に排除されてきたということがある。今日では女性は、多様な可能性とあらゆるチャンスに従事する機会を名目上は与えられている。だが、これらの道筋の大半は男性文化のなかにあって、女性にとっては実質的に閉ざされてきた。それどころか、事実存在はしているこれらの機会をつかまえるために、女性は男性よりも徹底的にその古い、「固定的」なアイデンティティを捨て去らなくてはならない。他言すれば、女性は後期モダニティの開放性をよりフルに、しかしより矛盾した仕方で経験するわけである。

拒食は、オーバックが言っているように、抗議の一つのかたちである[45]。それは身体的発達の再帰性からの撤退ではなく、それに従事し続けることに特徴がある。以前、女性の社会的な立ち位置が概してきつく定められていた時期では、女性は身体の反逆をヒステリー的症状によって表現していた。今日では女性たちの抵抗はポスト伝統的秩序が含む再帰的コントロールと絡み合っている。「拒食症の女性がその症状で表しているのは、いわば姉妹とされる十九世紀のヒステリーの無気力な反応とはまったく違ったものである。拒食症者は気絶や卒倒やバタンバタンと叩く発作とは無縁である。彼女の抗議は、深刻に成功のうちに達成される身体変容によって示されるのである……」[46]。女性に開かれている選択肢が少数で狭いものであった時期には、身体による女性の無意識の抵抗は漠然としたものであった。それに対して、表面上は多様な可能性が存在しているようにみえる状況では、女性の反応は限定され、はっきりしたコントロールを示す。オーバックが指摘しているように、拒食する個人は栄養学者の受動的な犠牲者などではない。反対に、拒食は高度に活発に調整された身体体制を必要とするのである。

したがって拒食的なライフスタイルに私たちはレインウォーターの訓戒の一例を見ることになる。すなわち、「あなたに責任があるのです」という訓戒である。ただし拒食症の場合、身体の統制の試みが強迫的なものになっている。拒食的な人の身体体制は、極端であることが多い。たとえば数マイル走り、厳しくて長いエクササイズ・クラスに参加し、そのあと機器を使った運動を続けるような人もいる。このような活動は単なる絶望ではなく達成感をもたらし、そのうちにはエンパワーメントの重要な側面をはっきりと認めることができる。拒食の禁欲には「緊急性と強固性」があるのであり、ゆえに拒食はスリムな身体イメージではなく、自己拒否そのものから説明しなくてはならない。「モノがあふれた海のなかで飢え死にする」ということは、ジョン・ソアーズが言うように、自己アイデンティティと身体の再帰的構成を偉大な力をもって逆説的に肯定する拒否なのである[47]。

しかしながら、強迫的な統制は本来の再帰的モニタリングとはまったく異なるものであって、拒食する人は、自分が自分の身体を従わせている他ならぬその体制によって自分が「支配されている」と感じることがある、ということも別段驚くことではない。ウィニコットとレインの言葉でいえば、身体がにせ‐自己体系 false-self system の一部となっているのであって、身体が個人の内的な欲求からは切り離されていながら、それによって厳格に支配されているのだ。無意識の羞恥からくる破滅感覚は、身体体制を中心にしたものになる。拒食的禁欲の尋常ならぬ激しさは、明らかに断固とした内的献身の表れなのであって、そのことには、自己アイデンティティのプロジェクトにおいて個人は部分的にしか気づいていない。身体の「よそよそしさ」――個人が身体にくつろぐことができないこと――は、拒食的な体制がなぜときどき実際に「死ぬまで断食する」ようなレベルまで追求されるのかということの説明となる。その人は完全な自己調整の体制に基づいてしか「満ち足りる」ことがないので、ちょっとでも欠けたことがあるとそれが脅威になるのだ。

拒食は多元的な、しかし曖昧な選択肢の世界において安心を追求することの表現である。タイトにコントロールされた身体は、開かれた社会環境における安全な存在を象徴するものである。先ほどの個人的な叙述のなかにあるように、「女性であるということは、リスクの高い仕事である」。自己アイデンティティと身体の構成は、リスク文化のなかで起こることであり、そのことは次章でより直接に見ていくことにしよう。

第四章　宿命、リスク、安心

宿命、宿命論、運命決定的なとき

ハイ・モダニティの世界を生きるということは、チャンスとリスクの環境に生きるということである。チャンスとリスクは自然の支配と歴史の再帰的な形成を目ざすシステムに必然的に付随するものである。そのようなシステムにおいては、宿命 fate や運命 destiny は何ら正式の位置を占めない。そのようなシステムは、人間による自然的世界や社会的世界の**開かれたコントロール**とでも私が呼ぶものを通じて（原理的には）機能する。リスク評価によってできる限り規定される限界の範囲内ではあるが、将来の出来事の領域は人間の介入によって形成されうる。しかし、近代社会においても宿命や運命という概念は決して消滅しない。それらの性質を検討することで、モダニティと自己アイデンティティの分析にとって有益な示唆が得られるだろう。

大まかにすぎる表現かも知れないが、非近代文化はすべてその哲学の中心に宿命や運命の概念を何らかのかたちで組み込んでいるということはある程度の確信を持っていえる。世界は自然法則と人間だけが秩序づけの行為主体であるような、方向性のない出来事の渦巻ではなく、各人の人生を宇宙的出来事と関係づける固有の形式を持つものと理解される。ある個人の運命――彼または彼女の人生がとることになる方向――はその人の宿命、つまり未来に待ち受けているものによって決められる。この二つの言葉でまとめられるような考え方はきわめて多様であるが、多くの場合、運命と宿命の接点にあるのは死である。ギリシャの思想では、宿命（moira）は定めと死をもたらすものであり、強大な力である――最古の神々よりも古い――と考えられていた[1]。

近代の社会生活や文化の性質ゆえに、今では宿命と未来の出来事の開放性とを対立するものと考える傾向がある。宿命は近代的態度とは対立する、あるかたちの予定的決定論を指すものと捉えられている。しかし、確かに宿命という概念には、部分的に「決められた」未来という意味合いがあるが、運命に関する道徳的な理解や日々の出来事の深遠な見方――「深遠」という言葉はここでは、出来事はその相互の因果関係だけでなくその宇宙的な意味とも関連して経験されるという意味である――もきまって含まれるのである。この意味における宿命は、今日一般に宿命論 fatalism として理解されているようなものとあまり関係がない。宿命論はモダニティを拒否すること——出来事を生起するがままにまかせて、未来をコントロールしようとする態度を放棄することである。

前から存在していた宿命という考え方と、中世以後のそれとの重要な接点はフォルトゥナ *fortuna* という概念である。これはローマ神話の「幸運 fortune」の女神の名前に由来するもので、支配的なキリスト教の信仰とは緊張した関係に位置するようになった。神のはからいという考え方は明らかに宿命の一種だが、マックス・ウェーバーが指摘したとおり、キリスト教はギリシャ・ローマの伝統的な宗教の特徴に比べてよりダイナミックな役割を地上の人間に与えた。[2] 教会はこの女神を嫌悪した。というのも、「幸運」という考え方は、世界のなかで神の道具として働かずとも神の恵みを得られる、という考え方につながったからである。それでもフォルトゥナという概念は重要なものでありつづけ、しばしば地域文化の信仰の特徴として、来世において神が与える報いをしのぐことがあった。マキアヴェリのフォルトゥナという言葉の使い方に、この概念の伝統的な使用と、宿命が排除されていく社会活動の新様式の登場とのあいだの重要な移行をみることができる。『君主論』で彼は次のように述べている。

もともとこの世のことは、運命〔フォルトゥナ〕と神の支配に任されているのであって、たとえ人間がどんなに思慮を働かせても、この世の進路をなおすことはできない。いや、対策さえも立てようがない。と、こんなことを、昔も今も、多くの人が考えてきた。この見方によると、なにごとにつけて、汗水たらして苦労するほどのことはなく、宿命《さだめ》のままに、身をまかすのがよいことになる。……しかしながら、われわれ人間の自由意志は奪われてはならないもので、かりに運命〔フォルトゥナ〕が人間活動の半分を、思いのままに裁定しえたとしても、少なくともあとの半分か、半分近くは、運命〔フォルトゥナ〕がわれわれの支配にまかせてくれているとみるのが本当だと、わたしは考えている……ある君主がきょうは隆盛をきわめているのに、翌日には、滅んでしまうようなことがよく起こる。その間、この君主の気質や持ち味がなんら変化したわけではないというのに。……この理由は、さきにくわしく述べた事情によるものと、わたしは考える。つまり、全面的に運命に依存してしまう君主は、運命が変われば滅びるということ。また、自分のやり方を時勢に合わせた人は成功し、逆に、時代と自分のやり方がかみ合わない者は不幸になるとわたしは思う(3)。

政治の研究が、宿命の概念が変容する最初の領域を切り開くことは驚くにあたらない。というのは、国家のプロパガンダは、国家は宿命によって何らかの運命に導かれるものだとみなすかもしれないが、政治の実践は——近代の文脈においては——推測という技法を想定しているからである。ある行為の道筋をたどったらものごとはどうなるだろうかと考えること、これと他の選択肢とを比較することが政治的判断の本質である。マキアヴェリは近代的な政治戦略を生み出した人として名高いが、彼の著作はより重要な革新を表明するものでもある。彼は、人間の活動の事実上すべての領域においてリスクとリスクの計算がフォルトゥナを押しのけるような世界のさきがけとなった。しかし、マキアヴェリの時代にはリスクを指す一般的な言葉はなかったようである。この概念は約一世紀の後にヨーロッパの思想に登場することになる（英語では十九世紀までこの言葉はたいていフランス式に *risque* と綴られていた。保険に関してまず新しく英語化された言葉が使われるようになったが、しばらくのあいだはフランス語の綴りも並行して使われていた。際どいジョークを意味する *risqué* という言葉は古いかたちをとどめている）[4]。

過去や伝統的なものごとのやり方と別れを告げて、不確かな未来へ自己を開いていこうとする社会においては、リスクという概念は重要なものになる。このことは制度化されたリスク環境についても他の部分と同程度に当てはまる。第一章でみたとおり、保険は近代の世界の経済秩序の核となる要素の一つである。それは私が**未来の植民地化**と呼ぶ、時間のコントロールに関わるより一般的な現象の一部である。これから起こる出来事の「開放性」は、社会的世界が持つ可変性と人間が自分たちの存在する物理的環境を形作る能力を表している。未来が本質的に知りえないものと認識され、過去から乖離していく一方で、この未来は新しい領域――反実仮想的な可能性の領域となる。この領域がひとたび確立されると、そこには反実仮想的思考やリスクの計算を通じて植民的な侵入ができるようになる。すでに述べたとおり、リスクを完全に計算することはできない。というのは、比較的限定されたリスク環境においても、意図も予見もされていなかった結果がつねに生じるからである。宿命が消滅した場においては、すべての行為は、たとえそれが強固に確立されたパターンに執着するものであっても、原理的にはリスクの観点から「計算可能」なものとなる――事実上すべての習慣や行為について、ある特定の結果との関連で、起こりそうなリスクの何らかの総合的な評価を行えるようになる。日常生活に抽象的なシステムが入り込むということは、知識の動的な性質とあいまって、リスクの意識がほとんどすべての人々の行為に浸透したということを意味する。

以下では、リスクとその自己アイデンティティとの関わりについてより詳細に論じる。しかし、はじめに宿命という概念に関連する一、二の他の概念を導入する必要がある。私たちは宿命論についてもう少し詳しく検討しなくてはならない。この言葉は、すでに述べたとおり、伝統的な文化よりもむしろ近代の社会生活と深い関わりがある。ここで私が理解しているような宿命論は、人生の試練と苦悩に際しての強い態度である禁欲主義とは異なる。宿命論的見地とは、ものごとはなるようにしかならないと諦めて受け入れようとする見地である。それはモダニティの中心的方向性と対照的な見地だが、それによって助長されるものである。

宿命論は、出来事が運命決定的であるという意識 fatefulness とは分けて考える必要がある。運命を決定する出来事や状況というのは、ある個人や集団にとってとりわけ重大な結果を伴うものである。(5) それらは私が**重大な結果をもたらすリスク**と呼ぶもの、つまり潜在的に生命を脅かすようなかたちで多くの人に影響するリスクのなかで生じる望ましくない結果を含むが、そういった出来事は個人のレベルでも現れるものである。**運命決定的なとき fateful moments** とは、大きな望みに関して、より一般的には将来の生活に関してとりわけ重要な結果を伴う決断を個人がすることを求められるときである。運命決定的なときはある人の運命にとってたいへん重要な結果を伴うのである。

　運命決定的なときは、日常生活において、あるいは人生をつうじて個人が行う、重大な結果を伴う行動のより幅広い特性に即して理解されよう。日常生活の多くは、その個人に関するかぎり重大な結果を伴うものではなく、全体の目標にとってもとりわけ運命決定的なものとはみなされない。しかし行動のいくつかの道筋は他のこと――仕事の領域で遂行される活動など――より一般的に重大な結果を伴うと当人に考えられている。ゴッフマン一流の手並で分析された「むだな」時間や「つぶした」時間のことを考えてみるとよい。(6) つぶさなくてはいけない時間は同時に、興味深いことにしばしば「自由な」時間といわれる――これは生活のより重大な結果を伴う部分のあいだにあって何かでうめる時間である。もしある人がある約束と次の約束とのあいだに三十分時間があるとわかったら、彼女はその時間を「有効に」使うよりも、次の約束の時間まで少しかたづけものをしたり、新聞を読んだりして過ごすかもしれない。つぶした時間はある人の生活の他の部分からは締め出され、(何か予期しないことが生じないかぎり)それに影響しない。

これと対照的に、生活のなかの結果を伴う行動の多くはルーティーン化されている。ほとんどの活動「している時間」は――社会生活のフォーマルな領域でもインフォーマルな領域でも――問題をはらむものではなく、それが問題をはらむ場合でも、当該課題の日常的管理の問題にとどまる。いいかえれば、困難な決定が必要となることもままあるが、それは当の進行中の活動の一部として発展してきた対処戦略に則って行われる。しかし、ときには、ある状況や出来事が重大な結果をもたらすものであると同時に問題をはらむものでもあるという場合がある。運命決定的なときを作るものは、このような出来事なのである。運命決定的なときというのは、いろいろな出来事のめぐり合わせのために個人がその存在の岐路に立つとき、あるいは運命を決定するような重要性のある情報を知るようなときである。(7) 運命決定的なときには、結婚するという決断や、結婚式そのもの――そして、後には、もしかしたら、別れるという決断や実際の別離が含まれる。他にも次のような例がある。試験を受けること、ある特定の修習や勉強のコースを選ぶ決定をすること、ストライキに参加すること、よりよい仕事に転職すること、健康診断の結果を聞くこと、ギャンブルで大金を失うこと、宝くじで一山あてることなどである。個人の生活に否応なしにふりかかる出来事のために運命決定的なときが生じることもよくあるが、運命決定的なときは計画されることもよくある。たとえば、ある人が全貯金をつぎこんで事業を始めようと決意するときがそうである。もちろん、個人の人生と同様に、集団の歴史においても運命決定的なときがある。それらは、いくつかの重要な出来事のためにある状況が突然変化し、歯車が嚙み合わなくなってものごとがうまくいかないような段階である。

運命決定的なとき、というより運命決定的と個人が定義する可能性の範疇というのは、リスクと特別な関係にある。運命決定的なときとは、フォルトゥナが人の心に訴える力が強く、より伝統的な世界であれば神託が求められたり神の力が鎮められたりするようなときである。運命決定的なときが到来したり、運命決定的な決定をくださなくてはならないときには、しばしば専門家が呼ばれる。実際は、病気の診断の場合のように、専門家の意見がある状況が運命決定的なものであることが宣せられるための手段になるということもよくある。しかし、専門家による意見の結果、何をしたらよいかということが明確になるような状況は比較的少ない。抽象的システムから得られる情報はリスク評価の助けにはなるが、当のリスクを負わなくてはならないのは当事者である。問題性とそれを特徴づける結果の重大性が入り交じっているために、運命決定的な決断はほとんどの場合、当然のことながら難しい。

運命決定的なときには、個人の存在論的安心を守る保護被膜にとって重要な「いつもどおり」という態度が破壊されることは避けられない。そのため、運命決定的なときには、保護被膜が脅かされることになる。これは、くだされた決断や選択されたある特定の行為が不可逆的であるか、少なくとも以後はもとの道に戻ることは困難であることを知りながら、なにか新しいものに個人が飛び込んでいかなくてはならないようなときである。運命決定的なときとは、ものごとがうまくいかない可能性が高い状態、つまり失敗するおそれが大きい状況に直面していることをかならずしも意味するわけではない。リスク環境に立ち向かうことを困難にしているのは、誤りをおかした場合に結果として生じる不利益の規模である。運命決定的なときは個人にとって重大な結果をもたらすリスクをあらわにする。それは集団行動におけるそのようなリスクと同等である。

リスクのパラメータ

リスクとリスク評価の試みは未来の植民地化にとって根本的なので、リスクを研究することによってモダニティの中心的な要素に関する多くのことを理解することができる。ここでは次のようなことが関係する。日常の行動安全性が大部分抽象的システムによって購われた結果、個人にとって生命に関わる危険が減少したこと、制度的に境界を定められたリスク環境の構築、モダニティの再帰性の主要な特徴としてのリスクのモニタリング、グローバル化の帰結としての重大な結果をもたらすリスクの形成、そして本質的に不安定な「リスク情勢」を背景としたこれらすべての働きである。

近代の社会生活でリスクに多くの注意が向けられるからといって、生命を脅かす危険が実際に広がっているということにはならない。個人の生涯のレベルでみると、寿命についてあるいは重病を免れる程度については、先進社会の人々は過去の大半の人に比べてはるかに安全な位置にいる。十八世紀後半のイギリスは、当時世界で最も経済的に進んだ社会であったが、何十万という人々の命を奪った致死的な感染症は依然としてありふれたものだった。風土病が広がれば、それが致命的ではない場合でも、人々はそれを耐えしのばなくてはならなかった。多くの人々が次のような観察をするのも、もっともだった(8)。

どうするすべもない物憂さ、熱、そして苛立《いらだ》たしさがある。
ここでは、人間は座して互いの呻き声を耳にし、
麻痺に苦しむ老人は残り少ない白髪を震わせ、
若者は蒼い顔をして亡霊のように瘦せ衰えて死んでゆく。

生命を脅かす事態に影響を及ぼす変化を、多少なりとも正確に描くための十分な統計は二十世紀初頭になってようやく得られるようになった。一九〇七年を起点としたある研究

は、当時の新生児は（乳幼児死亡率は一世紀前に比べると著しく減少したにもかかわらず）「地雷原に足を踏みいれる」[9]ようなものだったことを示している。出生後一年以内に死亡する乳児の数は一九〇七年の表では七人に一人であり、比較のために取り上げた一九七七年の表では六十七人に一人であるのとは対照的である。以下に示す表は、一九〇七年から一九七七年のあいだ——一九七七年に七十歳である人の人生にあたる期間である——に起こった、健康に関するリスクを減少させた重要な進歩をまとめたものである。

安全な飲料水
衛生的な下水処理
衛生的な食物の準備
殺菌されたミルク
冷蔵
セントラル・ヒーティング
栄養に関する科学的な法則の広範な適用
人間の衛生に関する科学的な法則の広範な適用
マラリアを含む寄生虫症の根絶
ネズミ類や昆虫の管理

出生前・出生後のケアの継続的な改善
乳幼児のケアの継続的な改善
感染症のケアの継続的な改善
外科治療の継続的な改善
麻酔と集中治療の継続的な改善
免疫に関する科学的な法則の広範な適用
輸血の実用化
病院の集中治療部門の組織化
診断手順の継続的な拡張と改善
ガンの治療の継続的な改善
閉塞性動脈疾患の継続的な改善
実行可能で実践的な家族計画
妊娠中絶方法の改善と合法化
職場の安全の広範な受容
車のシートベルト
歯、視力、聴力を保持するための方法の継続的な改善
喫煙、肥満、高血圧、座っていることの多い生活が健康を害することの認知⑽

このリストの各項目が、一九〇七年と一九七七年の比較で顕著な変化にどの程度影響したかを完全に述べることはできない。一部の、あるいは多くの項目の影響全体は後の世代によってはじめて実感されることになると考えられるからである。さらに、リスクを減少させるこのような変化に対して、私たちは多数のネガティブな影響も挙げなければならない。多くの生命を犠牲にした二つの世界大戦は、一九〇七年世代の生涯のあいだに起きたものである。自動車事故による死や重傷のリスクは、ほとんどの時期に一貫して上昇してきた。一九三〇年代から一九六〇年代にかけてこの世代は、現在の水準からすれば認可前のテストが適切になされなかった多くの薬を服用していた。有害な作用が十分に認知される前に、この世代の人たちは大量のアルコールを飲み、何百万というタバコを吸った。環境汚染が悪化した。多くの医療専門家が、環境汚染のせいで人々は様々な病気にかかりやすくなると考えている。さらに、この世代の人々は、生涯のほとんどのあいだ、たくさんの添加物を含んだ食品や化学肥料を使った食品を食べてきた。それらの健康に対する影響はよくても不明であり、最悪の場合は主な死因となるような病気を招くかもしれない。

それでもなお、基本的な生命の安全性については、リスクを軽減する要因の方が、新しい一連のリスクをかなり上回っているようにみえる。このことを暫定的に評価するにはいろいろな方法がある。一つは、一九〇七年出生のコーホートの実際の成り行きと、一九〇七年にあった周知の生命を脅かす主なリスクが生涯を通じて存在しつづけたと仮定した場合の成り行きとを検討してみることである——これは推論ではあるが、かなりの程度統計的に裏づけられたものである。このような考察をしてみると、二十歳までの生存率には差がないことがわかる。この年齢を過ぎると、実際の生存率の曲線は新たに作り出されたデータによる曲線を上回るようになり、年齢が進むとこの傾向は顕著になっていく。一九〇七年生まれと一九七七年生まれの表で、一九〇七年出生のグループと一九七七年出生のグループの推定余命を比べることもできる。(むろん一九七七年生まれの人の生命を脅かすリスクに、今後影響しうる要因を完全に知るすべはないが) 生まれて最初の年から老齢に至るまで、この二つの集団には大きな開きがあり、一九七七年生まれのコーホートが優位である。

リスクは——現在の実践に関係があるとともに——未来の出来事に関わる。それゆえ未来の植民地化は、新しいリスク環境を開くことになる。その一部は制度的に組織されたものである。様々な文化に広くみられる賭事のように、この環境は比較的目立たない文脈でこれまでにもつねに存在してきた。ときには組織されたリスク環境が非近代社会の文化に存在することもあり、近代の社会生活にはそれに匹敵する制度がないものもある。ファースはティコピアの制度化された自殺の試みをそのようなものと説明している。[11] 不満のある人間がカヌーで海に漕ぎだしていくというやり方がそこでは受け入れられている。波が荒いので、その人が生き残らない可能性はかなり高い。生存のチャンスはまた、コミュニティの人間がその人の不在にどのくらい早く気づいて対応するか、ということにもかかっている。明らかに、このリスク・テイキングの企ては、近代の環境において自殺のリスクを冒すことと似ている点もあるが、後者においては制度化された要素は欠けている。[12]

しかしおおむね制度的に構造化されたリスク環境は近代以前の社会におけるよりも近代社会に顕著なものである。このような制度化されたリスクのシステムは、システム内部の「プレーヤー」であるかないかを問わず、事実上すべての人に影響する。製品、労働力、投資や貨幣の競争的な市場がその最も重要な例である。このような制度化されたシステムと他のリスクのパラメータとの違いは、リスクがシステムに付随するのではなく、システムがリスクを通して編成されているということである。制度化されたリスク環境は、様々なかたちで個人のリスクと集団のリスクを結びつける。たとえば、個人の生活機会は、今ではグローバルな資本主義経済に直接結びつけられている。しかしここでの議論との関連でいえば、これらのシステムは未来が植民地化される方法についていろいろなことを明らかにするがゆえに、重要なのである。

例として株式取引を取り上げてみよう。株式取引は規制された市場である。そこでは債務者が発行し保有者が保持するいろいろな有価証券 securities（これ自体興味深い言葉である）が提供され、金銭的利益を得ようとする債務者と保有者の双方のリスクを構造化する方法の選択肢が形成されている。株式取引はまた、投資家のリスクを計算に織り込んで、期待収益と関係づけて証券を評価する効果もある。[13] 保有者にも債務者にも様々な金融上の必要がある。長期的にお金を増やしたいという保有者もいれば、短期的な利益を求めて、自分の資本でかなりのリスクを負うつもりの保有者もいる。債務者はたいてい長期間お金を必要とするが、貸し手の側はある程度の損失のリスクは避けられない。株式市場では、投資家は様々なリスクとそれに対するヘッジの方法を選択することができ、債務者は受け取る資本の条件を、それを使うビジネスのリスクに合わせて調節しようとすることが可能である。株式市場は高度な再帰性——貸借の危険性に直接に影響する現象——が理論化された分野である。それゆえ株価収益率はその後の収益や配当の伸びの予測要因としては役立たないだろうということを研究は示している。株式市場投資で応用されている理論のなかには、このことを株式市場は希少な金融資源を最もうまく使う企業をみきわめられないことの証拠と考え、それに応じてリスク戦略を考えるものもある。収益の留保と他の特定可能な要素でこのことは説明できるとして、この見方に対応した別の戦略をとる理論もある。留保方針そのものが、そこで適用されている理論の種類に影響されうるという事実により、このような状況の再帰性は著しく複雑になる。[14]

株式市場は、他の制度化されたリスク環境と同様、リスクを能動的に使って「未来」を作りだし、それを植民地化する。このことは市場の参加者にはよく理解できるだろう。その最もわかりやすい例の一つは、先物市場という特殊な存在である。あらゆる貯蓄と借入はリスクを動員することで可能な未来の世界を作りだすものである。しかし、ある種の債務者に特別な安全性を与える足掛りを時間のなかに確保することで、先物市場は直接的に未来を抵当に入れるのである。

リスクの再帰的モニタリングは制度化されたリスク・システムにとって本質的なものである。他のリスクのパラメータに関しては、それは非本質的なものであるが、生活機会とライフプランニングにおいては他のパラメータと同じくらい重要である。今日の専門家の思考と公的な言説のかなりの部分が**リスク選別分析 risk profiling**――最新知識と最新状況に鑑みて、所与の行為の領域におけるリスクの分布を分析すること――からなっている。知識に関しても状況に関しても「最新」のものは変化しつづけるので、このような分析はたえず修正され、更新されなくてはならない。

「死因」――死ぬことに関する主なリスクを表すもの――を考えてみよう。[15] リスク選別分析をしてみると、先進国においては、生命を脅かす主な病気には二十世紀初頭と現在とでは大きな違いがあることがわかる。一九四〇年までに結核、腎炎、ジフテリアといった感染症は死因の上位十位から消えた。一九四〇年に心疾患とガンによる死が一位と二位となり、その状態が続いている。この変化の主な原因は五十歳以降も生存する人の割合が増えたことだと考えられているが、この見解は食事や環境的要因に原因があると主張する立場からの挑戦を受けている。一九〇〇年以降、死因を特定するのに使われる概念が大きく変化したことに留意しなくてはならない。二十世紀初めには「血管に起因する頭蓋内病変」といわれたものが、一九六〇年代には「中枢神経系に影響する血管病変」ということになり、さらに「脳血管障害」と変わったのである。このような変化は流行以上のものである。それらは当該の病状に対する医学的見解の変化を反映しているのである。

英国やアメリカ合衆国のように冠状動脈性心疾患にかかる人の多い国では、明白な病理的兆候や心電図の変化が現れるまでには至らないものの、三十五歳以上の人の三分の二にあたる人に、ある程度の冠状動脈の狭窄があると考えられている。致命的なものは一部であるが、毎年三十五歳以上の八十人に一人が心臓発作を起こしている。その差は縮まりつつあるが、心臓発作は女性より男性に多い。アメリカとその他一、二の国では、冠状動脈性心疾患による死が長年にわたって増えてきたあとに、減少しはじめている。その理由をめぐっては様々な議論がある。食事の変化、救急医療の改善、喫煙の減少や定期的に運動する成人の数の増加などが原因かもしれない。ライフスタイルの要因が心疾患にかかるリスクに重大な影響を及ぼすことについては一般に意見が一致している。このことについては比較を通じた多くの証拠がある。たとえば、日本は産業社会のなかでは冠状動脈性心疾患の率が最も低い。ところが日本人の米国移民の子どもや孫がこの病気にかかる比率は、日本よりもアメリカのそれに近い。しかし、心疾患の病因のうち、ライフスタイルの他の側面と比べると、食生活がもたらす影響はまったくわかっていない。たとえばフランスの食事には冠状動脈性心疾患の原因になると考えられている物質が多いにもかかわらず、この病気によるフランス人の死亡率は低い。

ガンというのは、少なくともこれに伴う死のリスクに関していえば、独立した一つの病気ではない。二十世紀初めから、様々なかたちのガンは異なった道をたどってきた。たとえば肺ガンによる死亡の割合は一九三〇年頃からずっと増加している。このような継続的増加は、おそらく一九六〇年代後半頃までの喫煙の広がりが後々まで影響していることによるものだろう。一方、他のガンには一貫して減っているものもある。その理由については専門家のあいだでも意見が一致していない。食事や環境的要因がこの病気の発病に影響するのかしないのか、どの程度影響するのかということについても見解は分かれている。

このような情報に関する、健康のリスクの定期的かつ詳細なモニタリングは、外部のリスクについての日常的な再帰性だけではなく、リスクに対する専門家システムと一般人の行動の相互作用のたいへんよい例を与えてくれる。医療の専門家やその他の研究者は、リスク選別分析を行うもととなる材料を生み出す。しかし、リスク選別分析は専門家専用の、立ち入り禁止地区に留まりつづけるわけではない。多くの場合大雑把にではあるが、一般人もそのような材料を知っているし、医療従事者や他の関連機関も自分たちの発見したことを一般人に広く知らせようとするのである。行動パターンを変えることには通常は階級による違いがあり、専門職に就いている人や学歴の高い人が先に立つが、多くの一般人が採用するライフスタイルはこれらの発見が受容されて変わる。しかし専門家の意見のコンセンサスは――そのようなコンセンサスがあるとして――以前彼らが要求していたライフスタイルの変化がすでにとりいれられているときにさえ、変化することがある。肉の赤身、バターやクリームが健康な体を作るといわれ、喫煙がリラックスの効果があるとして医療関係者の一部によって推奨されていた頃を思い出してもよいだろう。

理論が修正されたり棄却されたりするにつれて医療の概念や用語も変化する。さらに、主な健康障害の病因においてもリスク要因についても、かなりの、ときには根本的な医療従事者間の見解の相違がつねに存在する。冠状動脈性心疾患やガンのような深刻な病気についても、より主流の立場に対抗して代替医療を行う者はたくさんいる――そのなかには、オーソドックスな医療の専門家からも以前より真剣に注目されている人もいる。健康のリスク評価は、このような論争のなかで「誰が正しいか」ということとたいへん密接に関わっている。というのは、リスク分析は提示されたその時点では客観的に見えるものだが、個人や特定のカテゴリの個人にとってのリスクの解釈は、ライフスタイルの変化を必要とするのかということ、それがどの程度有力な仮定に立脚するものなのかということに左右されるからである。ひとたび確立されると、あるライフスタイル部門――たとえばある食事法に従うこと――は、止めることが難しいかもしれない。というのは、それはある人の行動の他の部分に統合される傾向があるからである。これらの考えはすべて、抽象的なシステムのフィルターを通過したものとして一般人がリスク・パラメータを再帰的に採用する際に影響を及ぼす。絶望的になったときに相談するだけで、あらゆる医療従事者への信頼を事実上撤回し、自分で作りあげた習慣に、それがどのようなものであれ頑固に執着する人がいることも、このような複雑性を理解すれば驚くにはあたらない。

健康の危険とは対照的に、きわめて重大な結果をもたらすリスクとされるものは、定義上は個々の行為主体からは遠く隔たっているが——これまた定義上は——各人の生活機会に直接影響するものである。近代社会に生きる人々が、恐ろしい大破局を迎えるかもしれないという恐怖を抱いた最初の人々だと考えるのは明らかに誤りである。終末論的なものの見方は中世にはかなり一般的であったし、世界がたいへんな危険をはらんでいると捉える他の文化もこれまでに存在してきた。しかしこのような危険の見方は、経験と性質の両面において、重大な結果をもたらすリスクに対する今日の認識とはいくつかの点でかなり異なるものである。今日のリスクは進行するグローバル化過程の結果であり、半世紀前ですら人類は同様の脅威により苦しむことはなかったのである。

重大な結果をもたらすリスクはモダニティの暗い面の一部である。こういったリスクやそれに匹敵するようなリスク要因は、モダニティが続くかぎり——めまぐるしい社会的、技術的変化が続くかぎり、予期せぬ結果をもたらしながら、存在しつづけるだろう。重大な結果をもたらすリスクには、はっきりした特徴がある。それが伴う危険が悲惨なものであればあるほど、私たちが冒している危険を実際に経験することは少ないのである。というのは、なにか「間違いが起こる」ことになれば、すでに手遅れということになってしまうからである。ある種の災害が――チェルノブイリの原発の事故のように――起こりうることを垣間見せてくれることもある。このような事態ではよくあることだが、この事故で漏洩した放射能が、被害を受けた各国の人々に長期的にどのような影響を及ぼすのかということについては、専門家の意見は完全には一致していない。この事故による放射能漏れは、一般的に将来特定の病気のリスクを増大させると考えられており、むろんソ連で最も直接影響を受けた人々には悲惨な結果をもたらしている。しかし、比較的小規模であろうと、核戦争はもちろんのこと、より大きな核災害の結果の検討は、必然的に反実仮想的な当て推量にならざるをえない。

したがって重大な結果をもたらすリスクの場合、リスク評価の試みは、結果をいつも観察したり監視したりできるリスクの評価――その解釈は新しい理論や情報のもとにつねに改変され更新されなくてはならないが――とは異なるものでなければならない。リスク評価自体がそもそもリスキーだという主張は、重大な結果をもたらすリスクの領域において最もよく立証される。原子炉事故のリスク推定によく使われる手法は、フォルトツリーをデザインすることである。起こりうる原子炉の障害につながるすべての既知の道筋を挙げ、これらの道筋に通じるありそうな道筋を特定していくことで、フォルトツリーが作成される。最終結果は、建前としては、かなり正確にリスクを特定しているとされる。この方法は原子炉の安全性の研究において、米国とヨーロッパのいくつかの国で使われてきた。しかし、これは様々な不測の要因を残すものである。[16] 人間のエラーや破壊工作のリスクについて信頼に足る推測をすることは不可能である。チェルノブイリの災害は、以前にあった米国ブラウンズ・フェリーでの世界最大の原子力施設の一つで起こった火災と同様、初期段階での人間のエラーの結果であった。定められた手順に明らかに違反して、技師が空気漏れをチェックするためにロウソクを使ったために最初の火事が起きたのだ。潜在的な災害につながる道筋が、まったく気づかれないこともある。より目立たないリスク状況では、見過ごされることが多い。重大な結果をもたらすリスクについては、危険は過去に遡ってデータや仮定を見直してはじめて見つかることがある。米国科学アカデミーが中規模の核戦争が起きた際の食糧供給を決定する研究のために招集されたときに、こうしたことが仮定のなかで生じた。研究を行った委員会は、紫外線放射の増大する大気のなかで生き残る多くの農作物は引きつづき耕作されるだろうから、核戦争の結果地球のオゾン層が減少しても、生き残った人間の食糧供給は脅かされないという結論を出した。しかし、パネルの誰一人として、放射能レベルが上昇すれば、これらの作物を育てるために野に出て働くことは事実上不可能になるということには気づかなかったのである。[17]

重大な結果をもたらすリスクは、後期モダニティに特徴的な一般化された「リスク情勢」のある特殊な一部分——知識‐主張 knowledge-claim が専門家システムを介して不断に変わることを特徴とする部分——を形づくっている。ラビノウィッチは次のような観察をしている。「ある日私たちは水銀が危険だと聞き、ツナ缶を棚から急いで投げ捨てようとする。次の日には避けなければいけない食べ物はバターかもしれない。私たちの祖父母はバターを最高の完全な食品だと思っていたのに。それから私たちは壁から鉛を含むペンキをこすり落とさなくてはならない。今日にはお気に入りの洗剤のリン酸塩に危険が潜み、明日は、二、三年前には数百万人を飢えと病気から救うものと讃えられていた殺虫剤が非難される。死、狂気そして——ある意味ではそれよりさらに恐ろしい——ガンの脅威が、私たちが食べたり触れたりするものすべてに潜んでいるのである(18)」。これは二十年ほど前に書かれたものである。そのあと、さらなる汚染の跡がツナにみつかり、一九七〇年代には安全だと思われていたある種の洗剤が禁止される一方で、これまでより望ましいとして広く勧められてきた低脂肪マーガリンよりもバターを食べる方が健康によいという医者も出てくる始末である。

大事なことは、繰り返すが、以前よりも日常生活がそもそもより危険なものになったということではない。むしろ、近代の状況では、特定分野の専門家同様、素人の行為者にとってもリスクとリスク評価の観点から思考することが、計り知れない部分もあるものの、多かれ少なかれ常日頃の行動となることが重要である。私たちの日常の活動に入り込む広範な多数の専門家システムに照らしてみれば、私たちは誰もがみな素人だということを銘記すべきである。専門主義の隆盛は、近代の制度の進展とともに進んできた。さらなる専門領域の細分化は、技術発展の必然的な結果のように見受けられる。専門主義が進めば進むほど、ある人が専門知識を持っているといえる分野は狭いものになる。その他の生活領域では、その人はほかの人たちと同じ状況にいることになる。近代の知識の、変化し、発展するという性質ゆえに、専門家のコンセンサスが存在する領域でも、素人の考えや行動に対する「逆浸透」効果は多義的で複雑なものとなろう。かくして近代のリスク情勢は誰にとっても不安定なものとなる。誰も逃れることはできないのだ。

リスクの積極的な引き受け

もちろん、自発的にとられるリスクと、社会生活の制約に組み込まれているリスクや人がコミットしているライフスタイルに組み込まれているリスクとは異なる。制度化されたリスク環境は、危険なスポーツや他の類似の活動のように、個人が希少な資源——命をも含む——をリスクにさらすことを選択できる状況を与える。しかし、自発的にとられるリスクと、意図的に求めているわけでもないのに個人に影響するリスクとの差異は多くの場合曖昧なものである。また明らかに、この差異は外的リスク環境と制度化されたリスク環境のあいだの区別に対応するものとも限らない。近代の経済に組み込まれているリスク要因は、すでに述べたとおり、ある人がこの経済秩序のなかで直接活動しているか否かに関わりなく、すべての人に影響を及ぼす。車の運転と喫煙についても同じことがいえる。多くの場合、車の運転は自発的な行動であるが、しかしライフスタイル上のコミットメントや他の制約により、運転がほとんど必要に近いものになってしまうこともある。喫煙は自発的に始めるものだろうが、ひとたび依存症になると、アルコールの消費と同様、それは強迫的なものになる。[19]

ある種のリスクを積極的に引き受けることは、リスク情勢の重要な一部である。リスクのある側面やある種のものは、それ自体で価値を持つ——速いスピードで危険な運転をすることから得られるかもしれない喜びは、ある種の制度化されたリスクを伴う試みによって得られるスリルと似ている。健康に対するリスクを承知で喫煙することは、心理的に価値があると思われるある種の強がりの表れかもしれない。これに当てはまるかぎりは、このような行動は後述する「開拓されたリスク cultivated risk」という点から理解されよう。しかし、多くの場合、運転や喫煙などの危険が大部分の人々に受身的に受け入れられていることは、別の観点から理解されなくてはならない。一般に二つの解釈がなされてきた。一つは大企業や他の有力な組織が、実際のリスクのレベルについて大衆が誤った考えを持つよう画策したり、リスクのある習慣をそのリスクにもかかわらず多くの人が身につけるように、広告やその他の条件付けの方法を使っているというものである。もう一方の解釈は、多くの素人は、より集合的な災害や「目に見える」リスクにはしばしば過剰反応するが、個人個人に分散した、あるいは遅れて現れるリスクには敏感でないということを示唆する。どちらの説明も一見不合理な行為の要素をかなり強調している。どちらもある程度重要な要因を示してはいるが、とりわけ納得のいく説明とは思われない。ここで関連している主な影響はおそらくライフプランニングやライフスタイル習慣の特徴から生じているものだ。ある特定の行動は、ふつう、ライフスタイル習慣の統合されたまとまりに組み入れられていくため、個人はリスクをそれ自体の領域で個別の項目としてつねに評価するとは限らないし、おそらくほとんど評価しないのである。ライフプランニングはリスクを伴う行動の個々の部分の結果を計算するものではなく、「ひとまとまりの」リスクを考慮するものである。つまり、あるライフスタイルを追求して何らかのリスクを冒すことは、そうしたまとまりの一部として、「耐えられる範囲内」のこととして受け止められるのである。

ライフプランニングの本質的な一部として、個人は自分のために未来を植民地化しようとする。集団の未来の場合と同様、うまく侵略できる未来の領域は一部にすぎず、その程度は様々なリスク評価に翻弄される。すべての人がリスク評価のポートフォリオを作りあげている。それは多かれ少なかれはっきりと表現され、十分な情報に基づき、「開かれた」ものであるかもしれないし、あるいは大部分惰性的なものであるかもしれない。リスクの見地からものごとを考えることは多かれ少なかれ避けられないこととなり、たとえそうしたリスクを無視することに決めた場合でも、多くの人はリスクの見地からものごとを考えることを拒否することのリスクをも意識するようになるだろう。緊張を増すハイ・モダニティの再帰的状況では、「自動操縦」によって生きるということはますます困難になっていて、また、いかに確固たるものであろうと、何らかのライフスタイルを一般化されたリスク情勢から守ることも難しくなってきている。

この点に関する議論は誤解されてはならない。多くのリスク評価は実践的意識のレベルでなされるものであり、また、後述するように、基本的信頼の保護被膜が、個人の生活環境にふりかかる障害となりうる出来事の多くをはねつけている。ハイ・モダニティの時代に、世のなかで「気楽にして」いることは確かに難しい。ここにおいては「配慮」という枠組みと、他者と「共有された歴史」を作りあげることは、たぶんに再帰的に達成されるものである。しかしこのような歴史はしばしば、少なくとも個人の生涯のある段階においては、存在論的安心が比較的問題なく維持されうる状況を与えるものである。

リスク、信頼、保護被膜

「正常な外観」の世界は、先に私が強調したように、個人が互いのために演じ、相互に維持する単なる相互行為劇以上のものである。日常生活の文脈で人々の時間‐空間の道筋が交差する過程で各人が従うルーティーンは、その日常を「正常」で「予測できる」ものとして構成する。正常さは社会的行為の組織のなかで細部に至るまで管理される。このことは身体にも、個人の関与や計画の表現にも等しく当てはまる。個人はそもそも身体をもって存在しなくてはならず[20]、有形の自己である身体は、広範な時間と空間に及ぶライフプランニングにおいても、日々の身近な状況においても、習慣的に保護され、援助されなくてはならない。ある意味で身体は絶間なくリスクにさらされている。最も慣れ親しんでいる環境でも、けがをする可能性はつねにつきまとう。たとえば家庭は危険な場所である。重傷の多くは家庭内の事故で引き起こされている。「身体」は、ゴッフマンが簡潔に表現したように、「影響性を持った一つの装置であり、その持ち主はそれをつねに危険にさらしている[21]」。

第二章で私は、基本的信頼が日常のきまりきったことと正常な外観との関連にとって重要であることを示した。日常生活の状況では、基本的信頼は、ある状況では警戒をもたらしかねない出来事や問題を括弧に入れることとして表現される。見た目から推量される他人の職業や身分は、ふつうは彼らの本当の職業や身分と同じであると信じられる。しかし、自己の維持のために、他人と同じようにはふつうの見た目を受け入れることができないスパイの世界を考えてみるとよい。スパイは、ふつうなら「あるがままのこと」に与えられる一般化された信頼の一部を保留し、ありきたりの出来事であるはずのことを心配して苦しむ。ふつうの人にとっては、間違い電話はちょっといやな程度のことに過ぎないが、隠密行動している諜報員にとっては警戒を引き起こし、心をかき乱すサインかもしれない。

日常生活のきまりきった状況において、身体的・心理的にくつろいでいるという感覚は、先に強調したように、たいへんに努力してはじめて得られるものである。行為の文脈においてたいていい私たちが実際ほど脆くないようにみえるとすれば、それは潜在的な脅威を避けたり止めたりするための長期にわたる学習過程ゆえである。転ばずに歩く、ものにぶつからないようにする、道路をわたる、ナイフとフォークを使うといった最も簡単な行為も、もともとは運命決定的な意味合いのあった環境で習得されなければならなかったものである。日常生活が多くの場合「平穏無事である」ということは、長い訓練があってはじめて生まれる習熟した注意深さの結果であり、すべての定型的な行為が前提とする保護被膜にとってきわめて重要なものである。

こうした現象はゴッフマンの**環境世界** Umwelt という概念を使うとうまく分析できる。

環境世界は個人や集団が自分たちのまわりにめぐらせている、（達成された）常態の中核である。[22] この概念は動物行動の研究からきている。動物は自分を取り巻く物理的領域から生じうる脅威との関わりで、そうした領域に対する感受性を維持する。感受性の領域は種によって様々である。動物のなかには、数マイルも先の音、におい、動きを感じることができるものもある。環境世界の広がりがもっと限定されている動物もいる。

人間の場合には、環境世界は身近な周囲以上のものを含む。それは時間と空間を超えて無限に広がり、シュッツの言葉を使えばレリヴァンスのシステムに相当する。これは個人の生活を枠組みに入れるものである。個人は、今－ここの活動を、空間的に隔たっている人々や関心事に、そして様々な時間的スパンのライフプランニングの計画に関係づけるシグナルに多少なりとも絶えず注意を払う。環境世界は、個人が状況に応じて維持する常態の「移り変わる」世界である。しかし、この常態の維持は、その世界の再生産を追認し、再生産に参加する他者にも左右される。個人は「レリヴァンスの移り変わる波面」を形成し、それは偶発的な出来事をリスクと潜在的な警戒に関連づけて整理する。時間－空間的な移動——環境から環境への身体の物理的移動において、個人は文脈の物理的属性に注意を集中させるが、文脈からくる危険は他のより漠然とした脅威の原因と結びつけて監視される。今日のグローバルになった状況では、環境世界は、誰も完全にその外に逃れ出ることのできない重大な結果をもたらすリスクに対する意識を含んでいる。

フォルトゥナが大きく後退しているモダニティという環境においては、個人はふつう環境世界を計画された出来事と偶発的な出来事とに分けて考えている。偶発的なものは意味ある世界という前景に対して持続的に背景に存在する。この前景から個人は内実ある行為の流れを作り出す。この区分によって人は、多くの実際の、そして潜在的な出来事を、ちょっとだけ注意して見守っていればよいものと片付けて、括弧に入れることもできる。このことは、当然のことながら、相互行為状況にある各人は、自分がすることの多くに対して他人は無関心だと想定すること――とはいっても、ともにその場に居合わせる公共的な状況で、儀礼的無関心のコードというかたちで管理されなくてはならない無関心なのだが――につながる。

パラノイア患者とは対照的に、ふつうの人は、自分の生活にとって運命決定的なときというのは宿命の結果ではないのだということを信じることができる。人はリスキーな行為をもくろむときには運を欲するものだが、しかし運には、(幸運あるいは不運として)偶然を運命決定的であることと関連づけるという、より広範な含意もある。しかし、偶発的なこととそうでないことは実際には区別することが難しいときもあるので、出来事や活動が「誤って解釈される」と――他の出来事に影響する出来事が、実際にはそうではないのに仕組まれたことだと受け止められる場合や、その逆の場合のように――重大な緊張が引き起こされる。仕組まれたということに気づくことは、警戒を引き起こすかもしれない――

妻とかつての恋人の一見偶然にみえる出会いが偶然の出会いどころではないということに気づいたら、夫は不貞を疑うようになるだろう。偶然の出来事を認識するときに関係する一般化された信頼という前提は、現在の解釈的理解と未来の予期に影響する。ほとんどの相互行為環境で、個人は、一緒に居合わせる他者が自分との現在の関係を未来の悪だくみのために利用するとは考えない。しかし現在の状況を未来のために利用することには、つねに潜在的な脆弱性がつきまとう。

保護被膜とは、効果的に機能する環境世界の維持を可能にする信頼の覆いである。この信頼の基礎は定型化された「平穏無事な」世界の条件であり、結果である。それは個人の現在の活動と未来の計画を取り巻く実際のまたは潜在的な出来事の宇宙であり、そこではものごとの成り行きのかなりの部分が、少なくともその人に関するかぎり、「何の影響も持たない」。信頼は物理的世界の実際のまたは潜在的な出来事と社会生活領域の出会いと活動を含む。近代の社会制度環境ではリスクはリスクとして認識される。こういった環境で生きることによって、「割引された可能性」——個人の自己アイデンティティや目的には関係がないとして括弧に入れられた可能性——に対して一般化された信頼を与える際に、ある特殊な困難が生じる。宿命という考え方によって心理的安心感を得る道は、自然現象を精霊や悪魔や他の生物として人格化することと同様、多くの場合閉ざされたものとなっている。抽象的システムの日常生活への絶間ない構成的侵入は、一般化された信頼と環境世界との関係に影響するさらなる問題を生み出す。

近代社会では、個人が再帰的に自己アイデンティティを作りあげようとすればするほど、その人は現在の行いが未来の結果を形づくることを意識する。フォルトゥナという概念が完全に放棄されるかぎり、リスク評価――あるいはリスクと機会の均衡――は個人による未来の領域の植民地化の中心的な要素となる。しかし、保護被膜の心理的に重要な点は、リスクの観点からの思考が前提としている危険な結果を意識から逸らすことである。リスク選別分析はモダニティの中心的な部分であり、それは様々な試みや出来事のあいだの確率比を認識するという方法で行われている。「まずいことになりうる」ことは、それが心から締め出すことができそうもないからという理由で、拒否されることもありうる。飛行機の旅行はふつう、様々な基準で見て最も安全な交通手段だと考えられている。飛行機事故で死ぬリスクは、ふつうの民間航空会社については、一回の旅行につきおよそ八十五万分の一である――この数字は一定期間の旅客の数を同時期の飛行機事故の死者の数で除して得られたものである[23]。家庭や職場その他の場所で起こる事故の件数に比べれば、地上五マイルのところで飛行機の座席に着いているのが世界中で最も安全なところだとよくいわれる。それでも多くの人々が飛行機に乗ることを恐れており、飛行機で旅行する機会や資源がある人のなかには、拒否する人も少ないながらいるのである。彼らは実際にまずいことになったときのようすを、心から締め出すことができないのだ。

興味深いことに、このような人々のなかには、たとえ重い傷害や死のリスクがより高いことを確かに知っていても、たいして心配せずに自動車で旅行しようとする人もいる。反実仮想的思考がここではたいへんな重みを持っているように見受けられる――交通事故は確かに恐ろしいが、それは飛行機事故のシナリオほどの恐怖を呼び起こさないのだろう。

時間における繰延べと空間におけるへだたりは、リスクをリスクとして認識することで生じるはずの不安を減らす他の要因である。健康な若者は喫煙のリスクを十分意識しているだろうが、起こりうる危険を想像もつかないくらい遠くの未来――彼ないし彼女が四十歳になったときなど――のものだと考える。そしてうまい具合にこのような危険を消してしまう。個人の日常生活の文脈から遠いリスク――重大な結果をもたらすリスクなど――も環境世界から括りだされてしまうかもしれない。つまり、それが表す危険は、それがありうることだと真剣に考えるには、その人の実際の関心事からはあまりにも遠いことのように思えてしまうのである。

しかし宿命という概念は完全にはなくならず、それは世間のリスク類型や宿命論的態度とのぎこちない結びつきのなかに見出される。ものごとが神の摂理にかなうものだという信念は、フォルトゥナの概念が生じる意味の一つである。これは重要な現象であり、ある部分でモダニティ自体の基本的な特徴と関連している。歴史を神の摂理として解釈することは啓蒙文化の主要な要素であったので、日常生活の思考様式にその残余がいまだに見受けられるということは驚くにはあたらない。重大な結果をもたらすリスクに対する態度はおそらく、しばしば神の摂理に従う態度の痕跡を強くとどめていよう。私たちは一連のグローバルな危険に直面し、終末論的な世界に生きているのかもしれない。しかし、個人は政府や科学者やその他の技術的専門家を信頼し、彼らがそれに対抗する適切な処置を講じるだろうと思うかもしれない。さもなければ、「すべて最後にはうまくいくはず」と感じるだろう。

あるいは、そのような態度は宿命論へと逆戻りするかもしれない。宿命論的エートスは、永続的な**リスク文化**(訳註)に対するありうる一般化された反応の一つである。私たち皆が直面していながら、個人としては——そしておそらく集団としても——私たちの誰もほとんど打つ手がないというリスクが存在している。そのような立場をとる者は、生活のなかで起こる出来事は結局のところ確率の問題なのだというかもしれない。したがって私たちは「ものごとはなるようになる」と決めて、いろいろなことをなすがままにした方がよいのだ、というわけだ。とはいうものの、個人的集団的状況に対して主体的で革新的な態度をとるように私たちを仕向ける圧力が現代にはあるので、生活の全域で宿命論的であろうとすることは困難だろう。特定のリスクの文脈における宿命論は、私が他のところで「実利的な受容」あるいは「シニカルな悲観主義」と呼んだより包括的な態度に帰着する傾向がある。前者は一般化された対処——来るがままに毎日を受けとめること——の態度であり、後者

は厭世的なユーモアで不安を追い払うものである。(24)

存在論的安心の保護の覆いに穴をあけ、不安感を引き起こすようなたくさんの望まれない出来事が存在する。警報は世界の破滅の四分前警告からおなじみのバナナの皮に至るまで、あらゆるかたちと大きさでやってくる。体の症状や欠陥であることもあれば、大切な計画の想像上の、あるいは実際の失敗によって、または環境世界に侵入する予想外の出来事によってかきたてられる不安であることもある。しかし最も克服困難な状況とは、警報が重大な結果をもたらす変化と同時に起こるような状況——運命決定的なときである。運命決定的なときにおいては、個人は以前とはすっかり変わってしまったリスクと可能性に直面していることに気づくであろう。このような状況では、その人は、たとえ自己アイデンティティと密接に統合されているものであっても、状況に関係するルーティーン化された習慣を見直すことを余儀なくされる。様々な戦略がとられるだろう。ある人は、理由は何であれ、これまでに確立された行動様式が新しい状況の要請に合うか否かを無視して、それを続けるかもしれない。しかし、これが不可能な場合もある。たとえば、配偶者と別

（訳註）原文では secular risk culture。Secular には持続的なという意味と非宗教的、世俗的という意味があり、ここでは両方の含意がある。原文の表現は、リスクが普遍的、持続的に存在しかつその原因や対処の理解が宗教的なものではない状況を指している。Secular の語源と意味については、*Oxford Dictionary of English*, Third Edition の secular の項目に詳細な説明がある。

れた人は結婚していたときと同じように行動することはできない。多くの運命決定的なときは、まさに個人に習慣を変更し計画を再調整することを迫るものである。

運命決定的なときは個人に「ふりかかる」だけではない――それらは開拓されたり、意図的に求められることもある。制度化されたリスク環境や、他のより個人化されたリスク活動は、運命決定性が積極的に作り出される主な環境である。[25]このような状況では、人々は自分たちのしていることに伴うリスクをはっきりと理解しているが、それを利用して日常の環境に欠けている刺激を作り出し、勇敢さ、創意工夫、スキル、継続的な努力を示すことができる。制度化されたリスク環境のほとんどは、経済セクタのそれも含めて競争である。それは、人々がリスクを引き受けて、お互いと、あるいは物理的世界の障害と戦う空間である。競争には、宝くじのような「純粋な偶然」の状況とは異なり、主体的に関与する機会主義的な行為が必要である。開拓されたリスクの引き受けによって実現されるスリルは、意図的に不確実性にさらされることによるものであり、そうすることで当該の行為を日常生活のルーティーンに対して際立たせるのである。スリルは、高次のリスクの引き受けを通して、観戦スポーツにおいては代理的に、または（ローラー・コースターに乗ることのように）生命や身体に対する実際のリスクのレベルは低いものの危険な状況がシミュレートされる活動において、追求されうる。バリントがいうように、リスクを引き受ける活動のスリルには、いくつかの区分可能な態度が含まれる。それは、危険にさらされていることの認識、そのような危険に自らを進んでさらそうとすること、それに打ち勝つという多少なりとも確信のある予想である。(26) 遊園地は他の場所でスリルが追求される状況のほとんどを真似る。しかしそれは、個人の積極的な統制と、それを必要としそれが発揮される不確実な状況という、二つの主要な要素を排除するように管理されたやり方によるものである。

常習的なギャンブラーのような、開拓されたリスクを引き受けることをたいへん好む人は、きまりきったこととか、何でもないこととして他の人が扱う多くの状況のなかに、チャンスが作用する機会を見つけることができる、とゴッフマンは指摘している。このような点を見つけだすことは、慣れ親しんだ環境のなかで新しい活動の様式を発展させる可能性を発見することだと付け加えてもよいだろう。偶発性が発見されたり作り出されたりするところでは、すでに終わったお約束のものだと思われた状況が、再び不確定のものに見えてくるからである。開拓されたリスクはここにおいて、モダニティの最も基本的な傾向と一致していく。ものごとの固定性をかき乱し、新しい道筋を切り開き、そうして新しい未来の一部を植民地化する能力は、モダニティの流動的な性質に不可欠である。

開拓されたリスクの引き受けは、結果として個人の自己アイデンティティに影響する「信頼の実験」(基本的信頼という意味において)を表しているといえるだろう。バリントの「確信のある期待」は、信頼として――意図的に求められた危険は克服されるだろうという信頼として――再定義できよう。このような危険を統制することは、困難な状況を乗り越えられることを自己証明する行為であり、またそれを自他に示すことである。恐怖はスリルを引きおこす。しかしそれは克服へと方向転換できる恐怖である。開拓されたリスクを引き受けることのスリルは、幼児期の社会化に一般的にみられる「未来に向かう勇気」を糧としている。開拓されたリスクの引き受けにおいて、勇気はまさに試練を受ける質として示される。個人はたとえそうする必要がない場合でも、冒しているリスクの「マイナス面」を考え、それに抗してどんどん前進する能力を発揮することで、統合性の試練を受ける。スリルの追求、より控え目には、意図的に危険に対峙することからくる克服の感覚は、部分的には決まりきった日課と対照的であることから生じていることは確かである。しかしこの感覚は、また違ったタイプのリスクとの出会いによって得られる、より時間がかかりあいまいな満足と対照的であることからも、心理的なエネルギーを得ている。他の重要な状況では選択された戦略の見返りは何年もあとになるまでわからないこともあるのに対し、開拓されたリスクの引き受けにおいては、危険との遭遇とその解決は同じ活動のなかにまとまっている。

リスク、信頼、抽象的システム

モダニティの抽象的システムは、日常生活が継続するための広範囲にわたる相対的な安全性を作りだしている。この章ですでに触れたとおり、リスクの見地から思考することには不安定な面もあるが、それは結果を安定させようとする手段、すなわち未来の植民地化の一様式でもある。近代の諸制度に特徴的な、多かれ少なかれ絶間のない、深遠で急速な変化の勢いは、構造化された再帰性を伴いつつ、哲学的解釈のレベル同様日常生活の実践のレベルにおいても、当たり前のことは何もないのだということを意味している。今日許容範囲にある／適切な／望ましい行動は、状況の変化により、あるいは新たな知識－主張により、明日には異なってみえるかもしれない。それでも多くの日常的な取引に関しては、行動はそれを時間－空間の中で再結合することによって、うまく定型化されうるものである。

例を検討してみよう。近代の貨幣はきわめて複雑な抽象的システムであり、真にグローバルな過程を日常生活の些末なことに結びつけるシンボリックなシステムの好例である。先進社会のより貧しい層にとってさえも（そして純粋に経済的な性質のものも含めて、貨幣を用いない取引も多いにもかかわらず）、貨幣経済は多くの日々必要なものの供給を調整している。貨幣はグローバルな場面において、また地域の経済において、他の多くの抽象的システムと絡み合っている。そのような入り組んだグローバルな、または地域的な影響力は、（時間的空間的に）「距離の離れた」接触や交換に依存しているが、組織された貨幣交換の存在が、そういった調整された交換を可能にしているのである。貨幣システムは、同程度に複雑な分業と連動して、日常生活に必要な物資やサービスの供給を定型化している。平均的個人には前近代の経済におけるよりはるかに多様なものや食料品が入手可能であり、またその入手可能性はもはや時間や空間の特異性にさほど支配されていない。たとえば、今ではたいてい季節ものの食料を一年中いつでも買うことができる。またある国や地域ではまったく育てることのできない食品が、そこでごくふつうに入手できることもある。

これは空間の秩序づけであると同時に時間の植民地化でもある。というのも、消費者にとっては将来のために備蓄することが不要になったからである。事実、活発に機能している近代の経済のなかでのふつうの生活に関しては――重大な結果をもたらすリスクを考慮してそうすることを選択する人もいるが――食品を備蓄することはあまり意味がない。そうすることは他の目的に使えるはずの収入を費やすがゆえに、コストを増大させてしまうだろう。個人が食料自給能力を発展させでもしないかぎり、食料貯蔵はいかなる場合でも短期的な戦略でしかない。貨幣システムや分業は、これらに人が信頼をおくかぎり、他のいかなる手段よりも大きな安全性と予測可能性を実現するのである。

他の例として、水や、暖房・照明用の電力供給や衛生的な下水処理を考えてみよう。これらのシステムと、それが依拠している専門知識は多くの日常生活の環境を安定させるよう働いている。同時に、それは前近代の生活様式に比べてそうした環境を根本的に変化させる。先進国では、ほとんどの人は蛇口をひねりさえすれば水を使うことができ、家庭内の暖房や照明も同様に利用可能で、個人の汚水はすぐに流せる。組織的な水道の配管は多くの前近代の生活を困難なものにしていた重大な不確実性の一つ、つまり水の供給の不安定性を減少させた(27)。いつでも使える家庭内の水により、身体的な清潔さと衛生の水準が向上し、そのため健康状態が大いに改善された。絶間なく流れる水はまた、近代の下水システム、ひいてはそれが促進する健康のために必要である。電力、ガス、いつも利用可能な固形燃料も同様に、身体の快適さの基準を管理し、料理と多くの家庭内の器具のためのエネルギーを供給するのに役立つ。これらすべてが家の内外の活動環境を管理してきた。電気を使った照明により夜の植民地化が可能になった(28)。家庭内では、ルーティーンは交代にやってくる昼と夜によってではなく、規則的な毎日の睡眠の必要によって規定されるようになった。昼と夜の交代は容易に無視できる。家庭の外では様々な組織が二十四時間体制で業務を行うようになっている。

自然への技術の介入はこのような抽象的システムが発展する条件であるが、むろん近代の社会生活の他の側面にも影響を及ぼす。「自然の社会化」は、人間の振る舞いに対する、以前ならば不規則あるいは予見不能だった様々な影響を安定させることに役立った。自然の制御は、前近代の時代、とりわけ灌漑用水路、森の伐採などの自然の管理が広く行われていたような、より大規模な農業国においては、重要な仕事であった。デュボスが強調しているように、近代に入る以前に、ヨーロッパはすでに大規模に社会化された環境となっており、そういった環境は、森や沼地から多くの世代の農民によって形づくられていたものであった。[29]しかしここ二、三世紀のあいだに自然に対する人間の介入の過程は大きく拡張された。さらにそれは、もはやある地域に限定されたものではなく、他のモダニティの側面同様、グローバル化されたものとなった。これらの発展の結果、社会的活動は多くの面でより安全なものになった。たとえば、近代における道路、鉄道、船や飛行機の建設により、旅行は管理されたものになり、より安全になった。すべての抽象的システム同様、旅行の特徴と範囲の激変も、これらの技術革新と関連があるものである。しかし今や、必要な経済的資源がある人なら誰でも、二世紀前には最も命知らずの人にしかできなかった、そしてもっと長い時間がかかったであろう旅行に気軽に出かけることができるようになった。

日常生活の多くの側面に、より大きな安全性が得られるようになる——しかしこうした進歩には重大な対価もまた存在する。抽象的システムは信頼に依存しているが、個人化された信頼であれば得られるような、あるいは伝統的な環境であれば日常生活が遂行される道徳の枠組みからしばしば得られたような、道徳的報酬を与えることはない。さらに、抽象的システムの全般にわたる浸透により、個人がうまく対応できないリスクが作りだされる。重大な結果をもたらすリスクはこの範疇に入る。グローバルに独立なシステムにまで及び、これを包含する相互依存性がいっそう拡大することは、これらのシステム全体に影響する不測の事態が生じた場合の脆さが増大することを意味する。これは先に述べたそれぞれの例に当てはまる。個人が所有する貨幣は、それがどれほど少額であろうと、最も強力な国々でさえいかんともしがたいグローバル経済の変化に左右される。一九二〇年代のドイツで起きたように、地域の貨幣システムが完全に崩壊するかもしれない。今のところまったく想定されていないだろうが、場合によっては、これがグローバルな貨幣秩序に起きて、何十億という人々に壊滅的な打撃を与えるかもしれない。長期にわたる干ばつや、その他の集中管理された水道システムの問題は、前近代における周期的な水不足よりも深刻な結果を招くかも知れない。また、長期にわたる電力の不足は、多数の人々の日常活動を混乱させる。

社会化された自然は、こうした性質のかなり有効な——そして本質的にたいへんに重要な——例となる。マッキベンは、自然世界への人間の介入はきわめて徹底した包括的なものであったので、今日私たちは「自然の終焉」を語ることができるという、ひじょうに説得力のある議論を展開している。社会化された自然は、人間の行為とは別に存在していてその相対的に変化のない背景をなしていたかつての自然環境とは著しく異なっている。「それは昔の自然と同じように、われわれが自然の活動(雨、風、暑さ)だと考えているものを通じて主張をしているように見えるが、かつてのような慰安——人間の世界からの撤退、不変性の感覚、あるいは永遠性の感覚すら――を与えてはくれない」[30]。

従来の意味での自然は、ほとんど予測不可能だったとマッキベンは指摘する。嵐は前触れなしにやってくるかも知れないし、ひどい夏で作物がだめになるかもしれないし、予想外の雨の結果、壊滅的な洪水が起こるかもしれない。近代の技術と専門知識により、気候条件の監視がより精確になり、自然環境の制御の改善により様々な既存の危険を克服するか、あるいはその衝撃を最小限にくい止めることができるようになった。しかし私たちは新しい自然の振る舞い方を知らないので、社会化された自然は、どこか根本的に「かつての自然」よりあてにならないものである。地球温暖化の仮説を取り上げてみよう。これは、もし本当に起きているならば、世界に災厄をもたらす現象である。マッキベンは、「温室効果」は本当だという見解を入手できる証拠は支持する、と結論づけており、関連する過程は短期的、中期的には効果的に対処することが難しいところまで進行していると論じている。この問題について彼は正しいのかもしれない。重要なのは、現時点では、どうやっても誰もこれが起きていないと保証できないということである。地球温暖化によってつきつけられる危険は、私たちが集団として直面する重大な結果をもたらすリスクである。しかし、それに関する正確なリスク評価は事実上不可能である。

安全性、脱習熟化、抽象的システム

抽象的システムは、職場に限らず、それが関連するすべての社会生活の領域で脱習熟化を進める。自己に関するかぎり、日常生活の脱習熟化は疎外的で分断的な現象である。疎外的なのは、抽象的システム、とりわけ専門家システムが日常生活のすべての領域に浸透することで、既存の局在的コントロールが損なわれるからである。ほとんどの前近代的社会の、より緊密に局在化された生活において、すべての人たちは、日常生活に関連する多くのスキルや、ギアツのいう「ローカルな知識」を発達させてきた。地域のコミュニティと物理的環境のなかで、活動を組織する際の実践的様式に、それらのスキルを統合することに日々の生存はかかっていた。しかし、抽象的システムの拡大とともに、日常生活の条件は変化し、はるかに大きな時間－空間の広がりへ再編された。このような脱埋め込み過程は、喪失の過程である。しかし、このような喪失をある個人ないし集団から他の個人・集団への権力の移転とみることは誤りであろう。権力の移転は確かにそのようなかたちで起こるが、それは包括的なものではない。たとえば、専門的医学の発展は、かつて多くの一般人に流布していた知識と治療スキルを「ふるい落とす」ことにつながった。医師やその他の職業的専門家は、業務規則に含まれている知識から権力を引き出している。しかし、専門知識につきものの専門特化は、ほとんどの場合、すべての専門家自身が素人となるということを意味するので、抽象的システムの出現は誰も直接的にはコントロールしない社会的影響力の様式を作りだす。重大な結果をもたらすリスクの出現の根底にあるのはまさしくこうした現象なのである。

ブレーヴァマンは、仕事の領域において一方通行の脱習熟化が起こると考えた点において誤っている。職場では、新しいスキルが継続的に生まれ、脱習熟化された人たちが発展させることもある。抽象的システムの影響が表れつつある社会的活動の他の分野においても、これと似たことが当てはまる。素人の行為者の側での知識とコントロールの再専有は、私がときどき「コントロールの弁証法」と呼ぶものの基本的な一側面である。なんらかのスキルや知識の形態を失おうとも、素人は、自分たちが活動し、部分的にはそれらの活動によって継続的に再構成される行為の文脈においては、スキルと知識を持ちつづける。日常的なスキルと理解力は、日々の生活への抽象的システムのインパクトそのものに影響し、それを再形成するので、抽象的システムの収奪効果とは弁証法的な関係にある。

再専有だけでなく、環境や文脈によっては、エ︎ン︎パ︎ワ︎ー︎メ︎ン︎トが必然的に生じる。脱埋め込みとあいまって、抽象的システムの拡張は増大する力——物質世界を変化させ、自分たちの行為の条件を変容させる人類の力——を作りだす。このような力の再専有は、かつては手に入らなかった機会一般をもたらす。集団と個人という二つのレベルの関係は、分析者にとっても日常生活のレベルの素人にとっても、絡み合っていて解き難いことがしばしばあるにせよ、このようなエンパワーメントは個人的でもあり、集団的でもある。

多数の抽象的システムが、日常の活動で個人が直面する選択の広がりと直接結びついている。一方では、局所的なもしくは素人流のものごとのやり方と、抽象的システムの領域が提供する手段とのあいだで選択を迫られることもよくある。このような対立は、単に「伝統的なもの」と近代的なものとの対立という一般的にみられる状況にとどまらない。再専有という過程の結果、素人の信念や実践と抽象的システムの領域とのあいだに無数の空間が開かれる。いかなる状況においても、時間と他の必要条件さえ与えられれば、個人はある決定や行為の計画に関して、部分的に、あるいは全面的に再習熟化する可能性がある。

エンパワーメントと専門知識のジレンマ

たとえば腰の具合が悪いある人物を考えてみよう。治療を受けるために彼女はどうするだろうか？　英国にいるなら、彼女は国民健康保険制度のもとで一般開業医のところへいくだろう。一般開業医は彼女に専門医を紹介し、おそらく専門医は彼女の必要を満たす忠告やサービスを提供するだろう。しかしその専門医にできることは、病気を緩和するのにまったく役に立たないと彼女が思うことも十分にありうる。腰に関連する診断はひじょうに難しく、利用できる治療形態のほとんどは医療従事者のあいだでも関係者以外のあいだでも論議を呼ぶものである。たとえば、医療の専門家のなかには椎間板ヘルニアの手術を勧める人もいる。しかし椎間板に問題のある患者の回復の見込は、外科手術をしてもしなくてもほとんど同じだという研究結果がある。この問題に関しては、国のあいだで大きな違いがある。それゆえ椎間板の問題で手術を勧められる患者の人口千人あたりの数は、米国では英国の十倍にのぼる。この差は、とりわけ、腰の症状の最良の治療法をめぐる二国間の一般的な考え方の食い違いを示している。もし患者がさらに詳しく調べるなら、オーソドックスな医療の世界では、侵襲的治療が最も適切だとの合意がなされた場合でさえ、手術の技術に関しては大きな意見の相違があることを知るであろう。たとえば、より定評のある脊髄手術法より顕微鏡手術を好む外科医もいる。

もう少し深く調べてみれば、椎間板ヘルニアやその他の一時的な、またはより慢性的な腰の状態に対処するための多様な治療法が、他にもそれぞれの支持者によって提唱されており、利用できることを彼女は見出すだろう。これらの治療法はその処置だけでなく、腰の痛みの原因の解釈と病理学においても異なっている。オステオパシーはカイロプラティックが従っているのとはいくぶん異なる原理に基づいている。これらの立場の中にもそれぞれに競合する学派がある。他に利用できる治療形態としては、理学療法、マッサージ、鍼治療、運動療法、リフレクソロジ、アレクサンダー法などの姿勢矯正システム、薬物療法、食事療法、手かざしヒーリング——さらにその他諸々の治療法がある。ある流派は、腰の問題の多くは、かなり重態のものも含めて、心身相関的なストレスに起因するので、腰そのものに直接注目するのではなく、ストレスの原因を改善することで治療するべきだと考えている。このような考えの流派によると、サイコセラピー、瞑想、ヨガ、生体フィードバック技術やその他のリラクゼーションの仕方、あるいはそれらの組み合わせが最良の治療法を提供する、ということになる。

この段階で、無理もないことだが、患者はもうたくさんだと考えて、自分の苦痛の性質とそれに対する競合する治療について自分で情報収集しようと決意を固めるかもしれない。腰に関する非専門的な本は、一般の市場でたくさん手に入る。ほとんどは背骨についての医学知識の一般的な状況を説明し、利用可能な競合する治療法に関する情報を提供している。もちろん、他の点では見解を異にする指針のあいだでも、身体の構造的な解剖学的分析については相当の意見の一致がある。すぐに患者は腰に影響する構造的な問題の基本的な知識を身につけるだろう。患者は利用可能な各治療法の少なくとも概要を理解し、それらと専門医が勧めた治療法を比較できる。この点では、再習熟化／専有はかなり容易に行われるかもしれない。どれを選択するかを決定することは、ずっと難しくなるだろう。患者は異なった立場によってなされる様々な主張のバランスをとらなくてはならないからである。彼女が頼りにできるような絶大な権威というものは存在しない——これはハイ・モダニティという条件下の多くの状況に特徴的なジレンマである。

それでもそのような人が苦労して適切に再習熟化すれば、かなり賢明な情報に基づいた選択が実際に行われうる。そのような選択はすべて、単なる行動の選択肢以上のものだ。それらは自己アイデンティティのナラティブに反映され、その発展に利用される傾向がある。たとえば昔ながらの薬を使うかハイテクの薬を使うかということは、情報に基づいた選択の問題であるだけではないだろう。ふつう、それはその人のライフスタイルについても「何かを語る」ものである。それは、個人がおそらくあるかたちの敬意と結びついた、すでにかなり確立された行動パターンに従っていることを意味するかもしれない。ある人が医業の権威あるメンバーとして一般開業医と専門医を尊敬して、一般開業医の診察を受けてから勧められた専門医のところへ行き、その専門医の勧めることに素直に従うような場合はこのことが当てはまるだろう。代替的な医療形態、とりわけより秘教的な種類のものを選択することは、個人がそのとき実行するあるライフスタイルの決定に関する何かを示し、また実際にそうしたライフスタイルに寄与するかもしれない。

このような決定のほとんどにおいて、フォルトゥナ、宿命論、実利主義、意識的なリスクの引き受けが入り交じっていることが多い。専門家の意見が異なることはひじょうによくあることなので、ある専門分野の中核にいる専門家でさえ、似たような決定をしなくてはならない素人と同じような立場になることは十分ありうるだろう。決定的な権威の存在しないシステムにおいては、専門家システムに対する最も確固たる信念さえ修正される可能性があるし、それが定期的に変更されることはごくありふれたことだ。モダニティの再帰性の一部として、エンパワーメントは素人にも当たり前のようにできるのだが、そのようなエンパワーメントが確信や行為へとかたちを変える方法は、しばしば問題をはらんだものになる。かくして、ある種のフォルトゥナや宿命論のために、局所的または専門的情報のもとでは部分的にしか保証されない決定に「より沿って進む」余地が出てくるのである。

要約：権威、専門知識、リスク

先に、モダニティの抽象的システムからは誰も完全には解放されえないことを強調した。このことは重大な結果をもたらすリスクの世界に生きることの帰結の一つである。しかし、もちろん、ライフスタイルやライフスタイル部門は、抽象的システムのインパクトを通じて再編される世界が提供する様々な可能性のなかから、個人が選んだ道を進むことを可能にする。ごく日常的に、またより散発的に個人の生活に影響するシステムのいくつか、あるいは多くに対して信頼は保留されるかもしれない。実際には、近代の貨幣システムから完全に撤退するのは、不可能ではないにしてもきわめて難しい。しかし個人は持っている資産を物や動産のかたちで保有することもできる。彼は銀行や他の金融システムとの関係をできるかぎり減らそうとするかも知れない。多様な懐疑主義や疑いの影は、個人の生活機会に影響する抽象的システムに対する実利的なあるいは宿命論的な態度と調和しうる。より伝統的な権威へと押しもどすようなライフスタイルの決定をする人もいるかも知れない。たとえば宗教的原理主義は、決定的な権威を放棄した時代においてなすべきことについて明確な答えを与える。これらの決定的な権威は、宗教の古い常道を持ち出すことで再び喚起されうる。ある宗教の秩序が「囲いこむ」たぐいのものであればあるほど、それは複数の選択肢のある世界における生き方の問題を「解消する」。しかしより弱いかたちの宗教の信仰も明らかに、重大な生活の決定を形づくる上で重要な支えを提供するだろう。

これらのジレンマは、個人の生活の運命決定的なときにとりわけ切実に、あるいは特に強く経験されるものになる。運命決定的なときは、定義により、重大な結果をもたらすものであるために、個人は全体的なライフプランニングの見地から岐路に立たされていると感じる。運命決定的なときというのは、人々がより伝統的な権威に助けを求めることを選ぶかもしれないときである。この意味において、人々はすでに確立された信念や慣れた行動様式に逃避するかもしれない。他方、運命決定的なときはしばしば再習熟化やエンパワーメントのときでもある。それは、自己アイデンティティの形成においてどの程度再帰的であるかに関わりなく、新しい可能性と新しい要求を個人がはっきり意識しなくてはならないときである。そのようなときには、すなわち生活を見直さなくてはならないときには、再習熟化の努力がとりわけ重要で、熱心に行われることは驚くにあたらない。重大な決定が関係するときには、個人は必要な時間とエネルギーを割いて直面する状況を克服するようしばしば刺激される。運命決定的なときは、個人の未来の行動環境に対して意味を持つだけでなく、自己アイデンティティに対する意味を持つ転機である。重大な決定は、ひとたびなされれば、その結果生じるライフスタイルの帰結を通して、アイデンティティの再帰的なプロジェクトを再形成するからだ。

ゆえに、当然のことながら、今日では運命決定的なときには、個人はカウンセリングやセラピーといった自己アイデンティティの再構築に主に焦点をあてている専門家システムに接触するだろう。セラピーを受けようという決定は、エンパワーメントを形成しうる。ただし、そのような決定は、モダニティという状況でなされる他のライフスタイルの決定と異なる性質のものではないことも追記しておく必要がある。どのような種類のセラピーを、どのくらいの期間人は求めるべきだろうか？『セルフ・セラピー』が示すように、個人はおそらく専門家に直接相談しなくてもうまく自分の生活の方向を再調整できるだろう。他方、多くのセラピストが、専門的なカウンセラーに定期的に接触すること抜きには、真の個人の変化は期待できないと考えている。現在、実に様々な種類のセラピーが存在しており、それらはいずれも、似たような問題の重複する範囲を扱うと主張している。異なる流派の見解の相違の目安として、古典的な精神分析と、条件づけに基づく行動療法とを比較してもよいだろう。フロイトが精神分析のために確立した教義を忠実に守り、それによって治療手順を定式化するセラピストはたくさんいる。しかし行動療法の支持者のなかには、精神分析には治療の方式としての有効性はまったくないと主張する人もいる。さらに、他の多くの考え方や技術の流派とともに、様々な精神分析の下位区分が存在する。それゆえ、自己を再構成することを助ける専門家システムとの再帰的な出会いは、モダニティが生み出した中心的なジレンマのいくらかを表現しているのである。

第五章　経験の隔離

モダニティが全体として重きを置いているのは、コントロール——世界を人間の支配に服従させること——であるとよく言われる。この主張は確かに正しいが、このようにぞんざいに言われるのであれば、相当の修正が必要になる。コントロールが意味することの一つは、未来の植民地化を通して自然を組織することによって人間の目的に服従させることである。この過程は一見「道具的理性」の延長、つまり人間が組織した科学や技術の原理を自然の支配のために適用することのように見える。しかし、より詳細にみれば、私たちが目撃していることは、知識と権力の内的準拠システムの出現なのである。「自然の終焉」というフレーズは、このような観点から理解しなければならない。社会的活動や経済的活動のグローバル化に直接関与しながら、人間の自然に対するコントロールは顕著に加速し深化してきた。「自然の終焉」が意味していることは、自然的世界が大部分「創出環境 created environment」になったということだ。「創出環境」とは、その動力と力学を、人間活動にとって外部的な影響からではなく社会的に組織された知の主張から引き出しているような、人間が構成したシステムから成り立っているものである。

自然が内的準拠システムとなりつつあることは、強調しておかなければならない。というのは、自然環境は社会的活動の世界からはっきり分離されているように思われているからである。おそらく社会生活そのものが自己アイデンティティの流動化に伴って内的準拠的になるという事態の方が、自然環境の内的準拠化より理解しやすいだろう。とはいえ、モダニティの内的準拠性は、しばしば「社会」と「自然」のあいだに引かれる区別と混同されている。それゆえ内的準拠性は、モダニティにまず固有なものというより、すべての社会システムに固有なものと考えられてしまうことが多い。しかし、社会システムが内的に準拠するようになるのは、あるいは少なくとも全面的にそうなるのは、社会システムが制度的に再帰的になり、それにより未来の植民地化に関連するようになってからである。伝統、自明視された習慣、あるいは外的な自然に対する実利的な適応に従って社会生活が組織化されるなら、社会生活は、モダニティの力学の基礎となる内的準拠性をそれだけ欠いていることになる。内的準拠性が発達する過程において決定的なのは道徳性の消失であり、とりわけ道徳的見解が確実に日々の実践と調和している場合はそうである。というのも、道徳的原則はリスクの概念やコントロールの力学の流動化と対立するからである。未来の植民地化にとっては、道徳は非本質的なものなのである。

単なる習慣とは違って、伝統はつねに「拘束的」な規範的性格を持つ。さらに「規範的」とは、ここでは道徳的要素を含んでいる。つまり、伝統的実践においては、活動の拘束性は、ものごとがいかになされ、なされるべきでないのかについての決まり事をあらわす。伝統的振る舞いはそれ自身の道徳的正当性を持っており、その正当性は、技術的な力が何か新しいものを導入することに特に抵抗する。伝統の固定性は、過去の知恵が蓄積することによってできあがるものではない。むしろ、過去を現在と調和させることは、伝統が内包する規範的教えに固執することによって達成される。シルズは次のように述べている。

伝統はしたがって、類似の信念、実践、制度、仕事がある世代から次の世代にわたって統計的に頻繁に繰り返されるということにとどまらない。繰り返しは、伝統を規範的なものとして提示し、そのように受け入れることの規範的な帰結——ときには規範的な意図——の結果である。社会の構成に際して、死者の世代を生者の世代と結びつけるのは、この規範的伝達なのである。……死者は……愛着の対象であるが、しかしより重要なことは、死者の作品や、死者の実践のなかに含まれている規範が、彼らのことを知らない次の世代の行為に影響を与えるということだ。伝統の規範的な核にあるものは、時を越えて社会を所与の形に保持する慣性力なのである。(1)

内的準拠性と人生

内的に準拠する社会システムの発達は、自己の再帰的プロジェクトの発端となるものである。内的に準拠的な人生を作りあげることは、同時代のいくつもの社会変化によって決定的な影響を受ける。これらの社会変化は、以下のような形で、人生を他の周りの出来事から区別された、閉じられた軌跡として「まとめあげる」。

1　人生は諸世代のライフサイクルからは離れた、別個の時間の断片として現れる。一度個人の生活と世代間の交流とのあいだのつながりが破壊されてしまえば、「ライフサイクル」という概念はほとんど意味を持たない。シルズがいみじくも強調したように、伝統と世代間の継続性とのあいだには本質的な関係がある。前近代社会においては、世代の差異は本質的に一つの時間認識の様式である。世代は、集合的変化の連続のうちに人の生活を位置づける、確固とした親類のコーホートもしくは秩序である。しかしながらモダニティにおいては、「世代」の概念は、標準化された時間を背景としてのみ意味を持つようになりつつある。たとえば、私たちは「一九五〇年代の世代」や「一九六〇年代の世代」などといった言い方をするわけである。この意味での時間的継承は、前の時代の特徴だった、移行という集合的過程の残影をほとんどとどめていない。伝統的文脈においては、ライフサイクルは更新 renewal の意味あいを強く帯びている。というのは、各々の世代は、主要な部分で自分の前の世代の生活の様式を再発見し、復活させるからである。実践が、再帰的に正当化される場合にのみ繰り返されるハイ・モダニティの状況では更新はほとんど意味を失ってしまう。(2)

2　場所それ自体が脱埋め込みメカニズムの拡張によって掘り崩されるにつれ、人生は場所という外部から分離するようになる。大部分の伝統文化においては、人口移動が比較的よくあり、長距離の旅行をする者もわずかながらいたが、社会生活の大部分はローカル化されたものであった。この状況を変えた第一の要因は、移動が増えたことではない。むしろ場所が、完全に脱埋め込みメカニズムに貫通されるようになってきていることにある。脱埋め込みメカニズムは地域的活動を、拡張しつづける時間－空間関係に結びつける。**場所は走馬灯のように移ろいやすいもの**になる。(3) 人々が生活する環境は地域的愛着の源でありつづけることも多いが、場所は経験のパラメータを形成せず、伝統的な場の特徴である、いつも親しみをもてるものという安心感を与えることもない。ここでは媒介された経験の発展もまた重要な役目を果たしている。(場所、社会的出来事や人々に対する)親しみやすさは、もはやローカルな環境のみに依存しているのではないし、あるいはおそらくそれを主な拠り所としているのでもない。

このため、場所は個人の人生の外的な準拠点としては以前ほど重要なものではなくなっている。空間的に位置づけられた活動は、ますます自己の再帰的なプロジェクトに結びついている。どこで生活するかということは、少なくとも青年期以降は、主に人のライフプランニングの面から組織された選択の問題となる。もちろん、他の類似の過程同様、弁証法的なかたちでの反作用がありうる。人生をローカルな環境に再埋め込みする能動的な試みが様々なやり方で行われるかもしれない。コミュニティのプライド感覚を開拓する試みなどは、漠然としすぎていて、昔の名残をわずかに捉まえるくらいのことしかできないだろう。通常の実践を特定の場所に結びつけることができたときにのみ、再埋め込みが有意義に行われるといえる。しかし、ハイ・モダニティの状況においては、それは困難なことである。

3　人生は、他人や集団との既存の絆に関連する外部からさらに解放されるようになる。前近代においては、様々な血縁関係が明らかに人の生活経験の主要な外的係留だった。血縁関係は、一生にわたって、出来事の成り行きに影響を与える大事な決定に影響し、多くの場合それを完全に規定するものであった。いつ誰と結婚すべきか、どこで生活すべきか、何人子どもを持つつもりか、どのように子どもの面倒をみるか、いかに老後を過ごすかなどは、わかりやすい例である。場所と血縁という外部は、一般に密接に関連していた。家財や一族の住居を含む財産の相続もまた重要な役割を果たしていた。モダニティの社会的条件においては、家族集団が代々同じ建物に居住を続けることはまれである。田園地帯においても、もしくは少数の残存する貴族集団のなかには、長い期間、ときには数世紀間さえ、同じ家族のメンバーが住み着いている家が今でも存在する。しかし大部分の人々はこのような現象に縁がないし、前近代的環境においては多くの人の生活にとって中心的であった「祖先」という概念は希薄で、回復するのが困難になっている。

他者によって与えられる外的な準拠点が欠如しているので、人生は個人のプロジェクトや計画と結びついた軌跡として現れる。むろんのこと、出生家族から後に家族になるパートナー、子ども、友人、同僚、知人まで、他者はつねにこのようなライフプランニングのうちに登場する。このような他者との親密な関係という新たな領域は、個人が発達させる信頼の枠組みにとって決定的な要素となる。しかし個人は、人生を個別の内的に準拠した現象として再帰的に秩序づけて、この親密性の領域を組織しなくてはならない。

4 人生は、儀礼化された移行ではなく、むしろ「開かれた経験の敷居」をめぐって構造化される。儀礼はそれ自体外的な準拠点であり、誕生、青春期、結婚、死などの人生の主な転機に関係した儀礼的活動の衰退が数多く観察されている。モダニティにおいては儀礼が相対的に不在なので、このような転機に対処する個人の能力に対する重要な心理的支柱がなくなるといわれている。実際そうであるか否かにかかわらず――ラドクリフ＝ブラウンは、この問題についてのマリノフスキーとの有名な論争において、儀礼は不安を軽減するよりもしばしば生み出すということを示唆している――ここでの議論にとって重要なことは、意思決定にとっての帰結である。転機のそれぞれの局面は、自己アイデンティティの危機となることが多く、そしてしばしば、個人は再帰的にそのことを知っている。[4] 実際、人生は、少なくとも個人の再帰的意識が高度に発達している場合は、この危機的局面に直面しそれを解決する必要があるという予期をもって構築されるのである。

内的に準拠するものとして人生を語ることは、方法論的個人主義の前提から論じるということではない。「自己充足的個人」という考え方は、確かに大部分モダニティの制度の発展に対する反応として現れる。しかし、この種の方法論的立場は、この本で展開する分析には含まれていない。また、以上の議論は、個人は社会的な出来事の広い文脈から切り離される、という結論につながるわけでもない。ある意味、その反対である。つまり、自己は、広範な社会環境を再帰的に利用することによってのみ、一貫した軌跡を確立することができるのだ。コントロールに向かう趨勢は、再帰性と結びついて、かつてなかったやり方で自己を外界へ向かわせる。脱埋め込みメカニズムは自己アイデンティティの中核に侵入する。しかしそれは、自己アイデンティティが基盤としてきた主な支えを単純に取り除くわけでもないし、自己を「空虚にする」わけでもない。むしろそれは、自己アイデンティティの形成へ再帰的に組み入れられる社会関係や社会文脈に対する、以前よりも進んだ統制を自己が達成することを（原理的には）可能にするのである。

制度的影響

モダニティのコントロールへの志向性は、社会的再生産と自己アイデンティティに関して、道徳的な経験のレベルで、ある特徴的な帰結をもたらしている。私はこの帰結を一般的に**経験の隔離**と呼ぶことにする。この現象は、社会生活と自己の内的準拠的な性格と直接結びついている。モダニティの成熟にともなって、多様な文脈に広がる日々の生活を調整するうえで、抽象的システムが幅広い役割を果たすようになる。このような再帰的に組織化されたシステムへの外的な「攪乱要因」は、最小限に抑えられるようになる。

いくつかの作用をみると、経験の隔離が進展した発端をたどることができる。その作用は近代の離陸期に作り出されたものだが、近代的制度の徹底化やグローバル化に伴ってますます顕著になってきたものである。最初に起こった、ある意味で最も重要な出来事は、監視過程の加速によってもたらされた管理権力の拡張である。(5) 監視能力の拡張は、社会的手段による社会活動のコントロールの主な方法である。監視は権力の際立った非対称性を引き起こし、その度合は様々だが、特定の集団や階級による他の集団や階級に対する支配を強化する。しかし、この側面に注目しすぎることは誤りである。それより根本的なことは、管理的コントロール一般の強化である。この現象はすべての者の活動に影響を与えているので、誰かによって完全に方向付けられているわけではない。監視は、前近代的システムにおいても、つねに制度的再帰性と結びつくことで作動する。監視は制度的再帰性の条件であると同時にある部分その産物であり、このためにあらゆる社会的再生産に特徴的な反復性 recursiveness をある具体的な制度形式で示す。しかし、監視が高度に発達したシステムにおいては、社会的再生産の条件はますます自己動員的 self-mobilising になる。

特に、システムの再生産に関わる情報や知識のコード化というかたちで、監視メカニズムは社会システムの広範な時間 - 空間的拡張を可能にすると同時に、社会システムをその外的な準拠点から切り離す。監視に再帰性が加わることは「角をとって滑らかにすること」だ。これによって、システムに統合されていない行為——つまり、システムの再生産メカニズムに知識として組み込まれていない行為——は、異質な、切り離されたものになる。この外部がゼロに近づけば近づくほど、システムは全般に内的に準拠したものになる。この言明は、内的準拠システムが調和的で、対立がないということを意味するのではない。反対に、それは内的に矛盾し、慢性的な対立で引き裂かれていることもありうる。しかしこの対立は、外的な基準や要求から組織されるのではなく、シ、ス、テ、ム、原理の多様な潜在的変動力のゆえに、組織されるのである。

実際には、再帰的なシステム再生産と、習慣の惰性や伝統的外部要素とのあいだの緊張によって引き起こされる対立は多く存在する。とはいえ、伝統の場合は複雑である。というのは、伝統的シンボルや実践への訴えかけはそれ自体再帰的に組織されることがあり、その場合、それは内的に準拠した社会関係に対立しているというよりむしろその一部であるからだ。完全にポスト伝統的となった状況で伝統が「再発明」されうるかどうかという問題は、このような観点から理解されねばならない。これは、社会関係に関わる人間のつながりだけでなく、物質的な人工物にも当てはまる。このため、ポストモダニズムとロマン主義の復活についての現代の建築にかんする論争においては、「モダニズム」への反動は、外的な伝統的様式の要素を維持しているのか、もしくは内的準拠システムに完全に巻き込まれているのか、ということが重要な問題である。後者が当てはまるなら、伝統的スタイルの復活の試みは急速にキッチュへと退化するだろう。

内的準拠性に影響を与える第二の重要な制度的変容は、私的な領域と公的な領域の再秩序化である。前近代的システムには存在していなかった市民社会の領域の創出の点から、この現象をいくぶんか理解することができる。市民社会の確立は、近代的形態の国家の出現と直接結びついているし、それに準拠したものである。伝統的国家においては、日々の

るいは市民社会においても、生活の大部分は、少なくとも田園地方では、国家の管理権力の範囲の外にあった。ローカルな共同体はその伝統と生活形態において大部分自律的であり、たいていの個人的活動は管理装置から多かれ少なかれ完全に放置されていた。しかしこの外的な領域は市民社会ではなかった。むしろそれは、政治的中心の再帰的秩序の外にある生活様式が根強く持続することの表れであった。

近代的社会形態においては、国家と市民社会は連結した変容過程として、一緒に発展していく。この過程の条件は、逆説的だが、日々の行動の多くの側面に影響を与える国家の能力である。市民社会は、国家が日々の生活へ浸透することの「裏面」として構造化される。大雑把にいえば、国家と社会の双方とも、モダニティによって確立された再帰的システムの内で内的に準拠している。国家／市民社会の区分に当てはまることは、公／私の区分にも当てはまる。私的領域は二つの意味で公的なものと対立する。この二つの意味は、モダニティの発展と関連する変動によって全面的にもたらされたわけではないが、それによって強く影響されている。国家と市民社会の分化はこれらの対立の一つをなすものである。公的領域は国家の領域であり、私的領域は国家の監視活動の侵入に抵抗する領域である。国家が法律の保証人であるため、この意味では私的領域は部分的には法的定義の問題である。私的領域は国家の権限の範囲に編入されずに残っているものではない。というのも、国家は私的な権利や特権を積極的に定義することを助けてもいるからである。

第二の意味での私／公の対立は、他者から隠されるものと、より開放的に他者に示されるものといった区分である。ここでも、プライバシー（ひいては親密性への要求）の増大を、より伝統的な共同体に存在していた公的領域の衰退という点から解釈することは間違いである。このような議論は、リチャード・セネットの初期の著作のなかに見つけることができる。[6] セネットが指摘するには、「公」と「私」という言葉は両方とも近代期の創造物である。「公」は共有された財や品物という意味の出現に由来し、「私」は当初支配階層の特権を示すために用いられた。十八世紀までに、この言葉は今日使用されている意味を獲得した。「公」は——「公民」の意味で——選挙民を指すようになり、また一般的な監視に開かれた生活の領域や共通の財の領域を指すようになった。「私」の領域は、公領域から明確に分化した領域になった。[7] セネットは、モダニティの初期に、都市のコスモポリタンな生活を中心にした公的な秩序の勃興がみられたが、それは後の社会変動の影響を受けて衰退したと論じている。

しかしこの理論は全般的に説得的であるとはいえない。セネットが公的生活と呼ぶものは、モダニティの社会生活に特徴的な環境に属するのと同様に、より伝統的な都市環境にも属していた。前近代的都市ではすでにコスモポリタンな文化が繁栄していた。このような都市で、人々はすでに定期的に見知らぬ人と出会っていた。しかし多くの場合、都市での出会いは団体組織の性格を保っており、同僚や親類や他の親しい者たちとの相互行為が中心だった。ここでは、エリアスの著作が明らかにしたように、私的なものはいまだ完全には隠蔽され分離した領域となってはいなかった[8]。公的なものは、見知らぬ人の社会が完全な意味で確立されたとき、つまり「見知らぬ人 stranger」という概念がその意味を喪失したときにはじめて私的なものから十分に区分されるようになる。この時以来、一般化された公的な信頼の調整メカニズムである儀礼的無関心は、私的な領域から多かれ少なかれ完全に区別されたものとなり、特に親密な関係の領域から区別されたものとなる。

プライバシーとそれに関わる心理的要求は、ほぼ確実にもう一つの分離、つまり成人期からの子ども期の分離によって強く条件づけられている。前近代では、ヨーロッパにおいてはもちろん、そしておそらくほとんどの他の非近代文化でも、子どもはその人生のきわめて初期から、家庭的領域だけでなく非家庭的領域でも、大人と相互行為する集合的環境のなかで生活していた。「子ども期」という分離した領域の出現によって、成長経験は外部の活動領域から一線を画したものとなった。子ども期は隠蔽され、家庭に囲い込まれ、同時に公式の学校教育の中心的影響を受ける。子ども期が大人の活動から分離されるにつれ、あるいは少なくともはっきりと形成されるにつれ、それは私的な経験が構成される隠蔽された領域を形づくる。学校教育はある意味では公的な活動である。というのは、それは家庭の外で行われるからである。しかし学校は、やはり生徒にとっては仕事その他の大人の世界とは区分され隔離された環境である。セクシュアリティの大部分を含む様々な発達が徐々に隠蔽されることになるのは、このような隔離過程の結果である。(9) これは、セラピーの出現と、セラピーの目的で子どもの時期の学習が重視されることとの関連を説明する重要な要因である。分離した領域としての子ども期が、人格のインフラストラクチャとなるのだ。だからといって、モダニティと心理的抑圧の増加との同等視を認めるということではない。それは本書の立場に合致しない見解である。そうではなく、子ども期の経験を基礎としたセラピー的再構成が、子ども期の「発明」によってもたらされた新しい「学習領域」の出現により可能になっている、ということなのである。

以上のように区別された両方の意味で——つまり、国家の浸透の「裏面」としてのプライバシーと、開示されないものとしてのプライバシーの両方の意味で——プライバシーは公の創造物であり、またその逆もいえる。それぞれが、内的準拠性という新たに登場したシステムの部分を形成する。これらの変動は、親密性の変容の一般的な枠組みの基本的な部分である。

第三に、上述の二つの広範囲にわたる過程の心理的帰結は、自己アイデンティティに関して、罪悪感に比して羞恥がますます重要になるということである。罪悪感は本質的に、モダニティの内的準拠システムにとって外的なメカニズムに依拠したものである。罪悪感は道徳的侵犯を暗に意味している。つまり罪悪感は、一連の行為のなかで、ある種の道徳的命令を成し遂げることに失敗すること、その能力を持たないことに由来する不安である。

罪悪感は、伝統によって記され、是認された規範も含む、旧来の道徳的規範によって社会的行動が制御されているようなタイプの社会に、最も顕著に見られるかたちの不安である。羞恥は、罪悪感よりもいっそう直接的に、より広範囲に基本的信頼に関わっている。というのも、罪悪感は、自己そのものの統合感を脅かすというよりも、むしろ特定のかたちの行為や認知に関わっているからだ。罪悪感とは違い、羞恥は自己と社会環境の双方における安心感を直接に浸食する。自己アイデンティティが内的に準拠するようになればなるほど、羞恥は成人の人格において基本的な役割を果たすようになる。個人はもはや主に外的な道徳的規範ではなく、自己の再帰的組織化によって生きる。このことは重要なことである。というのもこのことからは、近代文明は、フロイトの考えとは異なり、欲望の放棄を基礎にして創られているわけではないといえるからである。

フロイトは彼の著作において、「文明 civilisation」という語をかなり広い意味で使用している[10]。彼は単純にモダニティについて語っているのではない。文明は、単なる「原始的なこと」を超えた社会的かつ文化的組織の形態すべてである。それは、ますます複雑になっていく社会生活を伴う、進歩する社会秩序である。この複雑さ、そして文明化された生活が可能とする「より高度な文化的成果」に対する対価は、増大する抑圧と、それゆえの罪悪感である。文明は身体的剝奪を前提としなければならない。というのも、下手をすれば見知らぬ者に場違いなエロス的備給をしたり、彼らに対して不適切な攻撃性を示したりする衝動が、抑制されねばならないからである。フロイトは、文明化された生活は「原始的な存在」の生活よりは一般的に安全であると信じていた。他方でこの安全は、人間特有の性向に対する厳しい制限と引き替えである。したがって、このような角度から見てみれば、文明は、それがとって代わる過去の社会秩序よりも道徳的な営みである。文明によって抑圧された、エロス的な衝動と結びついた攻撃性は、厳しい道徳意識のかたちで自我の方へと向けかえされる。この過度に抑圧的な超自我は広く浸透する罪の感覚を作りだす。文明と強い超自我は、「征服された都市の駐屯隊のように」まとまっている。罪悪感は「文明発展の最も重要な問題」だとフロイトは結論づける。「文明の進歩という成果を手にするには、罪悪感の増進による幸福感の減退という犠牲を払わなければならない(11)」。「文明」をモダニティと同等なものとみなし、その発展の初期段階をみてみるならば、罪と良心とを結びつけることには何かしら意味があるように見えてくる。もしピューリタニズムと資本主義の台頭との関係についてのマックス・ウェーバーの解釈が正しいとすれば、そこに良心が形成されるメカニズムをみることができる(12)。ウェーバーの描くところに従えば、つまるところ資本家は、蓄積された富がもたらしうる満足を放棄することで、近代的制度の勃興への起動力を提供した。しかし、それに続く時代、つまりモダニティの成熟期についてはどうであろうか? フロイトの後継者たちは、彼らの考えを後期モダニティの道徳的寛容性と調和させるのに長いあいだ四苦八苦していた。文明はおそらく、自身の要求の重みで分解してしまい、自由に欲望にふける機会を人々に許したのではないか？　道徳的制約の時代は、理由はなんであれ、おそらく快楽主義の時代にとって代わられたのではないか？　これらの説明が説得力を持つとは思えない。仮に、罪の増大が文明の複雑さの増大に本質的に伴うものであるなら、なぜ近代的制度の強化とグローバル化の時代が罪悪感の緩和を生み出しえようか？　文明の増大は罪悪感の増加を意味するという定理を捨て去ってみれば、私たちは異なった見方をすることができる。モダニティに特徴的なのは、個人の経験のレベルでは、罪悪感から遠ざかる動きなのである。ウェーバーが描いているような道徳的良心は、おそらく近代初期においては重要な鍵であったかもしれない。というのも、外的な道徳的要請が、社会化された行動の内的なパラメータへと変換されたのは、この道徳の基盤においてであるからだ。ピューリタンの信念は、外的係留による制約から新しい経済システムが脱埋め込みされる際の駆動力となった。このようにピューリタニズムは、経済領域を超えて広がる「離陸」局面における主要な手段の一つであったといえるかもしれない――「離陸」とはつまり、ますます包括的になる、社会と自然の内的準拠的秩序化への「離陸」である。

しかしながらピューリタニズムは、新しい自己アイデンティティの探求を促進するというより、初期の企業家が既存の習慣や信念と断絶することなしに新しい行動の道のりを探求することを可能にする「固定性」を与える、と論じることができるかもしれない。のちのモダニティのシステムのなかを彷徨していた「ピューリタニズムの亡霊」は、この点からすれば、新しい社会秩序にとって外部性の源でありつづけた。つまりそれは、マルクーゼや他の多くの人々が論じているのと違って、その組織化の上での主要な駆動力ではなかったのである。伝統のくびきが破壊され、自己の再帰的プロジェクトが顕著になるのに応じて、罪ではなく羞恥の力学が心理的に中心的な場所を占めるようになる。もちろん、ハイ・モダニティの局面でさえ、罪悪感のメカニズムは重要なものでありつづけているし、鍵となる道徳的営みも持続している――それは、のちに論じるように、モダニティの内的準拠する秩序によって作りだされる制度的な抑圧が、完全というにはほど遠いからである。

隔離の諸領域

モダニティの持つコントロールへの志向性は、内的準拠システムの文脈において、文化や哲学のレベルにおいてよく知られた意味を持っている。実証主義の思想は、手を替え品を替え、モダニティの再帰性において中心的な導きの糸となった。実証主義は、自らが発端となり、また解釈や分析を加えてきた変動過程から、道徳的判断や審美的基準を取り除こうと試みる。しかしながら私は、言説の特性に焦点をあてるのではなく、その特性の制度的相関物に注意を向けてみようと思う。それは、外的な影響力を効果的に限られたものにする過程の蓄積である。制度的隔離の過程は様々な領域で現れる。その各々において制度的隔離は、モダニティの抽象的システムによって確立された規則的な日々の生活から、特に道徳的危機を含んだ生活経験の基礎的な側面を取り除く効果を持つ。「経験の隔離」という言葉はここでは、通常の生活のルーティーンを次のような現象から切り離す、互いに連動する隠蔽の過程を意味している。すなわち、狂気、犯罪、病気と死、セクシュアリティ、そして自然である。この隔離は直接的に組織的な場合もある。精神病院や刑務所、病院などのケースである。その他の場合、隔離はモダニティの内的準拠システムのより一般的な性格にいっそう左右される。大雑把にいえば、私は次のように論じたいのである。すなわち、モダニティが獲得した存在論的安心は、日々のルーティーンのレベルで、人間にとって重大な道徳的ジレンマを引き起こす基本的な実存的問題から、社会生活を制度的に排除することにかかっている。このテーマを追求し発展させるためには、ある程度まとまった歴史的素材が必要である。隔離の様々な領域の起源を簡単に振り返ってみることによって、モダニティの社会システムの構成において外的基準に内的基準がとって代わることの基礎にある過程のいくつかを確認することができる。

フーコーの著作よりも、ロスマンの著作の方が保護施設についての論述にとってはより有効である(13)。ロスマンの研究は合衆国の精神病院の出現に焦点をあてているものの、その分析はかなり一般的に適用できるものである。フーコーの保護施設や投獄の分析は、監禁をブルジョワ的理性の支配を確立しようとする動因と関係づける。[14]理性の力の主張に異議を唱えようとする者は、社会秩序への直接参加から排除される。この主張は示唆に富んでおり重要でもあるが、重大な弱点を持っている。この弱点を詳しくみなくても、問題なのは「理性」などではなく、再帰的な変動の展開であったということはいえるであろう。のちに「狂気」「犯罪」「貧困」と見なされるものは、近代以前には人間存在の外部にある要素として扱われていた。狂気や犯罪、貧困は「社会の問題」として受けとめられてはいなかった。十八世紀に入ってさえ、のちの時代であればこれらのカテゴリのいずれかに入れられたであろう人物がこれらの特性を持っていたとしても、それは人格形成あるいは社会構造の失敗を表すものとはみなされていなかったのである。

困窮へと向けられた態度がここでは適切な例証となる。十八世紀の初頭、「窮民」という言葉は様々な社会的条件を網羅していた。窮民についての討論や立法は、未亡人、孤児、病人、老人、身体障害者、精神障害者を含んでおり、これらのあいだには明確な区別が無かった。窮民というカテゴリに含まれるかどうかは、ある種の精神的な特性を欠いているかどうかで判断されたのであり、そうした欠如を生み出す特殊な環境は判断基準とはならなかった。合衆国の他の州のモデルとなったマサチューセッツの法律は、困窮は「彼自身あるいは彼女自身を養うことができないほどに、理解力を生まれつき欠いている場合に起こる」としていた。[15] この態度は、より古い時代のヨーロッパのそれとはすでに異なるものであった。というのも、困窮は社会生活の環境の完全に外部にある要素というわけではなく、何かしら公共的な注意を要するものとこの時期までにみなされるようになったからだ。とはいえ、この態度がいまだ外的な要因といかに密接に関わりつづけていたかということは、十八世紀アメリカにおける犯罪——より正確にいえば浮浪生活——の取り扱いによって示される。浮浪生活は困窮一般と同様に、おおむねある種の人々に固有のものと思われていた。それは、数かぎりない道徳的な侵犯に取り囲まれ、結びつけられていた。

入植者は、広範な行動を逸脱と判断し、些細な違反でさえゆゆしき意味を持つものとみなした。彼らによる拡大解釈はその発端からして宗教的なものであり、罪悪を犯罪と同等視するものであった。刑法は偶像崇拝、冒瀆、魔術などの宗教的な違反を罰したし、聖職者は人や財産に対する侵害を神に対する侵犯であると宣告した。罪悪と犯罪という二つのカテゴリを自由に混ぜ合わせることで、植民者は信じられないほど長いリストの活動を禁じた。無秩序を罪悪と同一視したために、立法者や聖職者は重大な侵犯と軽度の侵犯を慎重に区別することが難しかった。両方とも、人の生まれながらの堕落と悪魔の力の証拠であり、また侵犯者が公共の脅威であり、おぞましい罪人であることの明白なしるしだった[16]。

持続的矯正の概念は、ごくゆっくりと出現したのであり、社会的世界や自然的世界が単なる所与のものというより変更可能なものとして理解されるようになる、広範な過程の一部として理解されるべきである。したがって、「社会的コントロール」は何よりも既存のかたちでの「逸脱」行為をコントロールする手段だ、というわけではなかった。「逸脱」は実際には、自然に与えられる条件を管理可能なものへ変形することによってもたらされた必要から、大部分作りあげられたものだ。精神障害者や犯罪者の隔離が加速されたのは、これらのカテゴリが困窮一般から区別された時であり、すべてが本質的に変更可能であると信じられるようになったときである。逸脱者のために特別の環境を作りあげることは、治療的な措置を、外部の日常生活の環境に対する規則的なコントロールの維持と統合する手段を提供したのである。

人は矯正可能である、という考えは、社会生活自体が根本的な変化に開かれているという考えに必然的に伴うものであった。初期の刑務所改善者は――後の多くの職業的社会学者のように――犯罪行動につながる条件は、不遇なコミュニティで人々が強いられている悲惨な生活に起因しているということを証明しようとしていた。この条件を変化させることは同時に、支配階級の財産を脅かす人の行為を矯正することにもつながる。「社会生活の悪が」、一八四〇年代にペンシルバニアの役人が囚人を観察して言うには、「囚人の徳と希望を破滅に追いやった」[17]。犯罪の存在は、人間本性の手に負えない部分などではなく、責任ある市民を作りあげる課題を共同体が果たせなかったことが原因と考えられた。適正に組織された社会は、潜在的な犯罪者を誘惑から守り、同時に犯罪活動へ導く環境を減少させる、とされたのである。

刑務所の確立へ導く動きは、当初道徳的配慮によって推し進められていた。刑務所生活での訓練と統制は、一つの道徳教育となった。このような道徳教育は、悪行に満ちた環境から犯罪者を切り離し、社会復帰効果を持つこととなった。感化院は社会改良の実験室となった。しかしながら刑務所生活のルーティーンは、モダニティの社会環境全体において確立されていたルーティーンを誇張したかたちで再現したものであった。これ以後刑務所は、モダニティのすべての他の文脈と同じ意味で実験室になった。つまり、個人の生活の背景として、そして個人のアイデンティティの再構成の手段として、社会組織や変化が再帰的に操作される環境になったのである。

狂気の社会的編入

保護施設の歴史は、刑務所と同様の発展傾向を持っている。犯罪と同様に、狂気は以前の時代には神の意志の産物であると考えられ、精神障害者は共同体からある程度の気遣いを受けるに値する集団の一つであった。精神障害者の鎖を取り除いたというピネルのイメージは、モダニティ全体の勢力をあらわすものとして理解することができるだろう。事実、マルクスをあれほど駆り立てた、解放されたプロメテウスの観念は、啓蒙期からこの方たびたび現れる、伝統や慣習のくびきからの自由として描かれている。狂気は、その他の既存の行動や社会関係と共通した、「開かれた」地平を持つに至った。「精神病」としての狂気の医療化は、この現象の一部でしかない。狂気は身体的な病気であったが、その大部分は社会環境によって引き起こされると信じられ、行動のコントロールが治癒のための主な手段であると考えられた。事実初期の多くの精神科医は、精神病の原因論的な起源を、「文明」自身を含む社会的要因とリンクさせて考えていた。

しかしながら特に重要なのは、精神病が、犯罪と同様に、また特定の状況では、あらゆる人間に降りかかる可能性があるという見解が登場したことである。精神病は、以前には明確には弁別できないものの、困窮に固有の特徴であり、したがって最も恵まれない集団のうちにいっしょくたにされていたのであるが、いまや近代的生活が必然的にもたらすリスクの一つとして見られるようになったのである。「狂気はいかなる生活階級にも属さない。狂気が及ぶ範囲を超えるほど高い階級など存在しない……狂気は君主を退位させ、あばら屋の暗がりを深める」[18]。

保護施設は当初、治療的な目的で設立された。監禁は、そこで施される薬や治療によってのみではなく、環境そのものによって精神の健康を回復することを意図していた。精神病院は、それを囲む社会的コミュニティの欠陥を計画的に矯正する環境を作りだすものと考えられていた。ここでも、病に苦しむ人格を改善しようという道徳的な次元が明らかに見てとれる。刑務所と同様に、規律あるルーティーンの確立および監視の最大化が、この目標を達成する手段であった。精神異常は、狂気と同様に、積極的に社会的無能力として定義された。つまり、外の世界において要求される生活類型に従って生きる能力がない、あるいはそうする意思を持たないということによって定義されたのである。

刑務所についても同じことがいえるが、保護施設に関して目を引くことは、それが周囲のモダニティの社会環境と、かなりのものを共有しているということである。この類似性を規律=訓練そのものに見出したという点では、フーコーは間違っている。刑務所や保護施設に強制的に監禁された者は様々な社会的人格的権利を喪失する。確かにこのことは監禁の中心的な特徴ではある。他方で刑務所や保護施設がより広範なモダニティの枠組みと共有していることは、本質的に非順応的であるように見えるマイノリティにも、再帰的な自己コントロールを発達させるという試みである。どちらの場合でも、道徳的部分はまもなく他の要請に道を譲ることとなった。「治癒」とみなされていたものはその大半の外部性を失い、周囲の社会環境において満足に機能することができ、かつそのような意思を持っているかどうかという点で判断されるようになる。その他の点では、単なる拘禁が支配的特徴となった。監禁は、外の世界にいる者を、マイノリティの行動のうちの矯正不能な異常性から守るには少なくとも役立っているということになる。「逸脱」はモダニティの内的準拠システムの一部として「発明」されたものであり、したがってコントロールの点から定義されるようになったものだ。犯罪や精神異常が一般の民衆に突きつける外的な問題や疑問は、その際徹底的に抑圧された。しかしこれは人格的抑圧ではなく、制度的抑圧である――それは「良心」の強化などを想定してはいないのだ。この抑圧は、潜在的に不安を引き起こしうる問題、価値、行動様式が、社会生活の核となる場から排除されるということである。このように抑圧された問題は、明らかに道徳的、実存的なたぐいのものである。たとえば現在では「精神異常」として分類されるに至った行動のなかに見られたような、日常的現実として通用している以外のオルタナティブな現実の見方が、日々の生活の営みから遠く切り離された、ということである。いったん保護施設が設立されれば、定期的に精神障害者と接触する者はほとんどいなくなってしまう。同様に不可視となっているのは、かつて古い意味での「困窮」を外的な道徳的教訓および伝統と結びつけていたつながりである。刑務所や精神病院は、当初外の世界が注目する見せ物となっていたエキゾチックさを急速に失った。代わりに、モダニティの変容する関係に適合することを狙った技術的矯正の環境となったのである。

病気と死の隔離

現在病院と呼ばれているものは、「困窮」の影響に対処しようとしていた古い組織から、ゆっくりと分化してきたものだ。刑務所や保護施設および近代の医療組織の前身であった「病院」は、先ほどから言及してきたような範囲の人々をごたまぜにしていた。明確に「身体的問題」を持っている人々に焦点を合わせた医療措置が別個の領域として出現したのは、他のかたちの監禁組織を産出したのと同じ過程の一部としてであった。

近代的意味での病院の発展は、医療の専門職化と密接に結びついていた。病院とは、医療技術を集中化し、医学の専門家を養成することを可能にする装置である。とはいえ、刑務所や保護施設の場合と同様、病院はまた通常の社会活動に参加する要件を満たさない者が隔離される場所でもあり、このことはある重大な人生経験——病気と死——を一般人の視野から隠蔽するという点において、似たような帰結を持つのである。前の章で論じたように、前近代的社会では慢性的な病気は多くの人々にとって生活の一部であり、死との接触は多かれ少なかれすべての者の経験のありふれた特徴であった。エリアスは、この主題についてのアリエスの仕事は、おそらく前近代世界における死についていくぶん偏った見方を提示している、と指摘している。アリエスは、前近代においては死はいまだ隠されきっていないゆえに、人々は愛される者によって囲まれつつ、落ち着き払った態度で死を迎えることができた、と論じることが多い。対してエリアスによれば、死の床に他人が居合わせることは必ずしも心地よいものとは限らず、事実、死にゆく者が送る者によって嘲られ罵られることもあったという[19]。このことについての真実がいかなるものであろうと、そして死が根本的恐怖や不安に取り囲まれていようと、当時死は隠蔽されるべき現象ではなかった。

肝心な点は、今日死がふつう視野から隠されているといったことには限られない。それに加えて、死は技術的な事柄となり、その評価は医療専門職の手に引きわたされた、という点が重要なのである。死とは何かということは、いくつかのタイプの身体機能の停止という観点から、どの時点である人が死んだと取り扱われるべきなのかを決定する、という問題になった。死は人間存在の大きな外部でありつづけている。死はそのものとしてはモダニティの内的準拠システムの内部に持ち込まれえない。とはいえ、死の過程へと続く出来事、それに関わるすべての出来事は、内的準拠システムに統合されうるのである。死はゼロ地点となる。つまりそれは、人間存在への人間のコントロールが限界を見出す瞬間に他ならない。

死刑の歴史は、死を純粋な「出来事」へと変換させる方向性の証拠であるといえる。フーコーや他の論者が示したように、死刑は前近代的状況においては、しばしば身体への他の痛めつけの様式を伴った、公衆への見せ物であることが多かった。刑務所の登場とともに、刑罰は「視界の外へ」と移動し、規律＝訓練のかたちをとるようになる。フーコーの分析とよく合致するものの、彼が追究していないことは、刑務所の内部で執行される死刑に影響を与えた変化である。公衆の眼前で執り行われる刑の執行は、ただ単に痛々しいだけでなく、にぎやかで、長々と続くようなものであった。それが、のちの時代には、刑執行をできるかぎり「静かな」過程にすることにもっぱら重点が置かれるようになる。[20] たとえば英国では、最期のイベントにかかる時間を最小限にするために、死刑囚が死刑執行の場所に近接した牢で最後の夜を過ごすよう、多大な配慮が払われた。死刑執行器具を能率的で静かなものにするよう意図された一連の技術的改良が取り入れられた。要するに、死は瞬間的で控えめなものとなった。以後死刑は多くの国で廃止されてきた——これは人道的な動機によって促された改革であるが、しかし同時に、死刑は最終的に社会的コントロールを超えたところに個人を押しやってしまうということを認めた改革でもあった。

情欲の私化

表舞台からのセクシュアリティの退場は、**情欲の私化** privatisation of passion という現象である。情欲はかつて宗教的なエクスタシーと帰依とを指す言葉であった。それはまさに、個人が日常の経験を越えた領域で、宇宙的な力と接触していると感じる瞬間に関わっていた。情欲の概念は後にこのような意味あいをほぼ完全に失い、世俗化され、主に性的な領域に限定されて使われるようになった。一般的で漠然としたエロティシズムはかつてしばしば美意識や、社会化されていない自然の経験と結びついていた。情欲の世俗化は、このような一般的なエロティシズムから「セクシュアリティ」が別個の現象として出現した変化の一環に他ならない[21]。

性行動が完全に開放的にすべての人の注視のもとで行われてきたような文化は存在しない。とはいえ多くの非近代文化や前近代ヨーロッパにおいては、性的活動は他人の目から厳密に隠されてはいなかったということを示す証拠は豊富にある。ある面では、そのような可視性は避けられないものであった。社会経済的に下層の集団にあっては、親と子どもが、しばしば他の近親も一緒に、同じ部屋で寝るということはふつうの習慣であった。居住場所の外で多かれ少なかれ平然と行われる性的活動もまた、いくぶんか一般的な出来事であったと思われる。

セクシュアリティの私化は、ここでも新たな道徳的自制心の出現と結びつけられて考えられるかもしれない。この見地からすれば、セクシュアリティは、それを神の教えに背くものとして非難しつつ、性的なものを汚らわしいとする態度に従属するようになった。フーコーは、このような解釈がいかに誤解を招くものであるかを示してくれた。フーコーによれば、この解釈は次のような物語を与える。

性現象はその時、用心深く閉じ込められる。新居に移るのだ。夫婦を単位とする家族というものが性現象を押収する。そして生殖の機能という真面目なことのなかにそれをことごとく吸収してしまう。性のまわりで人は口を閉ざす。……社会空間においても、各家庭の内部にあっても、承認された性現象の唯一の場は、有用かつ生産的なもの、すなわち両親の寝室である。それ以外は、もはや消え去るほかはない。礼儀にかなった態度が身体を巧みに避け、上品な言葉が言説を洗って白くする。(22)

この種の、大まかにいってしまえばフロイト流の解釈においては、セクシュアリティの私化は抑圧の問題になる――文明化の果実へ私たちが支払わなければならない代償としての抑圧である。フーコーは、彼が「抑圧の仮説」と呼んでいるものに反対したのではなく、それに対して、新たにつくられた公的な場にセクシュアリティを持ち込む言説の拡散に力点を置いた仮説を対置してみせた。

しかし、近代世界においてはセクシュアリティへの関心が強迫的になり、多かれ少なかれ隈なく行きわたったものになる、というフーコーのテーゼは、このテーゼが部分的にとって代わろうとしている考え方よりも説得的であるとは思えない。両方の見解に対する代案を、次のように定式化することができる。近代的な意味あいでの「セクシュアリティ」は、性行動が「表舞台の背後に隠れた」ときに発明された。この時点以降、罪悪感と結びついたエロティシズムが、セクシュアリティと自己アイデンティティおよび羞恥の結びつきにとって代わるにつれ、セクシュアリティは個人の特性、より具体的には身体となった。性行動の隠蔽は、性的なものを汚らわしいものとして視界から消し去ろうとすることというよりも、セクシュアリティを再構成すること、および登場しつつある親密な関係の領域にセクシュアリティの焦点を合わせ直すことであった。性的発達と性的満足はそれ以降自己の再帰的プロジェクトと結びついたものとなった。フーコーがとりあげた様々な「セクシュアリティについての言説」は、再帰的な、内的準拠システムの発展という、より包括的な領域の一部をなすものなのである。

その時セクシュアリティは、人間存在の幅広い欲求に統合された現象ではなく、ルーマンが述べているように「コミュニケーション的コード」となる。(23) 性行動において、快楽と生殖とのあいだにはつねに境界が引かれていた。しかしながら、セクシュアリティと親密な関係とのあいだの新たなつながりが形成されたとき、セクシュアリティは以前よりずっと完全に生殖と切り離されるようになった。セクシュアリティは、自己実現の手段、そして親密な関係の主な手段およびその表現として、二重に構成されるようになった。セクシュアリティはここにおいて、それを囲む伝統や道徳との、そして世代の継承との外的なつながりを失った。セクシュアリティは「経験」にとっての中心問題でありつづける、というより、そうなったのであり、「経験」という言葉は特に性生活に関する意味を持つようになった。とはいえこの「経験」は、ある意味で私たちがセックスをつうじて触れる実存的な領域とは、ほとんど関わりのないものである。

外的自然からの隔離

以上で論じた各々の点において、私たちは道徳的隔離が拡大する過程をたどることができる。表面上は社会的というより「生物学的」であるように見える領域を含め、生活の主要領域は自己準拠性と再帰性の二重の衝撃にさらされるようになる。実存的問題は制度的に抑圧され、同時に新たな機会の領域が社会活動および個人の発達のために創出される。経験の隔離はある意味で、道徳的および美的な領域が技術的知識の拡大によって分解したといわれる文化の不自然な結果である。とはいえ、それはかなりの程度、内的準拠システムが外的基準とのつながりを失ったモダニティ特有の構造化過程の意図せざる結果でもある。

これまでに言及してきた過程に、創出環境の発展をつけ加える必要がある。モダニティの立場は自然を道具的なもの、つまり人間の目的を実現する手段として扱うことだ、と主張することがふつうになっている。このような見解の出典はマルクスその人に他ならない、と言われている。近代社会の生活のラディカルな批判者であると思われているこの人物は、その実モダニティに最も深く内包されている特質に同調的だ、というわけだ。この告発は確かに有効である。マルクスは資本主義の批判者であり、彼は資本主義を、近代産業を組織するうえで本質的に非合理的な手段であるとみていた。だが彼は生産力の拡大を人類にとって価値ある未来への鍵であると考えていた。マルクスの、とりわけ初期の著作には、自然および自然と人間の願望との関係に関する、より精妙な見解を示唆するような文章も存在する。とはいえ全体としてマルクスの説明の傾向は道具的なものであり、この点に関しては、マルクスは西欧知識人の思想と文化の批判者であるというよりは、その思考の支配的な方向性に適合的なのである。

しかしながら、問題をここで終わらせてしまってはならない。問題なのは、モダニティの到来以降、人間は自然を人間の目的に資するための不活性の力として取り扱っているということだけではない。というのも、この言い方は、自然は人間社会の領域から分離した領域であるという含意をまだ持っているからである。先に強調したように、創出環境の発展――あるいは同じことであるが、自然の社会化――は、これよりもずっと深い意味を持つ。自然は、自然世界がますますモダニティの内的準拠システムによって組織されているという意味で、「終焉を迎え」はじめている。モダニティにおいては、人々は二重の意味で人工的な環境に住んでいる。第一に、大多数の人が住む、作られた環境が広がっているために、人間の生活場所は自然から切り離されてきており、その自然も今や「田舎」とか「未開地 wilderness」といったかたちで存在しているに過ぎない。第二に、自然に起こる出来事が社会的力によって規定されたシステムにいっそう引き入れられるに従い、深い意味で、自然は文字どおり存在することをやめるのである。

前者の要素についていえば、私たちは、人間の生活が人間によって作られた場所で展開されるかぎりでそれは自然から切り離されている、ということができる。都市において「自然」は丹念に保護された緑地帯としていまだに存在しているが、その大部分は公園、保養地その他として人工的に構築されたものだ。庭園が掘られ、木々は手入れされ、観葉植物が育てられる。だがこれらすべては端的に創出環境の一部なのであり、人間による加工のみではなく有機的過程に依拠しているというかぎりで「自然」であるというに過ぎない。近代都市はこれまでに存在した最も広大で濃密な人間活動のための人工環境である。田舎を訪ねたり未開地を歩いたりすることは、「自然」に近くありたいという欲求を満足させるかもしれないが、ここでもまた「自然」は社会的に調整され飼い慣らされている。「未開地」の概念は近代社会の発展の初期段階において目立つようになってきたものだ。厳密にいえば、それは西洋近代人によっていまだ開拓されていない、いまだ知られていない自然世界の領域をかつては意味していた。未開地はしかし、今やおおよそ、何らかの理由から単に開拓や居住が行いにくい場所、あるいは単純に保養の目的のために保護されているような場所を指すものとなっている。

第二の意味では、自然はさらに根本的に人間の営みから隔離されている。自然はますます人間の介入に服しており、その結果、まさにその外的準拠点としての性格を失ってきている。このような意味での自然の隔離はより微妙なものであるが、先に述べた第一の意味での隔離よりももっと広く浸透しているものである。というのも、自然は――昼夜や季節の移り変わり、気象条件の影響というかたちで――いまだに「存在している」ように思えるからだ。人間の活動がいかに道具的に順応させられていようが、それは人間活動の必要な外的環境なのだ、というわけである。しかしこの感覚は見かけだけのものだ。自然は、社会化されてきているゆえに、近代的制度の影響下にあるすべての場所において、未来の植民地化のうちに、また近代的制度によって創出されたリスクが支配する、部分的に予測不可能な領域のうちに、引き入れられているのである。

経験の隔離の影響とは、いったいどういうものなのだろうか？　このことについては第六章以降でさらに詳しく述べていくことにして、この時点では二、三の一般的な注釈で十分であろう。経験の隔離は、近代という状況下において、日々の生活の相対的な安心を幅広く確立するための条件である。その効果は、すでに述べたように大部分を近代的制度の発展の意図せざる結果とみなされねばならないが、いわば脇に押しやられた人間生活の基本的な道徳的・実存的構成要素をまとめて抑圧することである。

しかしながら、道徳の隔離が示している制度的抑圧は、心理的抑圧とは異なる。つまり、その抑圧はフロイトが示唆するたぐいの、厳格になっていく良心の内在化によるものではない。それとは対照的に、繰り返しになるが、自己アイデンティティの「開かれた」性質と結びついた羞恥のメカニズムが実質的に罪悪感のメカニズムにとって代わるようになる。

相対的に安心な日々の生活環境を作りあげることは、存在論的安心の感覚の維持にとってひじょうに重要なことである。言い換えれば、存在論的安心は何よりもルーティーンそのものによって維持されているのだ。近代的社会環境においては、日常生活は前近代文化一般におけるよりも多くの点でコントロールされ予測可能になっているが、存在論的安心の枠組みは脆弱なものになってきている。ルーティーンが自己の再帰的プロジェクトのうちで組織されるようになるにつれ、保護被膜はいよいよルーティーンそのものの一貫性に左右されるものとなる。日々の生活の広範な局域は、抽象的システムを通して組織されており、マックス・ウェーバーのいう「計算可能」な行為環境を提供するという意味では、安心である。とはいえ、この種の安心をもたらしてくれるルーティーンそのものは、たいてい道徳的意味を欠いており、「空虚」な習慣として経験されたり、あるいは抗いがたいもののように見えることもありうる。何らかの理由でルーティーンが崩壊した場合、あるいは自らの自己アイデンティティに対する再帰的コントロールを拡大しようとする場合には、実存的危機が生じるだろう。個人は特に運命決定的なときに、喪失状態にあると感じてしまうことがある。というのも、そのようなときには、道徳的・実存的ジレンマが差し迫ったかたちで姿を見せてくるからである。個人はいわば、抑圧されたものの回帰に直面するのであるが、このような状況において課された問題に対処するための心的・社会的資源に恵まれていないことが多い。

他の種類のモダニティの社会的発展過程と同じであるが、経験の隔離を包括的で同質的なものと理解することは間違いであり、現実にそうなっているわけでもない。経験の隔離は内的に入り組んでおり、矛盾を投げかけ、また再専有の可能性をも産み出すものである。強調しなくてはならないが、隔離は一回きりの現象ではなく、また軋轢のない境界を意味しているのでもない。抑圧が行われる現場、その排他的な性質は通常ヒエラルキー的な差異化と不平等を内包している。隔離された経験の境界は、緊張とうまく統制されていない力に満ちた断層である。別様に喩えれば、それはときには直接に社会的な、しかし多くは自己の心理領域のなかの、戦場なのである。

私たちはまた、媒介された経験の影響についても考える必要がある。特殊な専門家以外の人にとっては、死や深刻な病気との接触はまれと思われるが、媒介された経験としては、そういった経験はありふれたものである。フィクションやドキュメンタリは、暴力、セクシュアリティ、死の描写に満ちている。こういった事柄が登場する場面に精通している度

日々の社会生活は以下のものから隔離されるようになる。

狂気：日常的な存在論的安心の態度によって「括りだされる」経験に触れる人格・行動特性の表れ。
犯罪：ルーティーン的な関心と営みに「対抗する」ものを表象する人格・行動特性の表れ（もちろんすべての犯罪行為がこのカテゴリに収まるわけではない）。
病気と死：社会生活と、死の必然性と有限性に関する外的基準とのあいだを結ぶポイント。
セクシュアリティ：個人と、世代の継続性のあいだを結ぶつながりの一つのかたちとしてのエロティシズム。
自然：人間の社会活動とは独立に成り立っているものとしての自然環境。

図3　経験の隔離

合いは、多様なメディアの幅広い影響によって、前近代的社会状況よりも事実上大きくなっていると言っていいかもしれない。多くの大衆芸術は本質的に道徳的訓話であり、そのうちで物語が紡がれ、道徳的秩序が組み立てられる。この種の虚構的世界は明らかに、部分的には日々の生活の世界にとって代わるものである。とはいえ、媒介された言語やイメージによって、そのような媒介手段がない場合を遥かにしのぐ、多様で遠い世界におよぶ経験ができるのだ。したがって、実存的感受性は単純に希薄化され喪失されるわけではない。ある程度は、それは新たな経験領域が開かれてくるにつれて豊富になることさえあるだろう。

全体としてみれば、媒介された経験は

隔離を克服するのに役立つというよりは、確実に隔離を推し進めている。ドラマのような「虚構的リアリズム」に魅了されることは、日常生活の堕落した道徳への関心を表している。しかしその種の関心は、かつて埋め込まれていた外部からの日々の生活の分離を強化してしまう傾向を持つ。個々人が――運命決定的なときのように――実存的要請に直面させられる際には、彼らはショックと、現実の反転を経験することが多い。現実の反転は、実に、このような重大な局面において押し寄せる不安を軽減する心理的反応――無意識の中和装置――として機能するかもしれない。

ナルシシズムと自己

セネット：ナルシシズムと性格障害

これまでの節で、後期モダニティにおける自己発達は、道徳が大部分失われた状況において行われるということを私は示唆した。日々の生活の課題、あるいはより長期的なライフプランニングを実存的問題に結びつける鍵となるような経験から隔離されているゆえに、自己の再帰的プロジェクトは道徳が欠落した状態を背景として営まれることになる。このような状況では、新たに登場してきた純粋な関係性の領域が個人の生活の発展のための道徳的見返りを生み出す経験の領域として重荷を背負わされるようになる、ということはさほど不思議なことではない。この現象は、御しがたい外部世界に直面して自己アイデンティティが防衛的に収縮していることを表しているのであろうか？　確かにそのように述べている著者もいる。彼らが影響力を持っていることを考えれば、その見解についての詳細な吟味が必要になるだろう。

近代社会における自己は、壊れやすく、脆く、分裂し断片化されている――このような考えはおそらく自己とモダニティについての最近の議論において目立った見方である。このような見解のうちには、理論的にポスト構造主義に結びついているものもある。社会的世界が文脈依存的、拡散的になるにつれ、自己も同様の道をたどる、というわけだ[24]。事実、ポスト構造主義の著述家にとっては、自己は実質上存在することを止める。唯一の主体は脱中心化された主体であり、その主体は自らのアイデンティティを言語や言説の断片のうちに見出す、ということになる。同程度に影響力を持っている見方として、ナルシシズムに焦点を合わせたものもある。たとえばセネットは、公共生活の崩壊についてのテーマとの関連で「ナルシシズム的な性格障害」の出現を論じている。公共的活動の領域が収縮していき、都市が開かれた邂逅の場ではなく通路によって構成されるようになるにつれ、自己は自らがうまく対処できないような課題を引き受けるように要求される、というものだ[25]。ナルシシズムはうぬぼれといった俗な観念と混同されるべきでない、とセネットは言う。性格障害としてのナルシシズムは、個人が自己と外的世界とのあいだに有効な境界を確立することを妨げるような自己への没頭なのである。ナルシシズムは外の出来事を自己の欲求および欲望に結びつけ、「私にとってこれが何を意味するか」ということしか考えない。ナルシシズムは自己アイデンティティをつねに模索しようとするが、これは挫折したままに留まる試みである。というのも、「私は誰か」という絶えることのない追求は、実現可能な探究というよりも、ナルシシズム的な没頭の表れであるからだ。ナルシシズムは、親密な関係を維持するために必要なコミットメントと対極的な位置にある。コミットメントは、自己実現の探究において必要な多くの経験を試すために個人が持っている機会に制限を加えるからである。ナルシシズムは官能を他者とのコミュニケーションと結びつけるのではなく、身体を官能的満足の道具として扱う。ナルシシズムの影響のもとでは、社会的世界との広範な結びつきと同様に親密な関係も、本来的に破壊的な側面を持つ傾向にある。このような人物の活動の地平は、満足を絶間なく模索しているにもかかわらず、というより満足を模索しているがゆえに、寒々とした、魅力のないものになる。同時に個人の尊厳や市民的義務の感覚もすべて霧消する傾向にある。信実性が尊厳の代わりとなる。つまり、行為を良きものにしているのは、それが個人の欲望にとって信実的であり、そのようなものとして他者に示すことができるということなのである。

セネットによれば、公共空間が「死んだ」という事実は、ナルシシズムが広がった理由の一つである。人々は公共領域で拒まれたものを個人的生活において模索する。この状況の制度的起源は、伝統的権威の失墜と世俗的・資本主義的な都市文化の形成にある。資本主義は差異化された（そして開拓された）欲求を持つ消費者を産みだす。世俗化は道徳的意味を直接的な官能と知覚へと縮小する効果を持つ。「個性 personality」が、啓蒙時代初期の自然な「性格 character」への信仰にとって代わる。個性は人々を差異化し、行動を内的自己の手がかりであると示唆する。人格発達を見ても、行為の合理的コントロールではなく感情こそが自己アイデンティティの形成において肝心なものとなる。社会生活に個性の概念が入り込むことによって、親密性原理による支配の地盤ができあがる。それ以降、社会的アイデンティティへの果てしない強迫的な没頭が優勢になり、社会的紐帯や関わりはますます後退する、ということになる。

今日、非個人的体験は無意味に、また社会の複雑さは手に負えない脅威のように思われる。対照的に、自己について語り、自己を明確にするのに役立ち、自己を発展させ、あるいは自己を変える体験は、圧倒的な関心を得るようになった。親密な社会では、あらゆる社会現象が、いかに構造的に非個人的なものであろうとも、意味を持つためには個性の問題に変えられてしまう。(26)

ラッシュ：ナルシシズムの文化

近代的自己に関するナルシシズムのテーマは、クリストファー・ラッシュによってより徹底的に探究されてきた(27)。ラッシュは特にこの現象を近代社会生活の終末論的性質に関係づけている。グローバルなリスクは近代的制度において十分に認められたものになっているので、日々の行動のレベルでは、潜在的な大規模災害をいかに避けうるのかということは、もはやあまり考えられなくなってしまっている。大半の人はそういった可能性を生活から閉め出し、私化された「サバイバル・ストラテジー」に集中し、より大きなリスクのシナリオを覆い隠す。自分を取り囲む社会環境をコントロールできるという希望を断念することで、人々は純粋に個人的な関心事、心的・身体的な自己改善にひきこもってしまう。ラッシュはこの状況を歴史の消失に、つまり過去に遡り未来へと続いていく世代のつながりに属しているという意味での歴史的継続性の喪失に、結びつけている。こういったことを背景として、人々は心的安心と――恐ろしくつかみ所のない――幸福の感覚に飢えているのだ。

ナルシシズムはうぬぼれと同様に自己嫌悪にも関係がある、という点でラッシュはセネットと一致している。ナルシシズムは幼児的な怒りに対する防衛であり、特権的な自己による空想上の全能感をもって補償しようという試みである。ナルシスティックな人格は他者の要求にはただぼんやりした理解しか示さず、尊大さの感覚が空虚さと非信実さの感情とせめぎあっている。他者との十分な関わりを欠いているため、ナルシシストは、不確

かな自己価値を支えるために、絶えず称賛され、承認されることを必要としている。ラッシュによればナルシストとは、

慢性的に退屈し、たえず刹那的な親密性――深く関わりあったり、頼ったりすることはなく、気持がうきたてばそれでいいのだ――を求め、乱交に走り、汎性的にさえなる。そうして、前性器的な衝動、エディプス的な衝動が攻撃欲を高め、多種多様な不純な行為へかりたてていく。自分がかつて内面化した悪いイメージも、ナルシシストを健康についての慢性的不安におとしいれる。つまり、そのヒポコンデリーのおかげで、次にはセラピー、セラピーグループやセラピー運動に心がひかれるようになっていくわけだ。(28)

セラピーとの出会いは、これらの症状を軽減するどころか、ただ単に引き延ばしてしまうことがしばしばある。なぜならセラピーにおいては個人が反省や関心の中心点となるように促されるからである。

消費資本主義は、消費を標準化し広告を通じて趣向を形づくっていく営みをもって、ナルシシズムを強化する役割を果たしている。教養と分別を備えた公衆を生み出すという観念は、「みてくれだけで事が決まってしまう社会」としての消費主義の浸透に長いあいだ

屈してきた。消費は近代の社会生活の疎外された性質に訴えかけ、その解決たることを主張する。それは「うってつけ」の商品やサービスの消費を通して、まさにナルシシストが望むもの――魅力、美貌そして人気――を約束する。このため私たちはすべて、近代的社会状況においては、鏡に囲まれて生活しているようなものである。このなかで私たちは汚れのない、社会的に価値のある自己の姿を模索するのである。

人間関係のレベルでは、親密な関係への新たな探究が登場している、という点についてはラッシュも同意している。しかしながら、個人の関心を親密な関係の達成へと導いた環境そのものが、親密な関係の獲得を不可能にしている。自己を支えてくれるもの以外には真剣に関心を抱くことができないゆえに、親密な関係の追求は不毛な営みに終わってしまう、というのだ。個人は他者との親密なつながりから、以前よりも増して情緒的満足と安心を得ることを要求する。他方で彼らは、ナルシシスティックな自我防衛の維持に必要な孤立を発達させる。ナルシシストは恋人や友人に過度の要求をするようになるが、同時にこのことが意味する「他者への献身」を拒否してしまうのである。

ラッシュによれば、家父長制家族、さらには家族一般の衰退はナルシシズムの出現と密接に関わっている。古くからの「家族の権威」、そして伝統的主導者や賢人の権威に代わって、専門知識崇拝が登場した。新しく登場した専門家は、ナルシシズムのセラピー文化にとって本質的なものである。「新しいパターナリズム」が現れ、そこにおいてはあらゆるタイプの専門家が素人の欲求に奉仕している。近代的な専門知識の多くは、純粋に感じられた欲求の充足から出てきたというわけではない。多くの面で、新しく登場する専門家が、自らが満足させると主張している欲求を作り出しているのだ。専門知識への依存は生活の一様式となる。ここでも私たちはナルシシズムと関わっている。というのもナルシシスティックな人格は幼児的依存への防衛に起源を持つからである。近代社会においては、依存は成人生活の大半の領域にまで及んでいるがゆえに、結果として生み出された無力感への反応としてナルシシズムが強まってきた、というわけである。

ラッシュは、後に続く著作においては彼の最初の立場を精緻化し、いくぶんかは修正している。浸入し攪乱してくる外的世界のなかでのサバイバルのテーマが強調されるようになる。サバイバルは、平和運動やエコロジー運動などの社会的ネットワークの関心事であるだけでなく、日々の生活を送る一人ひとりの共通の関心事である、とラッシュは力説する。現代においては、サバイバルが最重要視されるようになる。しかしながら、サバイバルの問題を喧伝することはそれ自体ほとんどルーティーンの一部になっているが、この喧伝によって個人のレベルでは無気力的反応が生み出されてしまう。人類が今現在直面しているリスクを劇的に表現することは必要な企てであり、そのことによって促される社会的圧力や社会運動の一部は未来に対する私たちの最良の希望である。とはいえ絶えず終末論を語ることは、活力を与えるというよりは麻痺を伴う強迫観念を生み出してしまう。ラッシュは以前「ナルシシズムの文化」と呼んだものを後に「サバイバリズムの文化」と名付けるようになる。近代生活は、ひじょうに大きな逆境に直面することを強いられた個人の戦略に基づいてますますパターン化されるようになる。そこでは外的世界から防衛的に切り離された「最小限の自己 minimal self」のみが存在している。過去への無気力、未来の放棄、その日暮らしをしようという決断――このような態度が、個人がほとんどあるいはまったくコントロールできないと感じている影響力によって支配された状況におけるふつうの生活となってしまった。

批判的考察

セネットとラッシュの見解は一部では賞賛され、一部では批判されてきた（ラッシュもセネットには批判的である）。ここではこの論争をたどるつもりはないが、これまでこの本で展開してきたテーマと直接関連している側面にだけ集中してみていこう。私はすでに、モダニティの初期の局面において顕著であった公的領域が後になって根絶され、個人を複雑で圧倒する社会的世界へとさらしたままに残してしまった、という考えには異議を唱えた。困難や逆行を伴っているとはいえ、公的領域の拡大は、個人がそれに実際に参加する可能性とともに、全体としては近代的制度が成熟するにつれて進行してきたということができる。これは単線的な発展ではない。私事本意privatismは疑いなく、場所の分解と移動の増大の帰結として、ほとんどの近代都市生活の特徴となっている。他方で近代都市生活は、より伝統的な共同体においては不可能であったやり方で、公的な、コスモポリタンな生活の発展を許容するのである。(29)というのも、モダニティの都市的環境は、個人が自分と類似した関心を持つ他者を探しだし、彼らとの関係を形成するための多様な機会をもたらし、さらに、一般的に多彩な関心や探究を開拓するチャンスをより多く提供するからである。

広い意味での「公的」な生活に限れば、近代初期においては人口の大半が、政治・経済どちらの領域にも参加する権利をほとんど持っていなかったということを想起しておくべきだ。古典的な資本主義的労働契約においては、労働者は工場の門をくぐる際に自らの労働力に対するコントロールをすべて断念した。組合を結成する権利、労働運動によって獲得された可能性のほとんどは、ひじょうに長い時間をかけてはじめて発達してきたものだ。同様に、地方および中央政府への実質的な政治参加の権利も、獲得までには長期におよぶ闘争を必要とした。他の分野における集団的運動——たとえばほとんどの近代社会に存在している多様なセルフ・ヘルプ組織など——もまた活発な苦闘によって長い時間をかけて形成されたものだ。むろん、これらすべてにはセネットやラッシュが着目しているような別の側面もある。恣意的権力を拡大させてきた官僚組織や、日常生活に対する個人のコントロールを押し流してしまう商品生産の力などである。しかしこれらの趨勢とて抵抗に遭わないわけではないし、「官僚制的資本主義」にしても、これらの著者たちが考えているよりは、内的にはもっと流動的で矛盾を含んでいるものである。

ラッシュの著作や、それと似たような文化診断を下している者の仕事には、人間行為主体についての不適切な説明を見出すことができる。個々人は外的社会の圧倒的な強制力に対して本質的に受動的なものとして表れているし、行為のミクロな舞台装置と、より包括的な社会的勢力とのつながりについて、誤解を招きやすいあるいは間違った見解が採用されている。モダニティとの関連で行為を適切に説明しようとするなら、三つの課題を達成しておく必要がある。行為の説明は、以下をふまえておかなければならない。(1)ごく一般的なレベルでは、人間行為主体は決して行為の外的な状況を受動的に受け入れているのではなく、多かれ少なかれ状況を持続的に反省しており、自らの具体的環境に即してそれを再構成している。(2)集団的な地平でも個人の場合でも、特に近代的状況においては、社会生活の再帰性の増大の結果として広大な集団的専有の領域が存在している。(3)行為のミクロな環境が柔軟性を持つ一方で、より大規模な社会システムはコントロールしにくい背景的環境を形づくっている、というふうに論じることは妥当ではない。これらの点をもう少し詳しく見てみよう。

すべての人間行為主体は社会的世界に対して専有する立場に立っていること、社会的世界を自らの行為において構成し再構成しているということ、このことを理解しないならば、私たちは経験的なレベルで人間のエンパワーメントの性質を把握し損ねることになる。近代社会生活は個人の行為を貧弱にするが、新たな可能性の専有を促進する。近代社会生活は疎外的なものであるが、同時に人間が、自らが抑圧的であると感じた社会環境に対して反抗するというのもその特徴なのである。後期モダニティの制度は、機会と重大な結果をもたらすリスクとが混じり合った世界を創り出す。しかしこの世界は介入に抵抗する透過不可能な環境をなしているわけではない。抽象的システムが日々の生活に深く貫通している一方、これらのシステムに反応することで個々人の活動は無限の範囲の社会関係へとつながっていくのである。

多様なかたちの依存——あるいはより穏便に表現すれば、信頼——は、抽象的システムを通じた日々の生活の再構築によって育まれる。抽象的システムのなかには、グローバルに拡張していくなかで、一人たりとも総体をコントロールすることができず、結果をひじょうに予測しにくいような社会的影響力を生み出したものもある。とはいえ多くの点で、専門家システムの拡大は伝統文化におけるよりもはるかにしのぐほどの再専有の可能性をもたらした。

例として、家族生活において現在起こっている、純粋な関係性の出現に伴う変化を取りあげてみる。ここではジュディス・ステイシーの著作が証明の素材になる。(30) 彼女が例証しているように、伝統的な家族のパターンの崩壊を、その変化が含むすべての脅威とリスクとともに経験するなかで、個々人は新たな社会的領土を能動的に開拓し、家族関係の革新的形態を構築している。ステイシーの調査は、混乱した、急速に変化している社会環境――すなわちカリフォルニアのシリコン・バレー――を背景にして行われた。彼女の研究はそれ自体高度に再帰的なものである。研究に関わった人物は著者との長期にわたる会話に登場してきたし、自分自身へのインタビューやテクストそのものに対する彼らの見解が調査報告の鍵となる部分を形づくっている。

ステイシーの研究は、彼女の言い方を借りると「生活し、恋愛し、仕事をし、また悩んで」いるシリコン・バレーの労働者階級の人々の二つの大きな親類ネットワークについてのものである。近代的婚姻は、伝統的なそれとは違って、長続きする自発的コミットメントに依拠している、と彼女は指摘する。世話をする子どもの数も以前よりは減少したし、家庭の内外での男女の分業も曖昧になってきた。婚姻関係が作られ、維持される社会環境も不安に満ちた、不確定なものとなってきた。その結果、確かに悩みを感じ、難問を抱えている人が多くなっている。ラッシュによって描かれたような日々の「サバイバル」への関心は、ステイシーの研究に登場する個人の生活からも十分に見出すことができる。とはいえ、同時に、このような様子はかならずしも閉じられた世界への自己のひきこもりを推し進めているのでもないし、おそらくそれが典型的な帰結であるわけでもない、ということも十分すぎるほど明らかだ。

ステイシーは対照的に、既存のかたちの家族生活の残骸から、いかに個々人が新たなかたちのジェンダー関係や親類関係を活発に再構築しているのかを示している。そのような再構成は単純にローカルなものであるのではなく、また些細なものなどでもない。そこで起こっているのは本質的に、当事者によって導かれている、大規模な制度的再構成なのである。もはや古いジェンダー分化によっては組織されていない「組み替え家族 recombinant families」が創出されつつある。離婚は、過去の存在様式と未来の存在様式とのあいだに亀裂を作りだすものというよりも、新たなパートナーと以前のパートナー、生物学的な子どもと継子、友人と他の近親者とを一緒に引き込むネットワークを創出するための資源として動員されるようになる。ステイシーの仕事に例示されるような研究では、個人は外側の社会的世界から撤退するものとしてではなく、それと大胆に関わっていくようなものとして登場し、ナルシシズムは明確には現れてこないのである。

ラッシュによる「現代のナルシシズム的人格」の描写をもう少し詳細に見てみよう。「病的ナルシシズム」の特性は、明確なかたちで「現代ではごくありふれていて、巷に氾濫している」とラッシュは言う。[31] ナルシシズムは「誇大な対象イメージを不安や罪悪感に対する防衛として取り込むこと」である。[32] それは見捨てられるという恐怖に対する防衛の手段として発達した反動形成である。ナルシシストは内在化された厳格な良心、すなわち罪悪感によって支配されていない。彼らはむしろ、他者による称賛を欲しているが親密な関係は拒んでいるような、「衝動に支配された、混沌とした性格」の持ち主である。ナルシシストは「遍在する空虚感と自己尊重の根深い混乱」に苦しんでいる。ラッシュの見解では、ナルシシズムは近代世界の脅威に適応した防衛戦略なのである。ナルシシストは過去と未来の両方に対する関係を閉ざし、現在世界にある危険と、「すべてが終わりを迎えるかもしれない」という恐怖に対する反応として、過去と未来を心理的に「破壊」するのである。

驚いたことに、ラッシュはナルシシズムについてふつう理解されている重要な要素にはほとんど触れていない。すなわち自己と身体との関係である。ナルシスの物語は自らの外観への崇拝に関するものであるし、人格の特性あるいは類型に関する多くのナルシシズム論においても、個々人が持つ自分の身体的外観への関係こそが基本的なものとみなされてきた。食事、服装、表情その他の要素への配慮を通した身体の開拓は、現代社会生活におけるライフスタイル活動に共通した性質である。これらの関心は、どの程度ナルシシズムを表しているのであろうか？　この章とそれ以前の章での分析が答えの基礎である。身体はもはや単に「受容」され、養われ、伝統儀礼に則って飾られるものではありえない。それは自己アイデンティティの再帰的プロジェクトの核心部分となるものだ。したがってリスク文化において身体の発達に絶えず関心を持つことは、近代社会の行動の本質的な部分をなす。すでに強調しておいたように、身体をいかに活用するかの決定は、ライフスタイルの多様な選択肢からなされねばならないとはいえ、代替案のうちから決定するということ自体は選択肢とはなりえず、自己アイデンティティの構築にとって本質的な要素なのである。身体に関するライフプランニングはしたがってナルシシスティックであるとは限らず、ポスト伝統的社会環境においてはふつうのことである。自己アイデンティティの再帰性についての他の側面と同様に、身体設計は外的世界からの防衛的撤退などではなく、むしろ外的世界への関与であることが多いのである。

臨床用語におけるナルシシズムは、部分的には近代社会生活が原因となっている他のいくつかの身体病理のうちの一つとみなされるべきである。人格の歪みとしてのナルシシズムは、基本的信頼の達成が失敗することに起因する。このことは幼児が自分の主な養育者の自律を十分に認識することができず、自分自身の心的境界を明確に分離できないような場合においては特に当てはまる。このようなケースでは、自己価値の万能感は容易にその反対物、空虚感および絶望感と交互に表れることが多い。このような特性は、成人期に持ち越された場合、特に自尊心の維持のために他者に神経症的に依存しがちになり、そのくせ他者と効果的にコミュニケートするには不十分な自律しか有していないようなたぐいの人物を生み出してしまう。このような人物はモダニティの生活環境が内包するリスクへの配慮とうまく折り合いをつけていくことができない。ゆえに彼らは、人生の偶然をコントロールするための手段として、身体的魅力、そしておそらく人格的魅力の開拓にいそしむことになる。ナルシシズムの核にある力学は、以上の議論を追っていくと、罪悪感ではなく羞恥として理解することができる。ナルシシストが対処しなくてはならない、尊大さと無価値感とが交互にやってくる感情は、本質的に羞恥によって圧倒されやすい脆弱な自己アイデンティティへの反応なのである。

後期モダニティにおけるナルシシズムの広がりを評価する際には、ラッシュが頻繁に言及する、商品化されたイメージの世界を、個人の実際の反応から注意深く区別しなくてはならない。上で考察してきたように、ラッシュの説明においては、個人は――この場合広告が与える輝かしい幻想に対する――多くの場合受動的に反応する存在として現れる。消費資本主義制度に直面しての受動性と依存性は、ラッシュが最も強調するところである。しかしながら商品化する力は疑いなく強力であるとはいえ、影響を受ける人々が無批判にそれを受け入れることは稀なのである。

セラピーの使用

結論として、ラッシュが、自ら精神分析理論を使用しているにもかかわらず、専門家への依存の一形態として主に批判的に見ていたセラピーの問題を簡潔に振り返ってみることにしよう。この問題について、ラッシュの見解を直接に考察するのではなく、フィリップ・リーフが有名な一連の著作のなかで打ち立てた類似の見地の方を見てみることにしよう。[33]リーフはセラピーを、世俗化、そして伝統的宗教の弱体化が生み出した道徳的欠乏と彼が呼んでいるものに伴って登場してくるものだ、としている。彼が「セラピー的コントロール」と呼ぶものは、宗教が拘束力のあるガイドラインを与えてくれない状況において、ある程度の「適度な社会的機能」を維持するように作用する。かつて人は、もし不幸であったなら教会の慰めを求めた。現在では人は最寄りのセラピストのところへ足を運ぶ。セラピーによって、人は「狂気の世界にいながら正気の自己に、核分裂の時代にいながら整った人格に」なろうとし、「騒々しい変動に対して物静かな返答」をしようとする。[34]セラピーは高度な道徳感覚なしに、自信にあふれた旺盛な人物を作り出そうとする。セラピーは持続する適度な幸福感と引き替えに、人生の偉大な謎を省略してしまう。リーフの言葉でいえば、「肝心なことは、前進しつづけることなのだ」。[35]

このような見方はある程度は妥当なのだが、大幅に修正する必要がある。まず何よりも、セラピーは以前の時代の「権威」、とりわけ宗教的権威を反復しているのではないということを念頭に置いておくべきである。セラピーには権威的なバージョンなどない。先に指摘したように、セラピーを求める人は誰でも、かぎりなく多様な学派、実践、哲学に直面するのであり、それらの多くは互いに根本的に対立するものだ。もし古典的精神分析がセラピーの方法についての知的論争において卓越した場所を占めているとしても、それはフロイトの天分への賛辞になりこそすれ、精神分析という一つのセラピーの方法が実際に他の方法より正当で効果的であると全般的に認めることになっているわけではない。したがってセラピーとは、より伝統的な社会あるいは伝統的な道徳の代わりとなる現象なのではなく、ハイ・モダニティが生み出すジレンマや習慣の具体的な現れなのである。

セラピーは不満を持つ個人を欠陥のある社会環境へと適応させる手段に過ぎないのであろうか？　それは前近代の環境における深みのある営みを、世俗的な文脈でかろうじて置き換えているようなものに過ぎないのであろうか？　セラピーが甘やかしになりうること、そしておそらくナルシシスティックなひきこもりを促すものになりうるということは、否定すべくもない。多くのセラピーは時間と金を要する。セラピーはある意味では、恵まれた人たちの洗練された気晴らしである。

とはいえセラピーは、こういったことにはとうていおさまりきれないものでもある。[36] セラピーは自己の再帰的プロジェクトに深く埋め込まれた専門家システムである。それはモダニティの再帰性に伴う現象なのだ。精神分析というかたちで、セラピーは人格の病理と闘う手段として発展してきた。それは「病い」と「治癒」のレトリックの周辺に形成され、様々なかたちのセラピー——古典的精神分析を含む——の治療方法は激しい論争の対象でありつづけている。しかし後期モダニティにおけるセラピーの重要性は、こういった方向にはない。セラピーは本質的にライフプランニングの方法論として理解・評価されるべきものだ。今日の「有能な人物」とは、進んだ自己理解を持っているだけでなく、現在の関心と未来のプロジェクトを過去の心理的遺産と調和させることができるような者を指す。セラピーは単なる適応のための道具ではない。一般的な再帰性の表れとして、セラピーにはモダニティがもたらした混乱と不確実性が完全に現れている。同時に、セラピーは後期モダニティの秩序に特徴的な、あの機会とリスクが交錯する状況に一役買っている。それは依存と受動性を促進するかもしれない。しかしそれは関与と再専有を可能にするものでもある。

とはいえ、セラピー的営みは経験の隔離とモダニティの内的準拠システムを背景に行われるものである。すべてではないが、多くのセラピーが何よりもコントロールを目的としているということも驚くに値しない。そのようなセラピーは自己の再帰的プロジェクトをただ自己決定としてのみ解釈するのであり、それによって人生を外的な道徳的配慮から切り離すことを追認し、強化しさえするのである。

第六章　自己の苦難

ハイ・モダニティにおける自己は、最小限の自己ではない。そうではなく自己を取り囲む広範な安心の領域の経験は、わずかに、あるいはあきらかに動揺しつつ、一般的な不安の源と交錯している。落ちつきのなさ、不吉な予感、そして絶望の感覚は、個人の経験において、何らかの社会的・技術的な枠組みの信頼性に対する信仰と混ざり合っていると考えられる。これまで行った分析をふまえ、このような感情の源について考察してみよう。

リスクと懐疑の影響

根源的懐疑は、少なくとも背景的な現象として、日常生活のほとんどの場面に浸透している。素人の行為者に限っていえば、このことの最も重大な帰結は、対立する複数の抽象的システムからもたらされる矛盾する主張のあいだで舵取りをしていく必要が出てきた、ということである。しかしこのことはおそらく、もっと漠然とした心配をも生み出している。わかりやすい信仰に執着すること――特に包括的なライフスタイルを提供する信仰に執着すること――は、このような不安を和らげてくれるかもしれない。だが原理主義を信仰する者のなかでも最も原理主義的な者でさえ、根源的懐疑からまるごと逃れることはまれなのである。今日、確固たる信仰の戒めに沿って生活することも、他の可能性のなかからの一つの選択に過ぎないということを意識せずにいられる者などいない。「熱狂的な信者」が外部の者に対して感じる道徳的な憤慨は、「大義名分」に安心してすがりつく感覚ではなく、むしろ潜在的な不安の現れであることが多い。

永続的なリスク文化を生きることは本質的に不安定なことであり、特に運命決定的なエピソードの最中には不安の感覚がはっきりとすることがある。先に述べたように、リスク文化に生きることとの困難さは――制度化されたリスク環境においてさえ――前の時代よりも日常生活の不安が増大したということを意味しているわけではない。その困難さは、リスク計算自体によって生み出される不安、および「ありそうもない」偶然を排除すること、つまりライフプランニングを取り扱い可能な大きさに縮めることの難しさにある。「濾過」は保護被膜の仕事であるが、現在と未来の出来事における「根拠十分な」確信と、確実性のより少ない確信とのあいだには簡単に引けるような境界など存在しない。この事実は、「無知を括弧入れする」現象、つまり信頼に本質的に備わっているものである。この境界に意図的に、しばしば創造的に手を加えることは、洗練されたリスクテイキングの主な発想源になっている。しかしながら、このようにリスクがスリルや興奮を得るために利用されるのではない場合には、この境界線は不安の焦点でありつづけるのである。

リスク評価は未来の植民地化にとって不可欠なものである。同時にそれは、必然的に自己を未知の領域へと開かせる。なかには、その状況に置かれている個人に関するかぎり、リスクの要素をかなり正確に計算しうるようなリスク環境も存在する。このような場合でさえ、また特定の活動や戦略に関係するリスク要因が小さいと仮定された場合でさえも、リスクを認めることによって個人はいかなる状況でも「事態が悪化する」ケースになりうるということを受け入れることを強いられる。概して当の人物が十分に確立した基本的信頼の感覚を持っている場合には、このことは問題とはならないであろう。しかしこの感覚が脆弱である場合には、小さなリスクについて考えることさえも、特にそれがその人にとってかけがえのない目標に関わるリスクであったなら、我慢できないものになってしまうだろう。

さらに、リスクが十分に評価できない場合も多いし、それに関わる専門家が、おそらく根本的に、特定の行為の成り行きのリスクに関して食い違うということもある。永続的なリスク文化を生きることは、ライフスタイルの選択が重要である場合には、よりいっそう困難なものとなる。ある人は、自分につきまとう不安を減らすために、伝統あるいは既成のライフスタイルに逃避するかもしれない。しかし、先に述べた理由から、そのような戦略がもたらす安全は限定的なものになるだろう。というのも、そのような選択肢は複数ある可能性のうちの一つに過ぎないということを個人は意識せざるをえないからである。

重大な結果をもたらすリスクを意識することは、おそらく大半の人にとっては漠然とした不安の源となっている。基本的信頼はここでも、個人が強くまた繰り返しそのような不安に苛まれるか否かを規定する要素となる。環境破壊、核戦争、予期されていない災厄による人類の破局などの可能性について頻繁に心を悩ませることは「合理的」とはいえない、とはっきり示すことができる者などいない。しかし、日々をこのような可能性について悩みながら過ごすような人は「正常」とはみなされないだろう。大半の人々がこのような可能性を首尾良く括弧に入れ、日々の営みをこなしているとすれば、それは部分的にはおそらく、彼らがそのようなリスクの要素は実際にはひじょうに小さいと評価しているからである。しかしそれはまた、問題となっているリスクが宿命に委ねられているからでもある。このことは、後期モダニティにおいてフォルトゥナが復活してくる一つの局面である。このような偶然性を考えないようにし、事態は好転するだろう、もしあれやこれやの破局が生じてもその矢面に立たされるのは別の人たちであろう、と仮定することもあるだろう。あるいはまた、政府その他の機関に、直面する脅威に効果的に対処することを期待するかもしれない。

終末論は陳腐なものに、すべての者の生存にとっての統計的なリスク・パラメータのセットになってしまっている。ある意味では、すべての者はこのようなリスクと共存することを余儀なくされるのであり、それはその人が――圧力団体や社会運動に参加するなどして――危機と闘うために積極的に努力していようと、同じことである。しかし、文字どおり自身を滅ぼすことのできる世界によって生み出される背景的不安を、そっくりそのまま克服するような括弧入れなど、ありそうにない。ラッシュが描いているような「サバイバル」のモチーフは、このような包括的不安を、個人が限られた行為の環境のなかで遂行しているライフプランニングと結びつけて考えている。個人が「サバイバー」であることにおいて得る満足は、何よりも再帰的に組織された生活経歴のなかのトラブルに対処することにかかっている。しかしそれは確かに、重大な結果をもたらすリスクの存在する世界において、集団として生き抜くことの不安という一般的な感覚にも浸潤されているのだ。「すべての終わり」という無意識の恐怖が多くの人々のあいだに行きわたっており、特に子どもの空想や夢にはっきりと現れているということを示す証拠は十分にある。(1)

存在論的安心、不安、および経験の隔離

モダニティによって生み出された変化の過程はグローバル化によって本質的に影響を受

けているし、グローバルな変動の巨大な波に捕らわれているという感覚はそれ自体で動揺を誘うものだ。[2] さらに重要なことは、このような変動がまた激しいものだという事実である。それは、個人の営みや自己の構成のまさに基礎をなす部分にいよいよ到達している。しかしながら、ラッシュの分析の目論見とは逆に、広範囲の社会システムや組織から切り離された安全な「ローカルな生活」を守ることは容易なことではない。変化をコントロールしていくためには、ライフスタイルについていえば、外部の社会的世界から撤退するのではなく、それと関わっていくことが必要となる。

モダニティのジャガノートに似た性質を理解することは、ハイ・モダニティにおいてなぜ危機が常態化されるようになるのかということの説明になる。このことについては多くのものが書かれており、ここで繰り返す必要はない。「危機 crisis」という言葉は、既存の状態の大規模な動乱、あるいは動乱の脅威のように聞こえる。この言葉のもともとの意味は医学的なものであり、病気において生命が危機に陥る段階を指すものであった。[3] しかしながら、モダニティにおいては、個人的なレベルと集団的なレベルの両方において、危機は多かれ少なかれよくあることになってきている。ある程度まではこの効果は修辞的である。つまり、継続的かつ深刻な変動にさらされたシステムにおいては、漠然と「危機」として考えられているような多くの状況が出現する。しかしこれは単純に修辞的であるわけではない。モダニティは多くのレベルにおいて、本質的に危機への傾向を持っている。個人や集団の生活の重要な目標に関わる営みが突如不適当にみえるときにはいつも、危機が存在する。この意味での危機は生活の「正常」な部分であるが、定義からしてそれはルーティーン化されえないものである。

遍在する危機に心理的に対処するには、ある種の厭世的な――再び宿命の概念のもとではじめて可能になる――態度である程度は十分である。しかし多くの危機状況は、たとえそれが個人から遠く離れたところで起こっていようとも、このようなやり方では対処されえない。というのもそれは個人の生活環境に関わってくるからである。たとえばある人は、繰り返し起こる政治的危機について聞き知り、おそらくそのような危機を押さえ込むべき政治家の能力を軽蔑するかもしれない。だがこのような危機の多くは、それが経済トラブル、高い失業率、住宅難につながるなど、その人の活動や能力に直接に影響を及ぼす。このように後期モダニティの危機への傾向は二つの点において不安定な帰結を持つ。まずそれは、個人がどれほどそれを心の奥に押し込めようとしてもその人を悩ませることになる、一般的な不確実性の雰囲気を生み出す。次にこの危機への傾向は、重要度において様々な、自己アイデンティティの核そのものを脅かすこともあるような多様な危機状況に、すべての者を不可避的にさらしだす。

経験の隔離は、通常なら存在論的安心を脅かすであろう多くの不安を封じ込めるのに役立っている――もっともこれは相当の犠牲を払ってのことである。実存的問題や懐疑は人間が直面しうる最も基本的な不安を引き起こす。概して、モダニティでは、このような問題は直接に対峙される必要はない。それらは個人の人格のなかで処理されるのではなく、制度的に「脇に追いやられる」のである。不安のコントロールについていえば、このような事態は逆説的な意味を抱えている。一方では、日常的な環境において、個人は通常ならやっかいな疑問を押しつけてくる問題から相対的に防護される。他方では、運命決定的なときや他の個人的危機が生じたときに、存在論的安心が直接緊張状態に置かれることになりやすい。

心理的なレベルにおいては、経験の隔離、信頼、親密な関係性の模索とのあいだには緊密なつながりが存在する。抽象的システムは日常的な安心を促進するが、そのようなシステムに寄せられた信頼は、先に強調したように、個人に心理的な見返りを与えることが少ない。このような信頼は無知を括弧に入れるが、人間に対する信頼から得ることのできる道徳的な満足を与えてはくれないのである。

経験の隔離による生活環境のコントロールは見かけ倒しであり、またそれは慢性的な心理的緊張を引き起こしやすい。というのも、実存的問題はすべての人の生活の基本的側面に影響するからである。制度的抑圧は決して完全ではありえない。私たちはここに情緒的不安の頑強な基盤を見出す。重大な結果をもたらすリスクについては特にそうである。内的準拠システムの発展によってもたらされる、固定的な準拠点の喪失は、個人が決して十分には克服することのできない道徳的不安を作りだすのである。

純粋な関係性：圧迫と緊張

自己の再帰的プロジェクトにおいては、自己アイデンティティのナラティブは本質的に脆弱である。はっきりとした自己アイデンティティを作りあげるという課題は、確固とした心理的利益をもたらしてくれるかもしれないが、それは確かに重荷でもある。自己アイデンティティは、変わりやすい日常生活の経験や断片化する近代的制度などを背景として作られ、多かれ少なかれ再秩序化されなくてはならない。さらにこのようなナラティブを維持することは、自己だけでなく身体にも影響し、ある意味では自己と身体を構築することにつながる。

これらのストレスは個人の生活の領域に直接影響する。純粋な関係性は、ハイ・モダニティの他の多くの側面と同様に、諸刃の剣である。それは自発的なコミットメントに基づいた信頼や緊密な親密性を育てる機会を与えてくれる。それが達成され相対的に安定している場合には、基本的信頼と養育者への信頼感とが強く結合しているゆえに、そのような信頼は心理的に安定をもたらすものになる。この結合は、人間関係の領域に対してと同様に、対象―世界に対しても安心感を保持しているので、その重要性はかなりなものである。

純粋な関係性は自己の再帰的プロジェクトを形づくるための鍵となる環境である。というのもそれは整序された継続的な自己理解——他者との持続的な絆を確保する手段——を想定し、またそれを必要とするからである。もちろん、多くの実際の関係では、対称性が少しも見出されない場合や、表面的には嫌気を催すような相手の特性に互いが従属するような場合(共依存)がある。だが純粋な関係性における対称性への傾向は、単なる理想などではない。その傾向はかなりの程度純粋な関係性の本質をなすものである。

セラピーの登場は純粋な関係性の出現と緊密に結びついているが、それは単にセラピーの作業がそのような関係性が生み出す心理的な痛手を治癒するからではないし、それが第一の理由であるわけでもない。セラピーが重視されるという事態は、純粋な関係性が支配的になればなるほど、ある人が自分について「これでいい」と感じることを可能にする、徹底的な理解がますます不可欠なものになるという事実を表している。というのも、自己に習熟することは、希望(コミットメント)や信頼を純粋な関係性のうちに生み出す開示の過程の条件となるからである。

しかし純粋な関係性や、それを含む親密な関係のネクサスは、自己の統一感にとっての莫大な重荷を生み出す。関係性が外的基準を欠いているかぎり、それは「信実性」によってのみ道徳的に利用可能になる。信実性を持つ人物とは、おのれを知っており、その知識を言説的に、あるいは行動の領域で他者に明かすことのできるような者である。他者と信実の関係にあるということは、道徳的な支えの主要な源となる。それは、ここでも信実性が基本的信頼と潜在的に結びついているからである。しかし純粋な関係性は、外的な道徳的基準を欠いているがゆえに、運命決定的なときや人生の他の大きな局面においては安心の源泉としては脆弱なものなのである。

それだけにとどまらず、純粋な関係性は内的な緊張や矛盾さえも抱え込んでいる。定義からして、純粋な関係性とは随意に終わらせることができ、各々の人物が十分に心理的見返りを得ているかぎりで維持されるような社会関係である。一方ではそれは他の個人に対してだけでなく社会関係自体に対するコミットメントを必要とする。これもまた純粋な関係性に本質的なことである。他方では、関係性は自発的に壊されうるものであり、各々の参加者によって「追って知らせのあるまで有効」であるに過ぎないものとして認められるような関係である。関係の解消は、おそらく関係のなかにある個人によって積極的に引き起こされるものであるが、その可能性は、他ならぬコミットメントの地平の一部をなすものである。憤慨、怒り、あるいは鬱積した感情が純粋な関係性のなかに渦を巻いていても、あるいは具体的な場面において親密な関係が心理的に報われるものではなく困難をもたらすものであるとしても、何ら驚くに値しない。

「世界の内に生きること」：自己のジレンマ

後期モダニティという条件下では、私たちは前の時代とは異なった意味で「世界のうちに」生きている。あらゆる人間はいまだにローカルな生活を続けているし、身体に拘束されることで、すべての個人はいかなる瞬間においても時間と空間に文脈づけられている。しかし場所のあり方が変容すること、遠く離れた場所の出来事がローカルな活動へと浸入してくること、さらに媒介された経験が中心的になること、これらは「世界」が実際に何であるかを根源的に変える。このことは、個人の「現象的な世界」のレベルと、集団的社会生活が営まれる社会活動の一般的世界のレベルの両方についていえることである。すべての者がローカルな生活を送っているとはいえ、現象的世界は大部分真にグローバルなものなのである。

個人の現象的世界を性格づけることは、特に理論的には確かに難しい。あらゆる人は、環境世界を構成する、直接のあるいは媒介された経験の源に対して、選択的に反応している。ある程度確実にいえることは、現象的世界が、個人が物理的に移動する日常的環境に一致することは、もはやひじょうにまれであるということだ。ローカルな場所には、遠く離れた力が徹底的に浸透している。そういった力は、懸念を呼び起こす原因になっていたり、あるいは単に社会生活のルーティーンな部分として受容されていたりする。すべての個人は、かならずしも意識してではないが、数多くの媒介された経験を自らの日々の行動に積極的に選択して組み込んでいる。このような事態は、コラージュ効果が持つイメージとは対照的に、ランダムなあるいは受け身的な過程などではない。たとえば、個々の新聞は情報のコラージュを提示するし、より広いスケールでは、特定の地域や国で売りに出されている新聞も全体として同様のことをしている。しかし各々の読者は——もし読むとしたら——どの新聞を読むかを選択したり、内容を積極的に選んだりすることによって、この多様な情報に独自の秩序をはめ込むのである。

ある意味では、媒介された情報の専有は旧来の習慣に従ったものであったり、認知的不協和の回避の原則に服していたりする。つまり、手に入る情報の過多が、潜在的に都合の悪い知識を排除し再解釈するルーティーン化された態度によって軽減されるということである。否定的に見れば、このような締め出しは、偏見、ないしは自分の既存の見方とは異なるものを受け入れることとの真剣な拒否、ということになるだろう。だが角度を変えてみれば、不協和を回避することは、存在論的安心を維持する保護被膜を部分的に形づくるのである。最も偏見に満ちた、心の狭い人物にとってさえ、日常の生活につきものの、媒介された経験との規則的な接触は、積極的な専有、すなわち日々の生活のルーティーンのなかで情報を解釈する一つの様式なのである。個人がどれくらい新たな情報に対して開かれているか、不協和を引き起こす情報をどれほど受け入れることができるかについては、確かに少なからず程度の差が存在する。しかし現象的世界はすべて積極的に達成されるものであり、最もローカルな生活様式から最もコスモポリタンなものまで、同じ基本的な精神力学に従っているのだ。

「世界の内に生きること」は、その世界が後期モダニティの世界である場合、自己のレベルにおける様々な独自の緊張と困難をはらんでいる。このような緊張と困難は、ジレンマとして解釈することで最も容易に分析することができる。そういったジレンマは、自己アイデンティティの一貫したナラティブを保持するために、様々なレベルで解決されなくてはならないものである。

統合対断片化

最初のジレンマは統合と断片化のジレンマである。モダニティは断片化するものである。それはまた統合しもする。個人のレベルから地球システム全体に至るまで、分散する性質は統合を促進する性質と競合している。自己についていえば、統合の問題とは、モダニティが生み出した巨大な内向的・外向的な変動に直面して自己アイデンティティのナラティブを防護したり再構築したりすることの問題である。大半の前近代的環境においては、経験の断片化は不安の主な源ではなかった。近代的な意味での親密な関係が一般に欠けていたとはいえ、信頼関係はローカルなもので、人格的な絆によってまとめられていた。しかしながらポスト伝統的な秩序においては、行動の選択肢に関してだけではなく、個人に対する「世界の広がり」という意味でも、無限大の可能性が姿を現す。「世界」とは、すでに述べたように、個人から延びている時間と空間の継ぎ目のない秩序などではない。世界とは、様々な回路と源泉を通して現前に介入してくるものなのである。

しかし「そこにある」世界を、社会システムが大規模化したり個人から空間的に離れる程度に応じて、本質的に疎外し圧迫してくるものとして理解するのは間違いである。こういった現象は、しばしば統合する力を与えるために利用されることもある。この力は、単に自己にとって断片化する影響力を持つのではない。遠く離れた出来事も近接した影響と同等に、あるいはそれ以上に、馴染みのあるものになりうるのであり、また個人の経験の枠組みのなかに統合されうるものである。「手元にある」状況の方が逆に、数百万の人間に影響する大規模な事件よりも、不透明なものであるかもしれない。いくつか例を考えてみよう。一万二千マイル離れたところにいる相手と電話している人は、その会話のあいだは、同じ部屋に座っている者よりもその遠く離れた場所にいる者とより緊密に関係している。世界的な政治指導者の外観、人となり、政策を、隣に住む人よりもよく知っているということもあるだろう。自宅の台所の蛇口が漏れる原因よりも、地球温暖化に関する議論に詳しい人がいてもおかしくはない。また、遠くの、あるいは大規模な現象は、個人の心理構造や自己アイデンティティの「背景に」曖昧に存する要因とは限らない。たとえば地球温暖化に関心を示すことは、たとえその人がエコロジー問題の活動家ではないとしても、当人の独自のライフスタイルの一部をなすかもしれない。そのような人は、科学的な議論に熱心に耳を傾け、その議論が示唆する実践的処方に自分のライフスタイルの様々な局面を合わせていく、といったことも考えられるのである。

断片化は明らかに、バーガーその他によって強調されている影響によって促進される傾向にある。すなわち相互行為環境の多様化である。多くの近代的環境においては、個人は多様な異なる出会いと環境に巻き込まれ、それぞれの環境が異なるかたちの「適切」な行動を要求する。ゴッフマンは一般には、とりわけこの現象についての理論家であるとされている。個人は、ある出会いから別の出会いに移行するとき、特定の状況において必要とされていることに応じて敏感に調整した「自己提示」を行う、というわけである。このような見解は、個人は相互行為が多様なものになる分だけ多くの自己を持っているということを意味している、と考えられることが多い。これは、ポスト構造主義とは別の理論的見解に由来するものであるが、ポスト構造主義的な自己の解釈にいくらか似ているものである。だが環境の多様性を、多元的な「諸自己」への自己の分解とすることはもちろん、必然的に自己の断片化を促進するものと単純にみなすことはやはり間違っている。環境が多様であることは、少なくとも多くの状況では、自己の統合を促進するものでもありうるのである。このような事態はむしろ、先に論じた田舎の生活と都会の生活とのあいだの対照に似ている。異なった環境の諸要素を統合された物語へと積極的に組み入れるような、独自の自己アイデンティティを作りあげるために、多様性を利用するような人もいるだろう。コスモポリタンな人とはこのように、多様な環境でくつろぐことを長所としているような人を言うのである。(4)

統合と断片化のジレンマには、これから示していく他の対立と同様に、特有の病理がある。一方には自分のアイデンティティを特定の固定的なコミットメントに即して構築するタイプの人間がいる。このようなコミットメントを、無数の異なった社会環境に対して反応し解釈するためのフィルターとして作用させるのである。この種の人間は強迫的に頑固な伝統主義者であり、環境の相対主義をことごとく拒否する。他方、行為の多種多様な環境に消散してしまうような自己の場合には、エーリッヒ・フロムが「権威主義的同調」と性格づけた順応的反応を見出すことができる。フロムは次のように表現している。

個人は自分自身であることを止める。彼は文化的パターンによって彼に与えられたパーソナリティを無条件に受け入れる。こうして彼は、正確に他の他者と同じように存在し、かつ彼らの要求どおりに存在するようになる……このメカニズムはある種の動物が装う保護色と似ている。周囲の環境に似ているあまり、周囲との区別が付かなくなるのである[5]。

このような状況では、にせの自己が、個人の真の動機を表す本来的な思考、感情、意志の働きを圧倒し、覆い隠す、と言うことができるだろう。真の自己に残されたものは、空虚で非信実的なものとして経験される。だがこの真空は様々な環境にいる個人によって働かされている諸々の「擬似的自己」によっては満たされえない。というのも、擬似的自己は当人の内的確信から引き出されるのと同じように、他者の反応によっても刺激されるからである。このような場合の存在論的安心は、頑固な伝統主義者と同じで、脆弱に基礎づけされているに過ぎない。他者が彼の行動を適切で理にかなっているとみなすときだけ、個人は自己アイデンティティを心理的に安心なものと感じるのである。

無力さ対専有

二つ目のジレンマは無力さ対専有である。近代社会における自己を書いたほぼすべての著述家にもし統一テーマがあるとするなら、それは多様で大規模な社会的宇宙を前にして個人が無力感を経験しているという主張である。個人が生活を形づくる多くの影響力を実質的にコントロールしていた伝統社会と比べて、近代社会においてはこのコントロールは、外的な作用の手にわたってしまっている、と考えられているのだ。マルクスによって明記されたように、疎外の概念がこの問題を分析するための中心点となっている。特に資本主義的生産によって支えられながら生産力が発展するにつれて、個人はその生活環境のコントロールを機械と市場という支配的力に譲りわたす。本当ならば人間的なものが、疎外された存在となる。つまり人間の力が、対象化された社会環境に由来する力として経験される、というのである。このような見解を示しているのはマルクスの追随者だけではない。「大衆社会」論者の著作にも、何かしら違った様相ではあるにせよ、同じ傾向が見受けられる。この立場からすれば、近代的社会システムが拡張すればするほど、個人はあらゆる自律性から完全に切り離されていると感じるようになる。個人は、言ってみれば、他の個人の巨大な集合のなかの一原子に過ぎない、というわけである。

この本で私が展開しようとしている考えは、このような見地とはまったく異なっている。多くの前近代的な環境においては、個人（および人類全体）は近代的環境にいる場合よりもずっと無力であった。人々は典型的には、小規模集団や共同体のなかに住んでいた。しかし小規模であることは力を持つことと同じではない。多くの小集団的環境においては、個人は自分を取り巻く社会環境を変えたり、そこから逃れたりすることについては比較的無力であった。たとえば、伝統の束縛は多かれ少なかれ異議を唱えられないものであった。

他にもたくさん例がある。前近代の親族体系はきわめて堅固であることが多く、個人に独立した行為の余地を与えなかった。近代的制度の到来とともに、大半の個人は古い時代よりもより無力になったか、あるいはそう感じている、という一般公式を立証するのは困難なことであろう。

モダニティは収奪する――このことは否定しようがない。時間‐空間の距離化と抽象的システムの脱習熟化効果が二つの重大な要因である。距離と無力さとは必然的に結びつくわけではないにせよ、グローバル化されたつながりの登場は、重大な結果をもたらすリスクとあいまって、ある特定の状況に置かれた個人がコントロールすることのできない社会生活のパラメータを生み出している。同様に、収奪過程は近代的制度の成熟の重要な部分であり、日常生活の領域だけでなく自己の核にまで及ぶものである。

しかしながら、このような過程を弁証法的に捉え、グローバル化は拡張的な変動だけでなく内向的な変動をも作りだすということを見すえるならば、一つの複雑な像が姿を現す。確かに個人の行動のレベルでは、あらゆるかたちの収奪が再専有の可能性を伴うと言うことはできない。脱埋め込みによって変形された、あるいは抽象的システムの浸入に伴って再編された過程の多くは、ある特定の状況に置かれた個人の範囲を超えて動いている。他方で、前近代的状況においては不可能であった生活環境に対する統制が可能になることもある。

無力さと再専有は様々な時と場合において多様に絡み合っている。モダニティのダイナミズムゆえに、この二つの関係は安定しない。他者や抽象的システムに信頼を置いている個人は、そうすることによってそれらに有効な影響を与える力を欠いていると考えるのがふつうであろう。とはいえ、信頼の付与は新たな可能性をも生み出すこともある。貨幣を例に取ってみよう。貨幣を利用するためには、個人は金融や投資その他の、自分が直接コントロールできない経済的交換のシステムに参加しなくてはならない。他方でこの過程は、個人が――元手が十分にあれば――そうしなければ得られなかったであろう様々な機会を手にすることを可能にするのである。

無力さを経験することは、それを心的な現象として考えた場合、現象的世界の構成にだけではなく、個人が抱く志、企図、抱負にも当然つねに関係するものである。人間関係のなかで経験された無力さは、より大きな社会システムに関して感じられた無力さと比べて心理的によりダメージが大きく、深刻な結果をもたらしやすいものである。むろん、これらは様々なかたちで相互に影響し合っている。たとえば重大な結果をもたらすリスクに対する漠然とした不安が、よりローカルな環境で個人が経験する無力感を全般的に促進するといったことが考えられる。逆に個人的な無力感が、よりグローバルな事柄に向けて「上方に」拡散していくこともあるだろう。この手のつながりが「サバイバル」の心性の基盤となっていると仮定することはもっともなことであるように思える。「サバイバー」とは、個人的・社会的環境における一連の脅威のなかで適切な社会的統制を奪われていると感じているような者である。だがサバイバル論者の見地は、無力さだけではなく専有をも示唆している。他の生活領域についても同様だが、人間関係の困難をくぐり抜けることに没頭している者は、自らの生活環境に対するあらゆる自律を捨て去ったことにならない。いくぶん否定的な意味においてであれ、個人は明らかに積極的な統制を模索している。困難をくぐり抜けることとは、決然とした態度をもって人生が与える試練を切り抜け、それを克服できるということなのである。

無力さと専有とのジレンマにもまた、固有の病理がある。個人が現象的世界の主な領域のなかで無力感に圧倒されていると感じている場合、それを呑みこまれ engulfment の過程として考えることができる。個人は外側から浸入してくる力によって支配されていると感じており、それに抵抗したりそれを超越したりすることができない。そのような人は行為のあらゆる自律を奪い取る無慈悲な力につきまとわれていると感じているか、あるいは出来事の渦に無抵抗に捕らわれてしまう。無力さ／専有の分裂の他方の極は全能感である。すべての人格病理と同様、これは幻想の状態である。個人の存在論的安心の感覚は支配幻想によって得られることになる。あたかも当人が操り人形師となって、現象的世界を巧みに組織しているような感覚になる。全能感は防衛であるゆえに、壊れやすく、無力さ／専有の対の他方の極に心理的に結びついていることが多い。つまり、プレッシャーを受けるとその反対物である呑みこまれに変わってしまうことがある。

権威対不確実性

三つ目のジレンマは権威と不確実性のそれである。ハイ・モダニティの条件下では、社会生活の多くの領域において——自己の領分を含めて——決定的な権威が不在である。前近代文化とは比べものにならないくらいに、権威を主張する数多くの者が存在する。伝統はそれ自身権威の源泉であり、特定の機関に位置づけられてはいないが、社会生活の多くの側面に浸透していた。漠然と拡散してはいたものの、伝統は重要な意味で単一の権威であった。多くの前近代文化においても敵対する伝統間の衝突は存在したが、たいていの場合伝統的見解や方法が他の可能性を排除していた。競合する伝統がある場合でさえ、伝統的枠組みへの関与はふつう排他的なものであった。他の枠組みは、その際拒絶されたのである。

権威の特定の制度についていえば、宗教が明らかに主導的な位置を占めている。実質上すべての小規模な前近代文化においては、ただ一つの主要な宗教秩序が存在していた——もっともそのような文化はそれなりの懐疑論者を有しており、正統的宗教から外れる者のために奇術師や魔術師が存在していた。とはいえこのような他の可能性が、支配的な宗教システムの圧倒的権威による支配にとって代わることはほとんどなかった。宗教秩序が比較的多様であった大規模な伝統社会においても、近代的意味での多元主義はまれであった。正統が様々な異端に対峙していたのである。加えて、ローカルな共同体と親族システムが、安定化する権威の二つの源泉であった。これらは伝統的環境における信頼関係を直接に維持するものであった。これらは両方とも「拘束力のある教義」および強い規範的強制力を伴った行動形式の源であった。

伝統的権威につき従うことは、それがいかに徹底したものであろうと、伝統的な日常生活から不確実性を取り除くことにはならなかった。前近代的な権威の強さはたいてい、日常生活での予測不可能性や、人間のコントロールが及ばないと考えられた数々の力への対応として理解されうる。特に宗教的権威は、人々が脅威と危険に取り囲まれているという感覚をかき立てることがひじょうに多かった――というのも、ひとえに宗教職にある者のみがこれらの危険を理解したりうまくコントロールしようとすることができたからである。宗教的権威は、神秘を作りだすと同時に、自分たちがその神秘へと近づく特権を持っていると主張していたのである。(6)

モダニティにおいても、伝統的権威のいくつかは、むろん宗教を含めて、存続している。事実、まさにモダニティと懐疑とが分かちがたく結びついているがゆえに、宗教は消え去らないだけでなく、復活しつつもある。だが、現在は、過去とは基本的に正反対なものだ。

モダニティにおいては、伝統的権威は他のもののなかの「一つの権威」、無限に多元的にある専門知識の一部に過ぎない。専門家、あるいはスペシャリストは、伝統的な意味での「権威」とはまったく異なっている。権威が武力の使用により保障されている場合（国家や法的権威の「権威」）を除いて、それは本質的に専門家のアドバイスのようなものになっている。専門知識が主張される多様な領域に共通して通用する権威など存在しない――この点でも、近代的システムにいるすべての者は、社会活動のほとんどすべての局面において素人である。この状況では、権威はもはや懐疑の代わりとなる選択肢にはならない。反対に、様々な専門知識は他ならぬ懐疑の原則に動かされている。対立するいくつかの権威を評価する際、素人は多元主義的状況がほぼ必然的に前提している懐疑的な見地から、その原則を利用することが多いのである。

もちろん、通常日々の生活が絶えず「懐疑のうちに」経験されているというわけではない。抽象的システムによる日常生活の再組織化は、大半の前近代文化よりも高いレベルの予測可能性を伴ったルーティーン的活動を数多く作り出している。保護被膜を通して、大半の人は日常の営みのルーティーンや、より射程の長い目標に深刻な問題を投げかけてくる根源的懐疑の経験から大部分の時間守られている。権威と懐疑のジレンマは通常、様々なルーティーンや特定のライフスタイルへのコミット、それに加えて抽象的システムへの信頼の付与を通して解決される。だがこの「妥協のパッケージ」は、プレッシャーをかけられれば分解し始めるものである。

なかには、相互に衝突し合う多様な権威の存在を受け入れることが、心理的に困難であったり不可能であったりするような個人もいる。そのような人は選択の自由を重荷に感じ、より包括的な権威のシステムに慰めを求める。独断的権威主義への偏向は、この極における病理的傾向である。この状況にある個人は、かならずしも伝統主義者ではないが、その規則・規定が生活の隅々までも覆い尽くすような権威によって与えられた確信と引き替えに、批判的判断の能力を放棄してしまう。この態度は信仰とは区別する必要がある。たとえそれが原理主義的な宗教への信仰であってもそうである。というのも、信仰は定義からして信頼に依拠しているからである。支配的権威に逃避することは、しかしながら、本質的に服従行為である。個人はいわば、もはやあらゆる信頼が前提とする不確かな賭に取り組む必要がなくなる。そのかわりにそのような人は投影というかたちで支配的な権威に同一化する。リーダーシップの心理学がここで重要な役割を果たす。権威への服従はふつう、全知とされる権威的人物への隷属的固執というかたちをとる。

他方の極には、個人が普遍的な懐疑への傾向によってほとんど動きがとれなくなっているような病理的状態が見出される。最も典型的な場合には、この見方はパラノイアや意志の麻痺のかたちをとり、それがあまりに完全なときには個人は通常の社会的交際から事実上完全に撤退してしまうのである。

個人化された経験対商品化された経験

四つ目のジレンマは、個人化された経験と商品化された経験とのあいだのそれである。モダニティは自己のプロジェクトに道を開いたが、それは商品資本主義の標準化効果によって強く影響された条件においてである。この本では資本主義的生産が近代社会生活に与えたインパクトを詳しく追っていくことはしない。資本主義はモダニティの主要な制度的次元であること、および資本主義的蓄積過程は近代的制度全体の背景にある最も重要な駆動力の一つであること、このことを確認すれば事足りる。資本主義は、様々な意味で商品化するものである。マルクスが指摘したように、抽象的商品の創造はおそらく包括的生産システムとしての資本主義が拡張する際の最も基本的な要素である。交換価値は、使用価値が、商品の生産、販売、流通およびサービスが行われるメカニズムとは無関係になってはじめて作られる。交換価値はしたがって、無限の時空を横切る経済関係の脱埋め込みを可能にするのである。

商品化はさらに、労働力に決定的影響をもたらす。事実、労働力そのものは、商品として「労働」全体と切り離された場合にのみ存在するものなのである。最後に、特に資本主義的秩序が成熟するにつれて、商品化は消費過程に直接影響を及ぼす。広告その他の方法によって促進される標準化された消費パターンの確立が、経済成長の中心を占めるようになる。これらすべての意味で、商品化は自己のプロジェクトやライフスタイルの確立に影響を与える。

商品化のインパクトは次のように詳しく述べることができる。継続的拡張という「至上命題」を持つ資本主義市場は、伝統を攻撃する。資本主義の拡がりは、社会的再生産の多くの部門（決してすべてではないにせよ）を生産市場と労働市場の手中に置く。市場は旧来の行動形式にはお構いなしに作動する。旧来の行動形式は、ほとんどが束縛を解かれた交換にとっての障害となる。ハイ・モダニティにおいては、資本主義企業はますます生産条件を独占すると同時に消費を形づくるようになってきている。当初から市場は、それが個人の権利や責任を強調するという意味で個人主義を促進してきたが、初期にはこの現象は主に資本主義的雇用に固有な契約と移動の自由に関するものであった。しかし後には個人主義は消費の領域にも拡張し、個人の欲求にかたちを与えることはシステムの持続にとって基本的なこととなった。市場に統御された個人の選択の自由は、個人の自己表現の包括的な枠組みになる。

他ならぬ「ライフスタイル」という概念が再帰的に広告の領域に引き入れられて堕落していることが、このような過程の典型である。広告人は消費者カテゴリの社会学的な分類をするようになり、同時に特定の消費「パッケージ」を促進する。多かれ少なかれ自己のプロジェクトは欲しい商品の所有および人工的に枠付けされた生活のスタイルの一つに変換される。この状況の帰結はたびたび指摘されてきた。つねに新しい商品を消費することが、自己の純粋な発達に部分的にとって代わる。人目につく記号として人気商品を消費することが商品の使用価値やサービス自体を事実上凌駕するにつれ、見かけが本質にとって代わる。バウマンはこのことをうまく表現している。

人格の自律性、自己定義、真正な生活、あるいは人格の完成という個人の欲求は、市場によって提供される商品を所有および消費する欲求へとすべて翻訳されているのである。こうした翻訳は、しかしながら、そのような商品の使用価値そのものというよりも、その使用価値の見かけにかかわっている。この見かけは、それだけでは、本質的に不十分で最終的には自滅するものであり、それゆえ一瞬だけ欲望は満足させられるのだが、欲求不満はつのるばかりである。……人間的な欲求と個人的な欲望とのギャップは市場の支配によってつくりだされる。そしてこのギャップが、同時に、支配の再生産の条件となっているのだ。市場はそれがもたらす不幸によってつちかわれる。市場がもたらす恐怖、不安、そして人格的な欠陥という苦しみは、それが永続するためには欠かせない消費者の行動を解き放つのである(7)。

商品化は、このような性格付けが示唆するよりもある意味ではもっと油断ならないものである。というのも、自己のプロジェクトそれ自体が極度に商品化されることもあるからだ。ライフスタイルだけではなく自己実現もまた、市場の基準に沿ってパッケージ化され配分される。『セルフ・セラピー』のようなセルフ・ヘルプの本も、自己実現の商品化された生産とみなしてしまうと、危うい地点に立っている。このような著作はある意味では標準化された、パッケージ化された消費を打ち破るものである。しかしそのような本が人生をいかに「やっていくか」についての前もってパッケージ化された定理集として市場に出されるなら、それは自らが名目上対抗するまさにその過程に捕らわれてしまうのである。

消費の商品化は、これまで述べてきたその他の現象と同様、単に既存の行動パターンや生活領域の再秩序化の問題なのではないということは、はっきりさせておかなければならない。大規模な市場の支配のもとでの消費はむしろ本質的に目新しい現象なのであり、それは日々の生活条件を継続的に再形成する過程に直接的に加担している。この再形成には、媒介された経験が中心的に関わってくる。マスメディアは、すべての人が望ましいと思うような生活のモードを日常的にもたらす。富裕層のライフスタイルは、あれやこれやの仕方で公にされ、真似する価値のあるものとして描かれる。しかしより重要で精妙なのは、メディアが運ぶナラティブの影響である。この場合は切望の的となるライフスタイルはかならずしも与えられない。代わりに、読者や視聴者が同一視しうるような一貫したナラテイブを創造するような仕方で、ストーリーが展開させられることになる。

メロドラマやその他のメディア娯楽は、疑いなく逃避である——それはふつうの社会的条件では得られない現実の満足の代わりをする。しかしより重要なのは、そのような娯楽が、自己のナラティブを構築するためのモデルとなるようなナラティブをもたらすということである。メロドラマは、見る者にとって周知であるゆえに、少々の不安をかき立てながら、それでいて安心感を与えるような、決まりきったパターンを使うことで、予測可能性と偶発性を混在させている。それは偶発性、再帰性、宿命の混合物を作りだす。肝心なのは形式であって中身ではない。このようなストーリーのなかで、生活環境に対する反省的コントロールの感覚、実際の社会状況における自己のナラティブを維持する際の困難に対して、安心させるようなバランスを作りだす、一貫したナラティブの感覚が獲得される。

とはいえ、商品化は個人と集団の両レベルにおいて無抵抗の勝利を収めたわけではない。最も抑圧された者でさえ——おそらくある意味では最も抑圧された者こそが——自らの生活に及んでくる商品化過程に対して創造的に、かつ再解釈を伴いつつ反応する。これは媒介された経験の領域と直接的消費の領域の両方に関していえることである。媒介された経験への反応は、ただ単にメディアによってばらまかれたものの内容からのみ評価することはできない。個人は得られる情報のタイプを積極的に識別し、独自の観点からそれを解釈する。幼い子どもでさえ、テレビ番組をリアルさの点から評価し、なかには完全に虚構のものもあることを認識し、番組を懐疑、嘲り、ユーモアの対象として扱うのである。[8] 商品化が集団のレベルにおいても完全に勝利しているわけではないという事実もまた、個人の経験の領域にとって重要である。たとえば、空間は脱埋め込み過程の基本的な部分として商品化されてきた。だが空間はその際完全に商業化されたわけでもないし、商品生産の標準化の影響に服従しているわけでもない。数多くの作られた環境やその他の空間形態は、(行為主体の活発な働きかけを通して) 脱商品化されたかたちで再び登場してくる。商品化は内的準拠システムが出現する際の一つの駆動力である。だが、以下の節で論じていくように、美的、道徳的経験における外的な係留は、完全に消え去ることを拒むものである。

個人化の過程は、このような入り組んだ背景において理解する必要がある。自己の再帰的プロジェクトは、ある部分では必然的に商品化の影響に対する闘争であるが、とはいえ商品化のすべての局面が有害であるわけではない。市場システムは、そもそも定義からして製品やサービスの消費の場に多様な選択肢を作りだす。選択の複数性は実質的に商品化過程が生み出した結果に他ならない。加えて商品化は単に標準化と同じものでもない。市場が大規模である場合は、比較的標準化された製品の大量消費を確保することが、明らかに生産者の利益となる。しかし標準化は個性を創造するかたちに転化しうることも多い——たとえば先に述べた服装の場合のように。大量生産された服は、ファッションの標準化力やその他の力が個人の決定にいくら影響を及ぼそうと、それでも個人が服飾のスタイ

統合対断片化：自己の再帰的プロジェクトは、無数の文脈に置かれた出来事や媒介された経験を統合する。それを通して特定のコースが描かれなくてはならない。
無力さ対専有：モダニティによって得られるようになったライフスタイルの選択肢は、専有の多くの機会を提供するが、それはまた無力感をも生み出す。
権威対不確実性：最終的な権威が不在である状況においては、自己の再帰的プロジェクトはコミットメントと不確実性のあいだで舵を取っていく必要がある。
個人化された経験対商品化された経験：自己の物語は、個人的専有が消費の標準化する力に影響を受けるような状況のなかで構築されなくてはならない。

図4　自己のジレンマ

ルを選択的に決定することを可能にするものである。

商品化の影響力に結びついた行動病理の代表的タイプは、ナルシシズムである――この点に関してはラッシュの命題は、一般化しすぎているにせよ、妥当である。もちろんナルシシズムは、人格発達のような根深い問題などの他の源泉からも生じうる。だが、消費主義において商品化が、外観を第一の価値決定原理とし、自己発達を何よりも誇示の観点から見ているかぎり、ナルシシスティックな特性が顕著になりやすい。個人化にはしかしながら、病理的側面もある。すべての自己発達は他者への適切な反応を習得することにかかっている。すべての他者から「異なった」ものでなくてはならないような個人は、一貫した自己アイデンティティを再帰的に発達させる機会を失う。行き過ぎた個人化は誇大さにつながる。そのような個人は、社会環境にいる他の者の期待に順応するのに十分なほど「健全」な自己アイデンティティを発見することができないのである。

基底にあるダイナミックス：無意味性の脅威

これまでの分析が正しいとすれば、自己の再帰的プロジェクトにおける上述のジレンマは、内的準拠システムが行きわたった背景において登場してくるものである。他言すれば、自己の再帰的プロジェクトは、人間の実存が課す最も基本的な問題のいくつかに個人的に関わることを制限するような環境においてなされなくてはならないということである。したがって自己のプロジェクトは、技術的には卓越しているが道徳的には無味乾燥な社会環境において再帰的に達成される必要がある。ライフプランニングの最も徹底的な過程――そして上で述べた多様なジレンマ――の下に横たわっているのは、漠然とした人格的無意味性の脅威である。

なぜこういうことがいえるのかを理解するための最良の出発点は、抽象的システムの浸透である。日常生活は、大半の前近代的状況におけるよりも、ずっと計算可能なものになってきている。計算可能性は安定した社会環境が与えられていることだけではなく、個人が周囲の社会的世界に対する独自の関係を形成する際の持続的な再帰性にも表れている。ルーティーン化された営みが基本的信頼と結びついて存在論的安心を維持しているので、人格的無意味性の脅威はふつう遠ざけられている。潜在的には不安の素因となるはずの実存的問題は、内的準拠システムのなかでのコントロールされた日々の活動によって薄められているのである。

別言すれば、統制が道徳の代わりをしているのだ。自分の生活環境をコントロールし、ある程度うまく未来を植民地化し、内的準拠システムのパラメータのうちに生活することができるということは、多くの状況において、ものごとの社会的・自然的枠組みが生活の営みのための安心できる基礎として見えてくることを可能にする。自己の再帰的プロジェクトの典型であるセラピーさえ、コントロールの現象となりうる——つまりそれ自体内的準拠システムとなりうるのである。基本的信頼は、このような枠組みのなかで個人的・社会的活動の有意義さの感覚を維持するのに必要な要素である。「正しく適切な」ものとしての世界へと向けられた自明な態度として、基本的信頼は放っておけば表面化してしまうかもしれない恐怖感を沈静化する。だが、すでに説明したように、内的準拠システムによってのみコントロールされた場合、この態度は壊れやすいものである。事実、残された伝統の断片が削ぎ落とされ、自己の再帰的プロジェクトが開かれた一般的なものになるにつれて、抑圧されたものが近代的制度のまっただなかに復活する可能性が増大するといえるのである。

抑圧されたものの回帰

抑圧されたものの回帰が生じる主な社会環境、あるいは様相とは何なのだろうか。何よりも重要なものとして、以下のような条件を特定することができる。

1　運命決定的なときにおいて個人は、再帰的に組織された抽象的システムのスムーズな働きによって意識から十分に遠ざけられているような関心事に、直面せざるをえなくなる可能性がある。運命決定的なときは、ルーティーンを必然的に——しばしば根源的に——脅かす。個人はその場合、自分の実存や未来のプロジェクトの根本的側面を再考するよう強いられる。運命決定的なときはおそらく、内的準拠システムの境界の内部で処理されうることも多い。しかしそれは当の個人に困難を課し、その個人と緊密に関係している他者にも困難を強い、結果として内的準拠システムの外部に直面させることも多いのである。もちろん運命決定的なときというのは広いカテゴリである。だが多くの運命決定的なときは、ただ単に個人を突然立ち止まらせるだけではない。運命決定的なときは道徳的／実存的基準に頼ることなくしては、容易に処理することができない。運命決定的なときにおいて個人は、純粋にリスクのシナリオによって思考しつづけ、潜在的な行為のコースを技術的なパラメータに閉じこめることが難しくなるのである。

人生の主な転機の大半は、外的基準が再び働くよう強いられるような瞬間である。出生と死とは、無機的生活と有機的生活とのあいだを媒介する転機であるが、それが持つ実存的意味から逃れることは難しい。この両方において、制度化されたシステムが、出生と死の経験や、それが付随的に他者に対して持つ意味を隔離する。前近代文化では、出産と死はむろん共同体全体の目にさらされるものではなかった。しかし出産と死はふつう、集団あるいは家族的な環境において行われ、伝統的実践や世代の推移の宇宙論的解釈に緊密に統合されていた。今日では、出産と死は病院という隔離された環境において起こることがほとんどで、そこで個別の事柄として取り扱われ、世代のサイクルや、人間存在と無機的な自然とのあいだの関係についてのより大きな道徳的問題とは、明確なつながりを持たない。出産と死とでは、死の方がより完全に隠蔽される傾向にある。それはおそらく、外的基準の復活という意味では、死の方がより危険であるからだろう。出産は人生への加入の過程であり、したがって出産そのものとして技術的に取り扱われうる。他方、死の過程は、コントロールの喪失の始まり以外のものとしてはみなされえない。死は、まさにコントロールが失敗に終わるゼロ地点であるがゆえに、理解不可能なのである。

死という現象を広く公共的な議論の主題にしようとする文献が再び活発に登場してくる

ようになったことは、このような観点から理解すべきである。[9] こういった潮流の制度的な表れも、多様に存在している。一つにはホスピスが挙げられる。ホスピス環境において、死は一般的な視界から単にそらされるのではなく、議論され直面される。人生の始まりと終わりを含む基本的転機に際して、近代社会は通過儀礼を相対的に欠いているということは、しばしば指摘されてきた。この手の論は、秩序化された儀礼と集団的関わり合いを失えば、個人は人生の転機にまとわりついている緊張や不安への構造化された対処法を奪われてしまうということを強調する。共同的儀式は、主な転機に際しての集団的連帯の焦点を提供し、かつ関係者に明確な義務を割り当てる——たとえば喪に服す期間やそれに関連した行動の様式を規定するなどである。

この命題は十分に有効であろう。しかしながら、より深遠な何かが儀礼の伝統的秩序とともに失われることになるのだ。通過儀礼はそれに関わる者を広大な宇宙的力に触れさせ、個人の人生をより包括的な実存的問題に関係させる。伝統的儀礼は、宗教的信仰と同様、個人の行為を道徳的枠組みおよび人間存在についての基本的な問題に関わらせる。儀礼の喪失は、こういった枠組みへの関わりの喪失でもある。そのような枠組みがいかに曖昧に経験されようと、またそれが伝統的な宗教的言説といかに緊密に結びついていようと、同じことである。厳格な神学世界の外では、死についての議論は私たちにとって大部分病気への関心になっている。たとえばエイズの場合、脅威なのは病気が、あるいはむしろそれに関わる帰結が、死に至らしめるということではなく、それが比較的若い者のあいだに、しかも性活動によって死をもたらすということである。死は、早死にの場合——つまりある人が、なんらかのリスクにより、生命表が示すだけの寿命を生きられなかった場合——にのみ、「問題」となるに過ぎない。

2　私たちは様々な領域における脱収容 decarceration を推進する営みのなかに、抑圧されたものの回帰を見出すことができる。脱収容へ向かう動向の起源は疑いなく複雑なものである。ある部分では、たとえば開放刑務所を設置したり、囚人を共同体のなかで更正させたり、精神障害者を共同体のケアを通して扱ったりする試みが経済動機から推進されてきた。しかしこのような変化の重要な要因は、「逸脱者」を社会の「正常な」成員から切り離すことは道徳的に間違っているという改革派の人々の信念でもあったのだ。表面的には、脱収容は逸脱者の単なる「正常化」——侵犯者をふつうの民衆に密接に接触させる手段——であるように思える。しかし逆のことも考えられる。つまり脱収容は、「正常」な個人を、社会生活を律している中心的規範に従わない者によって引き起こされる潜在的に不安を引き起こしやすい疑問に直面させるのを、促す手段でもあるのだ。

多くの著述家が指摘してきたとおり、伝統文化においては精神を病んだ者との接触は霊的経験とかさらには神の真理へと接近する様態と考えられることがしばしばあった。今日では、精神障害者との接触がこのような感情を生み出すことはまずないだろう。他方で精神障害、特に種々の統合失調症は、社会的現実、より一般的には実存の基本的パラメータについての私たちの経験を整序する日々の慣習が脆弱なものであることを思い出させる。たとえば妄想型統合失調症は、私たちはなぜ——妄想症の人がそうするように——他人の視線や道端での偶然の体の衝突に悪意を見出さないのか、といったことを私たちに考えさせるかもしれない。「御声を聞いた」人物は神とコミュニケーションしているわけではないかもしれないが、それでも私たち自身の「正常さ」について新たに考えるきっかけとなるかもしれない。というのも、私たちの（基本的信頼に基づいた）存在の自明性には、おそらく疑問を引き起こしうる側面があるからである。

フーコーは、狂気は近代的理性の勝利によって排除されたすべてのものを表象している、と論じた。だが、精神病が私たちの存在の抑圧された側面を暴露するということを理解するためならば、狂気についてこのようなおおげさな見方をとる必要はない。精神病についてはフーコーよりもむしろゴッフマンの方が正しいといえる。精神病は、日常の相互行為が想定している最も基本的な「状況特性」に適応する能力と意思の欠如を表している。日常世界の「もう一つの側面」を垣間みることは、その偶発的な、それどころか恣意的な性格を明らかにする。精神病者、あるいは彼らのうちの特定のグループは、ガーフィンケルの「信頼実験」が暴いたような、日々の社会的相互行為を構成する慣習が抑制している恐怖を実際に生き抜いているのだ。

3　私たちは抑圧されたものの回帰を性行動の中心部分に見出すことができる。情欲は私化されてきた。だがそれが持つ意義と反響は、とうてい私的だとは言えない。セクシュアリティは親密性へ向けられた努力の主な要素の一つになってきているが、それは二人の人間のあいだの個人的な関係には限定されないような問題に触れ、そのような感情をあおり立てる。今日人は生活のなかにおける精神的に最も大きな満足を、親密な性的関係に見出すことが多い。ある視点から見れば、この現象は道徳的目的や実存意識の純粋に個人的な領域への還元、あるいは経験の隔離という一般的な過程に呼応した縮減とみなしうる。しかしセクシュアリティは同時に、このような囲いを突き破るものであり、おそらく「情欲」のより深い意味が再発見される際の手段となっていることがきわめて多いのである。セクシュアリティは生殖から、したがって生と死の宇宙論的過程からも分離してしまっている。とはいえセクシュアリティは、道徳的意味をいまだ担っており、パートナーの自己中心的関心からセクシュアリティを切り離すという一般化しうる意義を保っている。ロマンティックな関係が登場する以前に性愛と結びついていた、道徳的契約と潜在的悲劇の感覚から、セクシュアリティは完全には分離されえない(10)。フーコーが語ったモダニティの言説のセクシュアリティへの没頭は、いくぶんかこの種のつながりが認められることを示している。セクシュアリティは、道徳的に超越的な条件や経験への人間生活の関わりを否定すると同時に、そのような関わりに実質的なかたちを与えるのである。

アルベローニが指摘しているとおり、恋愛に落ちる経験――日々の性的出会いではなく――がこの現象の縮図である。ほとんどのかたちのセクシュアリティとは対照的に、恋に落ちることは激しく、刺激的で、特別に「非凡な経験」である。「このときセックスを媒体として、私たちの生は可能性の前線をまさぐり、自然と想像の地平線に向かう」[11]。

4　変動する近代的・社会的条件の要請に対処するために、伝統の再構成に夢中になる傾向が増えていることにも、抑圧されたものの回帰を見出すことができるだろう。もちろん、近代的生活の多くの部分には、伝統の要素が残っている。とはいえ、それは断片化されていて部分的にしか行動を規定していない。それどころか、近代社会生活の「伝統的」特性のある部分は、実際にはモダニティの初期段階の産物に過ぎない[12]。それらは深く沈殿した歴史的過去から来ているのではなく、近代的潮流をまとめあげ表象しているものなのである。

消え去った伝統を再建しようとしたり、さらには新たな伝統を構築しようとする試みは、今日はっきりと見受けられる。前の章で言及したように、伝統がハイ・モダニティの条件下で首尾よく再構築されうるというのはひじょうに疑わしいことだ。専門家システムを伴った再帰性が日常生活の中心部に浸透すればするほど、伝統はその論拠を失っていく。「新たな伝統」の確立というのは言葉からして端的に矛盾しているのだ。とはいえ、このことをはっきりとふまえた上の話であれば、近代的進歩主義が見せる「つねに修正可能」な態度とは対照的な、日々の生活における道徳的な固定性への回帰は、ある程度無視できない現象である。それはモダニティの「ロマンティックな拒否」への後退をなすのではなく、内的準拠システムに支配された世界を越える動きの始まりを画するものである。

5　これらのポイントとは部分的に独立した現象として、宗教的な信仰や確信の再興について考えることができるだろう。宗教的な象徴や実践は、ただ単に過去の残滓であるわけではない。宗教的なもの、あるいはより広くいえば霊的なものへの関心の復活は、近代社会にかなりの程度蔓延しているように思える。これはなぜなのであろうか。マルクス、デュルケム、マックス・ウェーバーといった近代社会理論の創始者たちは、つまるところ宗教は近代的制度の拡張とともに姿を消していくと信じていた。デュルケムは、宗教には「何か永遠なもの」があると断定していたが、この「何か」は伝統的な意味合いでの宗教ではなかった。集合的統合の象徴は政治的理想の賞賛のように、より世俗的環境で生き残りつづける、といった意味だったのだ。

消滅しなかったのは宗教だけではない。私たちは新たなかたちでの宗教的感受性やスピリチュアルな営みを至るところで見ることができる。このことの理由は、後期モダニティの根本的な特性にある。予想では、世界は、より確実な知識とコントロールが支配する社会的・物理的世界になると考えられていたのに、実際には相対的に安全な領域が根源的懐疑やリスクの不穏なシナリオと交錯しているようなシステムが作りあげられようとしている。宗教は、ある側面ではモダニティの教義に執着するからには留保せざるをえないような確信を授けてくれる。この点に関しては、宗教的原理主義が特別な魅力を持っているのもうなずける。しかしそれで話が終わるわけではない。新たなかたちの宗教やスピリチュアリティは、最も基本的な意味で抑圧されたものの回帰を表しているのだ。というのも、それらは近代的制度があまりに徹底的に解体しようとしている実存の道徳的意味の問題に直接取り組んでいるからである。

6　新たなかたちの社会運動は、制度的に抑圧された生活領域を集団的に再専有する試みである。最近の宗教運動も、その宗派やカルトにはもちろん多様なものがあるにせよ、このような社会運動に含めて考える必要がある。だが宗教ではないその他の社会運動のなかに、近代社会生活の基本的な制度的次元への持続的な反動をなしているような、特に注目すべき運動がある。モダニティの影響よりも前から存在した問題にも関係するものであるが——あるいは部分的にはそれがゆえに——フェミニズム運動はその一つの代表例である。その初期段階においては、フェミニズム運動は女性と男性のあいだでの平等な政治的社会的権利を確保することにもっぱら関心を寄せていた。しかしながら現在では、フェミニズムは社会的実存の根本特性に取り組んでおり、ラディカルな社会変動に向けた圧力となっている。エコロジー運動や平和運動もまた、人権のためのある種の運動と同時に、後期モダニティに対するこの新たな感受性の一部をなしている。これらの運動は、多様なかたちをとりながら、モダニティのジャガノートを駆り立てる基本的条件や組織原理に効果的に挑戦しているのだ。

抑圧されたものの回帰については、次の章でより直接的に論じることになる。というのも、ハイ・モダニティという時代は根本的な変移の時代である――モダニティの終わりのないダイナミズムの継続であるだけではなく、より深遠な構造変容の前兆となるものである――からだ。内的準拠システムの拡張は、臨界に達している。道徳的／実存的問題は、集団的レベルでも日々の生活でも、中心的な舞台に立ち戻ってくる。このような問題は、自己実現の過程においても、グローバルな方向においても、社会制度の再構成を要請し、また社会学的問題だけではなく政治的な問題をも呼び覚ますのである。

第七章　ライフ・ポリティクスの登場

多くの困難を抱えた、最小限の自己という概念が正しければ、自己は政治の領域から遠く離れているばかりでなく、かたく閉ざされた個人的な領域を好んで、防衛的に政治を拒否することを通じて形成されるということになる。このような見方があるので、この研究を政治的な関心事の探究で締めくくるのは奇妙かもしれない。しかしこれまでのページで発展させてきたテーマには政治的な含意があり、しかもそれにとどまらないということを私は主張したい。それ以上に、これらは、ハイ・モダニティの局面における根本的に重要な政治的努力と課題との再構築に関連性があるのだ。

セオドア・ローザックは、「発見すべき個人のアイデンティティ、すなわち達成すべき個人的な運命を持つというきわめて私的な経験が、破壊的な大きな政治的力になっている時代を私たちは生きている」と論じている。(1) ラッシュや他の批評家は新しい自己発見のエートスを「オールドモダンの」強大化する個人と取り違えた、とローザックは言う。つまり彼らは一方における新しい個人的成長への衝動と、他方における個人的優越と物質的蓄積への資本主義的な圧力とを区別できなかった。これは本当だと私は考えるが、ただこの問題は違うかたちで理論化されなくてはならない。自己の再帰的なプロジェクトそのものが破壊的なのではない。自己成長のエートスは、後期モダニティ全体における重要な社会の転機を示している。本書の研究が全体にわたって強調しているのはまさにこのような転機である。それは、制度的再帰性の急速な進展、抽象的システムによる社会関係の脱埋め込み化、それに結果として生じるローカルなものとグローバルなものとの相互浸透である。政治的議題においてこれら三つの転機が何を示唆するのかは、**解放のポリティクス**と**ライフ・ポリティクス**とを区別することにより把握することができる。私はまず前者に集中するが、本書のテーマとより直接に密接な関係があるのは後者である。初めのうちは、解放のポリティクスに関する議論のこのテーマとの連関が明確でなければ、読者の寛容を請う。章の終わりに向けてそれが明確になることを私は希望している。

解放のポリティクスとは何か

近代の比較的早い発展段階から、近代制度のダイナミズムは人間の解放という考えを刺激し、ある程度それによって促進されてきた。第一にこれは伝統や宗教の教条的な義務からの解放であった。科学技術の領域だけでなく、人間の社会生活そのものにも合理的な理解の方法を適用することを通して、人間の活動は既存の制約から自由になった。

過度の単純化を避けるべく適切な留保をしつつ、近代の政治のうちに三つの全般的なアプローチ――急進主義（マルクス主義もこのカテゴリに含む）、自由主義、保守主義――を認めるのであれば、解放のポリティクスが、異なる仕方によってではあるが、これらすべてを支配してきたといえる。自由主義的な政治思想家たちは、急進主義者同様、個人およびより一般的には社会生活の諸条件を既存の実践や偏見の束縛から解放しようとしてきた。自由は計画的な革命的動乱の過程を通じてではなく、自由な国家とともに個人の漸進的な解放を通じて達成されるはずである。第三のカテゴリである「保守主義」は、ほぼ定義により、モダニティの解放の可能性に対してより否定的な見方をとる。しかし保守的な思想は解放に対する反応としてのみ存在している。保守思想は急進思想や自由思想に対する拒否として、またモダニティの脱埋め込みの傾向に対する批判として発展してきた。

私は解放のポリティクスを、とりわけ、生活機会を損なう制約から個人や集団を解放することに関与する視点一般と定義する。解放のポリティクスには二つの主要な要素がある。つまり、過去の束縛を捨てようとする努力――それによって未来に向けて変化する態度が可能になる――と、個人や集団に対する不当な支配に打ち勝つという目的である。これらの目的のうち、最初のものはモダニティのポジティブな原動力を育む。過去の決まりきった習慣からの分離によって、人間は生活環境に対する社会統制を確実に増大させることができる。むろん、この目的の達成方法については重要な哲学上の相違が生じてきた。ある人々は、解放の原動力は社会生活において物理的因果律と同様に作用する因果の条件によって支配されると考えてきた。他の人々にとっては——そしてこれは確かにより妥当である——その関係は再帰的なものである。人類は再帰的に「歴史を使って歴史を作る」ことができる。(2)

人類を伝統の制約から解放することには、それがモダニティの特徴的な方向性——以前は人間の活動を規定していた社会的世界や自然的世界の働きが人間のコントロールに従属すること——を反映していることを別にすれば、ほとんど「内容」はない。解放のポリティクスは人間のあいだの分断に焦点を合わせるとき、はじめてより実質的な内容を獲得する。それは本質的に「他者」のポリティクスである。マルクスにとっては、もちろん、階級が歴史の原動力であると同時に解放の担い手であった。人間の一般的な解放は無階級秩序の出現によって達成されるはずであった。非マルクス主義の論者にとっては、解放のポリティクスにおいては、他の分断の方がより広範に及ぶ重要性を帯びる。他の分断とは、エスニシティやジェンダーの分断、支配的グループと従属的グループ、豊かな国と貧しい国、現在の世代と将来の世代のあいだの分断などである。しかしすべての場合において、解放のポリティクスの目的は恵まれないグループをその不幸な条件から解放することか、もしくはそれらのあいだの相対的な違いをなくすことである。

解放のポリティクスは権力の位階的な概念のもとで作用する。権力は、他者に対して個人やグループがその意思を及ぼす能力として理解される。いくつかの主要な概念と到達目標が、このポリティクスの見方にとりわけ特徴的となる傾向がある。解放のポリティクスは、搾取、不平等および抑圧を抑制ないし根絶することに目的がある。もちろんこれらは論者によって様々に定義されている。この章の主要な関心は解放のポリティクスの性質にはないので、私はそれらを系統だてて図解しようとは考えていない。搾取は、一般に、あるグループ——たとえば、労働者階級と比べた場合の上流階級、黒人と比べた場合の白人、女性と比べた場合の男性——が、搾取されているグループにはアクセスが拒否されている資源や希求される財を不当に独占していることを想定している。不平等はあらゆる希少資源について当てはまるが、解放のポリティクスにおいては物質的報酬への差別的アクセスが最も重視されることが多い。たとえば遺伝子の継承における不平等と異なり、物質的報酬への差別的なアクセスはモダニティの生成的メカニズムの一部を形成しており、したがって原理的には（もちろん実際にはそうではない）自由に変容させることができる。抑圧は権力の格差に直接関わることがらであり、あるグループが他のグループの生活機会を限定するために用いる。解放のポリティクスの他の点と同様、抑圧的状況から人々を解放するという目的には、道徳的な価値を取り入れるという含みがある。「正当化可能な権威」は抑圧であるという非難に対して、権力の格差は道徳的に不当だということが示されるところでのみ自己を守ることができる。

解放のポリティクスは正義、平等および参加という要諦を主眼とする。一般的に、これらは先に触れた三種類の権力の分断に対応している。これらすべてについては多くの派生的な定義があり、多かれ少なかれ実質的には重なりあっている。

正義の規範は搾取とみなされるものを定義し、また逆に、搾取的な関係が道徳的に擁護可能な権威を伴った関係となる状況を定める。アナーキズムは、搾取ばかりでなく権威そのものが存在しないような社会秩序が達成可能だと主張するかぎり、ここでの例としては限定なものになるだろう。平等を育むことは、いくつかの思想の学派においては、それ自体において主要な価値であるとされ、解放のポリティクスの最優先の目的と考えられているこ とも ある。しかし、たとえば物質的な不平等は効率的な生産を生み出す経済的なインセンティブを与えるがゆえに正当化される、というように、ほとんどのかたちの急進思想や自由思想は、ある種の不平等は正当で、望ましいとさえみなしている。第三の要諦である参加は、個人や集団が、参加しなければ恣意的に押しつけられることになる決定に影響を及ぼすことを可能にするので、抑圧の対極にある。すべての権威がはじめから搾取的ではないのと同様、位階的な権力はかならずしも抑圧的とは限らないので、民主的関与という理想もまた、参加のレベルを明確にしておかなくてはならない。

解放のポリティクスは搾取的な、不平等な、あるいは抑圧的な社会関係を打破することを特に目的としているので、その基本的な方向性は「〜に向けて」ではなく「〜から離れて」ということになりやすい。すなわち、個人や集団が、共同体内の制約という限定的な枠組みのなかで自分たちの可能性を発展させる能力を別にすれば、解放の本質にはほとんど血肉が与えられていない。啓蒙思想以来ほとんどの進歩主義者の思想家が（例外はたくさんあるものの）ユートピアの見地から思考することに及び腰であることは、このような方向性の一つの表れである。マルクスの著作ははっきりした例である。「空想的社会主義」は、望ましい社会に具体的なかたちを与えるものなので、避けられるべきである。私たちはそのような社会秩序での人々の生活の仕方を前もって決めることはできない。それはこのような社会秩序が実際に生じるときに人々に残されていなくてはならない、というわけである。

ほとんどのバージョンの解放のポリティクスの背後に一つの行動原理があるとするならば、それは自律の原理であるということができるだろう。(3) 解放とは、個人が自身の社会生活環境において何らかの意味で自由な独立した行動ができるように集団生活が組織されることを意味する。自由と責任はここにおいてある種の均衡状態にある。搾取的な、不平等な、あるいは抑圧的な条件の結果として行動に課せられる制約から個人は解放されるが、そのことによっていかなる絶対的な意味においても自由になるわけではない。自由は、他者との関係において責任ある行動をとることと、集団的義務の関与を認識することを前提としている。ロールズの正義の理論は解放のポリティクスのあるバージョンの顕著な例をなしている[4]。ロールズは、行為の自律を規定する基本的条件は、正義という主題の見地から検討されている。ロールズは、解放を組織する宿願として正義に意義を与えている。しかし正義の秩序における個人や集団の振る舞い方は決定されないままである。

コミュニケーション理論の立場から解放のポリティクスの枠組みを発展させようとするハーバーマスの試みについてもほぼ同じことがいえる[5]。すべての言語の使用において内在すると主張される理想的発話状況は、活気ある解放のビジョンをもたらす。社会状況が理想的発話状況に近づけば近づくほど、自由で平等な個人の自律的行為に基づく社会秩序が現れることになる。個人は自分たちの活動について情報に基づく選択を自由に行うことができるし、集団レベルでの人類もそうすることができる。しかしこのような選択が実際に何なのかということは、ほとんど、あるいはまったく示されていない。

ライフ・ポリティクスの性質

ライフ・ポリティクスは、先に挙げた二つの主要な意味での(一定レベルの)解放を前提としている。すなわち、伝統の固定性からの解放と、位階的な支配の条件からの解放である。ライフ・ポリティクスは、個人が一定レベルの行為の自律を達成したときに起こることを焦点とする——他の要素も絡んでいるので、このように簡単に言ってしまうと、大まかに過ぎるだろう。しかしこれは少なくとも初めの方向づけを与えることにはなる。ライフ・ポリティクスは、私たちに選択肢を与えるような解放の条件に第一義的に関係するものではない。それは選択の政治である。解放のポリティクスが生活機会の政治であるのに対して、ライフ・ポリティクスはライフスタイルの政治である。ライフ・ポリティクスは再帰的に作動する秩序の政治——後期モダニティのシステム——である。このポリティクスは個人のレベルでも集団のレベルでも、社会活動の存在のパラメータを根本的に変革してきた。それは再帰的に秩序づけられた環境での自己実現の政治である。そこではその再帰性が自己と身体をグローバルな規模のシステムに結びつけている。この活動の場では、権力は位階的ではなく生成的である。これまでの章で論じてきた重大かつ豊かな意味において、ライフ・ポリティクスはライフスタイルの政治である。フォーマルな定義をするならば、ライフ・ポリティクスは、グローバル化する影響力が自己の再帰的プロジェクトに深く浸透し、逆に自己実現がグローバルな戦略に影響する、そのようなポスト伝統的環境において、自己実現の過程から生まれる政治的な問題である。

ライフ・ポリティクスの関心は本書の主要な主題から直接的に生じるものであり、私は次にそれらを詳細に論じる。ライフ・ポリティカルな問題はより以前に遡ることができるが、ライフ・ポリティクスはハイ・モダニティが深化する状況ではじめて、完全に特有の問題および可能性として出現するものである。すでに触れたように、ライフ・ポリティクスの関心は広範囲におよぶ未来の変化の前兆となっている。その変化とは本質的にはモダニティ自体の「向こう側」での社会秩序形式の発展である。

繰り返すが、ライフ・ポリティクスは人生の決定の政治である。このような決定とは何なのだろうか。またどのようにそれを概念化すればよいのだろうか。まず、自己アイデンティティそのものに影響する決定がある。本研究が示そうとしてきたとおり、今日、自己

解放のポリティクス

1. 伝統と慣習の固定性からの社会生活の解放。
2. 搾取、不平等、抑圧の抑制あるいは根絶。権力・資源の分断的分配に関わる。
3. 正義、平等、参加の倫理が示す要諦に従う。

ライフ・ポリティクス

1. 選択の自由と生成的権力（変更能力としての権力）から発する政治的決定。
2. グローバルな相互依存の文脈における自己実現を促進する、道徳的に正当化可能な生活形式の創造。
3. ポスト伝統秩序において、また実存的問題の背景の下に「いかに生きるべきか」に関わる倫理を発展させる。

アイデンティティは再帰的に達成される。ローカルなスケールでもグローバルなスケールでも、急速に変化する社会生活の環境に関連して、自己アイデンティティのナラティブは形成され、変更され、再帰的に維持されなくてはならない。無理のない一貫性のある仕方で未来の計画と過去の経験を結びつけられるよう、個人は媒介された経験から生じる情報と局所的な関与とを統合しなくてはならない。このことは、内的な信実性――変化する社会的出来事の背景に対して生涯をまとまりとして理解するための基本的信頼の枠組み――を人が発達させることができる場合にのみ、達成される。変化する外的環境のもとで、再帰的に秩序づけられた自己アイデンティティのナラティブは、有限の生涯に対して一貫性を与える手だてを提供する。この見方からのライフ・ポリティクスは、自己の再帰的プロジェクトから生じる議論や論争に関係する。

「個人的なことは政治的なことである」という考えを探究するなかで、学生運動、しかしより明確には女性運動が、ライフ・ポリティクスのこの側面を切り開いた。しかしその方法は曖昧だった。学生運動のメンバー、特に「状況主義」に加わった者は、官僚主義に挑戦する方法として個人的なジェスチャと「ライフスタイルによる反乱」を使おうとした。彼らは、日常生活は国家権力の諸側面を表現しているということに加えて、ふつうの日常のパターンを覆すことで、実際に国家の権力を脅かすことができるということをも示したいと望んでいた。しかし、このように考えると、個人的なことの政治はライフ・ポリティクスをぼんやりと予示するに過ぎず、解放のかたちに近いままであった。目的はライフスタイルのパターンを、抑圧と戦ったり、否認する手段に使うことだったからである。

フェミニズムは、ライフ・ポリティクスの領域を開くものとみなすのによりふさわしい――むろん、女性運動には解放の問題が引きつづき重要であるが。フェミニズムは、少なくともその現代的なかたちにおいては、自己アイデンティティの問題を多かれ少なかれ優先しなくてはならなかった。「家庭生活以上のものを望む女性は、家庭から一歩踏み出すたびに、個人的なことを政治的にしている」と、うまく言い表されている。[6] 女性は外へ「踏み出す」ことによって解放の過程にどんどん貢献する。しかしフェミニズムはすぐに、解放された女性にとっては、アイデンティティの問題がきわめて重要となることを理解するようになった。家庭や家庭中心の生活から自分たちを解放するなかで、彼女たちは閉鎖的な社会環境に直面したからである。女性のアイデンティティは家庭や家族とたいへん密接に関連して定義されていた。そのため、手に入るアイデンティティは男性のステレオタイプだけ、という社会状況に彼女たちは「踏み出す」ことになってしまった。

ベティ・フリーダンが四半世紀ほど前に「名前のない問題」について語ったとき、妻や母であることは、多くの女性がほとんど自分でも気づかないうちに切望する、充実した生活をもたらすことはできないということを彼女は意味していた。[7] この問題の分析のためにフリーダンは直接的にアイデンティティと自己を論じることとなった。真の「名前のない問題」は「私は何者になりたいのか?」ということであることが明らかになった。[8] フリーダンは特にこの問題を若い女性としての自身の経験と関連づけている。大学を卒業したばかりのとき、心理学者として専門職のキャリアを歩むことも含めて、彼女は多くの選択肢が自分に開かれていると感じていた。しかし博士課程のために獲得していた奨学金を受けることもなく、彼女は自分でも理由がわからないままこの可能なキャリアを放棄してしまった。彼女は結婚し、子どもを持ち、郊外の主婦として暮らした——そのあいだずっと、人生における目標の欠如についての不安を抑えていた。結局、彼女は他のところでの自己達成を必要としているということに気づき自己アイデンティティの問題を認めてそれに立ち向かうことでこの状況を抜け出した。

ベティ・フリーダンが明らかにしているように、彼女の個人的アイデンティティに関する深い不安は、今や女性に選択可能な選択肢がより多く与えられるようになったからこそ生じたものである。これらの選択肢に鑑みてはじめて、女性は近代の文化を「成長し、人間としての潜在的な可能性を達成するという基本的欲求を満足させせない……」[9] ものとして見るようになるのである。彼女の本はライフプランニングの検討、これまで探究されたことのない公の領域で新しい自己アイデンティティを女性が形成することを助ける手段についての話で結ばれている。彼女の「女性のための新しいライフプラン」は、後に登場することになるセルフ・ヘルプのマニュアルの多くの特徴を先取りしていた。新しいライフプランは、個人の成長へのコミットメント、「女性の神秘性」を拒否することによる過去の再考と再構成、そしてリスクの認識を含むものであった。

ライフ・ポリティクス、身体および自己

今日、フリーダンの先駆的な本が最初に現れて四半世紀ほどの後に、当初女性だけに関するようにみえた問題の多くが、実際にはジェンダー・アイデンティティの関係現象と結びついていることが明らかになってきた。ジェンダー・アイデンティティの定義や、その表現されるべき仕方は、人が出生時の性に解剖学的にとどまるか否かということにまで及んで、それ自体が複数の選択肢に関わる問題となった。自己アイデンティティの政治は、もちろん、ジェンダーの区分に関する問題だけに限定されるわけではない。私たちが人としてより再帰的に「自分を作れ」ば作るほど、「人」や「人類」とは何々であるというカテゴリそのものが前面に出てくることになる。いかにして、またなぜこのようになるのかということを示す多くの例がある。たとえば、中絶に関する現在の論議は身体と、その身体の「所有者」がその生産物に対して保有するあるいは保有しない権利に限られているように見えるかもしれない。しかし中絶の議論はまた、ある部分においては胎児が人間か否か、またもし人間であるならばその発達のどの段階で一人と数えられるのか、ということ

にも向かう。この問題においては、ライフ・ポリティクスの領域でしばしばそうであるように、私たちは哲学的定義、人権および道徳性が絡みあった問題を見出すのである。

中絶の事例が示すように、自己アイデンティティに関するライフ・ポリティクスの問題は、より明確に身体に注目する問題と容易に区別できるとは限らない。自己と同様、身体も不変のもの——生理的な実体——とはもはや捉えられなくなり、モダニティの再帰性と深く関連するようになった。身体は、かつては自然の一側面であり、基本的には人間の介入をわずかに許す過程によって統御されるものであった。身体は「所与」で、しばしば不便で不十分な自己の座であった。抽象的システムによる身体への侵攻が増大するとともに、これらすべてが変化した。身体は、再帰的に組織される過程と体系的に秩序化される専門家の知識とを結びつけ、自己と同様、相互行為、専有、再専有の場となった。身体それ自身が解放された——それはその再帰的再構成の条件である。かつては魂のありかと考えられ、次いで暗い思いどおりにならない欲求の中心と考えられたが、身体はハイ・モダニティの影響によって完全に「働きかけられうる」ものとなった。この過程の結果、身体の境界は変化した。それは、いわば完全に透過性のある「外側の層」を持っており、自己の再帰的プロジェクトや外部的に形成された抽象的システムがその層を通過して日常的に入ってくる。これらのあいだにある概念的な空間に、健康、ダイエット、外見、運動、性交やその他多くのことに関するガイドブックや実用マニュアルが数多く見られるようになった。

身体的過程と発達を再帰的に専有することは、ライフ・ポリティクスをめぐる議論と闘争の基本的な要素である。身体は、モノ化やフーコーの意味における「規律＝訓練」に服従する、単に自力で行動できない存在となっているのではない、ということを理解するにはこの点を強調することが重要である。もしそうであれば、身体はなによりも解放のポリティクスの場であっただろう。ポイントは、身体をそれを虐げる抑圧から解放することとなったはずである。ハイ・モダニティの条件においては、実際には身体は自己に関してこれまでよりはるかに「従順」ではない。身体と自己とが自己アイデンティティの再帰的プロジェクトのなかで密接に統合されるようになるからである。身体はそれ自体――プラクシスに動員されるので――個人が追求するアイデンティティにより直接的に関連するようになる。メルッチは次のように観察している。

身体への回帰はアイデンティティの新たな模索の契機をもたらすことになる。身体はまずもって秘密の領域として現れる。そこに入る鍵は各個人の掌中にしかないし、個人がそこに回帰するのは、社会の規則や期待に押しひしがれていない自己の定義を見出そうとしてのことである。今日、アイデンティティの社会的属性は至る所に侵入し、「私的空間」の障壁によって伝統的に保護されていた領域にまで及んでいる。(10)

抽象的システムと自己の再帰的プロジェクトに二重に身体が関係することによって提起される一つの特異な問題として、私たちは身体の「所有権」の問題を認識することができる。すでに触れたように、ここにおける「所有権」の概念は、「人間」を定義することに関するあらゆる問題を提出する複雑な概念である。ライフ・ポリティクスの領域においては、誰が身体の生産物や身体の一部の「処分」を決定すべきかということや、個人がライフプランニングにおいて身体の発達の戦略に関する選択をどのように行うかということがこの問題に含まれる。

身体と自己は、モダニティの内的準拠システムが完全に通徹したもう一つの重要な領域においても関係している。すなわち再生産《リプロダクション》である。「再生産」という言葉は、社会の連続性と種の生物学的存続の両方を指すのに使われうる。この言葉のつながりは偶然ではない。「生物学的」再生産は今では全面的に社会的なものである。つまり、抽象的システムによって空隙化され、自己の再帰性を通じて再構築される。生殖《リプロダクション》は今までも決して単なる外部の決定論に関する問題ではなかったことは明らかである。たとえば、すべての前近代文化において、様々な避妊法が使われてきた。それにもかかわらず、生殖の領域はほとんどがいかんともしがたく宿命の領域に属していた。多少なりとも確実な避妊法の出現、性的実践の再帰的コントロール、様々な再生産技術の導入によって、生殖は今では複数の選択が広がる分野になっている。

「宿命としての再生産の終焉」は「自然の終焉」と密接に結びついている。というのも、今まで生殖はつねに、分離された自然との人間の関わりの一方の極をなしていたからである——死がもう一つの極である。遺伝子工学は、その可能性の活用は始まったばかりだが、自然な過程としての再生産のさらなる解体を示す。遺伝子の伝達は遺伝子工学の方法により人工的に決定されうる。したがって、それは種の生命を生物学的進化に結びつける最後の絆を破壊する。自然の消滅というこの過程において、新しく生まれた意思決定の諸分野は、生殖の直接の過程のみならず、身体の物理的構成やセクシュアリティの表明にも影響する。そのため、このような行為の分野は、ジェンダーとジェンダー・アイデンティティの問題にも、アイデンティティ形成の他の過程にも関連する。

生殖技術は出生と不妊との長年にわたる対比を変えた。人工授精や体外受精は、生殖を伝統的な異性関係の経験の範疇から多かれ少なかれ完全に分離する。不妊の人を妊娠可能にできるが、様々な代理両親の組み合わせもかくして可能になった。たとえばゲイのカップルにもたらされる、子どもを産み育てる機会は、これらの技術革新がもたらす多様なライフスタイルの選択肢の一つに過ぎない。セクシュアリティはもはや生殖と何の関係もなくてもよい——あるいはその逆もまた真である——という事実は、セクシュアリティをライフスタイルとの関連で再秩序化することに寄与する（つねにそうであるように、大部分は再帰的な専有を通じてではあるが）。

生殖技術の分野における、現在導入されているかあるいはまもなく開発されそうな様々な選択肢は、ライフ・ポリティクスの機会と問題の恰好の例である。一九七八年七月二五日のルイーズ・ブラウンの誕生は、生殖における新たな転換を示した。新しい生命の創造——避妊を通じた生命のネガティブなコントロールではない——が、はじめて意図的な構築の問題となったのである。体外受精（ＩＶＦ）は以前から存在していた多くの技術を使っているが、ある鍵となる技術革新のおかげで、人間の卵子を身体の外で受精させるのにこれらの技術を使えるようになった。将来の展開には着床前の性別の振分けがある。ＩＶＦの方法によって「性分化した」胎芽をＤＮＡ増殖技術で女性の子宮に移すことが可能である。男性と女性の胎芽をこのような技術で区別し、希望する性の胎芽を着床させることができる。これらの技術に胎芽の凍結も加えられる。この処理は胎芽が無期限に保存されることを可能にし、あらためて卵巣を刺激したり卵子を採集することなく複数の妊娠を可能にする。したがって、たとえば、一卵性双生児が別々の年に生まれることも可能なのである。

生殖の管理において少なくとも実現可能と思われるさらなる発展には、体外生殖とクローニングが含まれる。体外生殖は身体の外での人間の生命の完全な創造である。つまり、妊娠なしの子どもの生産である。クローニング、すなわち遺伝的に同一である複数の個体の創造は、より奇妙かもしれないが、より実現に近いと思われ、動物実験ではすでに成し遂げられている。[11]

個人の生活、地球の要請

これまでの議論は、自己の外にある社会関係が自己アイデンティティとライフスタイルに再帰的に影響することに主に注目して、このような社会関係の世界を扱った。しかし、個人の決定もまたグローバルなことがらに影響する――この場合の結びつきは「個人」から「地球」へということになる。社会化された生殖は、個人の決定を地球上の種の存続そのものに結びつける。種の再生産とセクシュアリティの連結が解かれる程度に応じて、将来の種の再生産は保証されなくなっていく。グローバルな人口の発展は内的準拠システムに組み込まれるようになっている。多数の個人の意思決定が、これらのシステムを通じて結びつけられ、他の社会化された秩序から生み出されたものに匹敵する予測不可能性を生み出すことも考えられる。種の再生産への想像もできないような全面的な影響をともなって、生殖は変更可能な個人的決定となる。

ライフスタイルの選択肢とグローバル化の影響の関連については、さらなる描写をすることができる。グローバル・エコロジーと核戦争のリスクを減らそうとする試みという関連トピックを考えてみよう。エコロジカルな問題や政治的な議論に対するそれらの関係を切り出すにあたって、私たちは第一にそれらが今日著しい注目の的となっている理由を問わなければならない。部分的にはその答えは、物質的環境がこれまで思われていた以上に広範で徹底的な崩壊の過程にさらされているという累積する証拠に見出されよう。しかしさらに決定的なのは、この問題に関する人間の態度の変化である。自然が「終焉に来ている」という事実は、専門家の専門家としての意識に閉じこめられているわけではなく、公衆にも知られているからである。増大するエコロジー意識の一部には、環境悪化の方向を逆転させるには、新しいライフスタイルを採用しなくてはならない認識が明らかにある。エコロジカルな損害は、世界社会の近代化された地域の生活様式から大部分きている。エコロジーの問題はグローバル・システムの新しい、加速しつつある相互依存を際立たせ、個人的な活動と地球規模の問題との関連の深さを皆に痛感させる。

地球のエコシステムの破壊により引き起こされる脅威に立ち向かうには、個人の行為から遠く隔たったレベルで足並みの揃ったグローバルな対応が求められる。他方で、各個人の反応と適応なしには、これらの脅威に効果的に対抗することはできない。私たちが直面しているエコロジカルなリスクを最小化するには、継続的な経済的蓄積の重視の脱却とともに、ライフスタイルの広範な変化が必要なのはほぼ確実である。再帰性が複雑に交錯するなかでは、エコロジカルなパターンを現在変動させているシステムには再帰的な性質がある、という広範な再帰的意識が必要であり、またそういった意識が出現する可能性もある。

原子力の問題はこうした関心の中心にあり、もちろんより一般的なエコロジカルな問題と核兵器の存在とのつながりをなしている。原子力発電所の建設は続行されるべきか否か、建設が続けられるのであれば、既存のエネルギー資源との関係はどのようにあるべきか、ということをめぐる論議はライフ・ポリティクスの領域で提起される多くの問題を例示している。重大な結果をもたらすリスクが関わっており、長期的な増大する要因に起因しているリスクも、より直接的な影響に起因しているリスクもある。リスクのレベルを技術的に計算することはこのような状況では完全無欠ではありえない。そうした計算は人間の犯す誤りを完全にコントロールできないし、予見されていない要因が存在しうるからである。原子力に関する論争について詳しく知りたいと考える人は、抽象的システムが浸透している他の分野と同様に、専門家の評価が徹底的に分かれていることを見出すだろう。グローバルな経済成長が今日と同じ度合で続く場合、何か別の——今までのところ知られていない——技術の飛躍的前進がなされないかぎり、広範な原子力の使用は避けられそうになく、経済成長が加速するのであればなおさらそうであろう。

特定の地域や国ないしそれより大きな規模において、原子力への依存を減らすことや、原子力発電資源を全廃しようと模索することは、重要なライフスタイルの変化を伴うだろう。内的準拠システムが拡張した他の領域と同様、既存の原子力発電資源によってこれまでにもたらされたかもしれない人間の生命と物理的環境に対する損害の程度は、誰にもわからない。証拠は議論の余地のあるものである。私たちは再び、社会化された生物学と生殖という個人の問題に立ち戻ることになる。ある論者が言っているように、「私たちの精子、卵子、胎芽、子どもたち」は、「毒にまみれたフロンティア」での戦いで「最前線」にいるのである。[12]

「ディープエコロジー」の支持者が主張するように、経済的蓄積から距離をとる動きは、個人の発達——自己表現と創造性のための可能性の開拓——が制限のない経済成長過程にとって代わることを伴うかもしれない。自己の再帰的プロジェクトはそれゆえ、現在のグローバル秩序を超える新たなグローバル秩序への移行において、まさに要になるかもしれない。核戦争の脅威もまた自己の再帰的プロジェクトに関連する。ラッシュがいうように、両者とも「生存」の問題を強調する。しかし両者が平和の可能性、すなわちグローバルなレベルでの人間の調和的な共存と個人のレベルでの心理的に実りある自己実現を浮き彫りにするということも同程度にいえる。核兵器の問題はネガティブな専有としても、ポジティブな専有としてもライフ・ポリティクスに入る。核兵器の問題は、潜在的なエコロジカルな災害の場合と同様に地球上に逃げ場がないので、個人的なものとグローバルなものとの相互連関の程度をとりわけ明確に示してくれる。軍事技術はますます複雑な、一連の専門家システムとなり、素人にはそれに関する専門的な知識の多くを得ることは難しくなる

(部分的には武器システムを取り囲んでいる秘密主義のためである)。しかしまさにこの過程が、核戦争勃発の潜在的可能性を軍事戦略家や政治指導者の特殊な関心事であるばかりでなく、すべての人の生活に影響する出来事にするのである。核紛争の危険はネガティブなサインのもとで作用しているが、自然の社会化とそれが個人の生活に対して持つ意味についての再帰的な意識を刺激するという点で、ライフ・ポリティカルな分野の他の様相と通底しているのである。

要約：ライフ・ポリティクスの議題

ライフ・ポリティカルな問題は、モダニティの内的準拠システムに疑問符をつける。ライフ・ポリティクスの議題は近代の制度の解放の影響力によって産み出され、内在的な基準によってのみ支配される意思決定の限界をさらしている。ライフ・ポリティクスは、モダニティの中核の制度が抑圧してきた道徳的な、また実存的問題を再び際立たせるからである。ここにポスト構造主義のもと発展した「ポスト・モダニティ」の説明の限界がある。この見地によれば、現在の社会環境において道徳の問題は完全に意味や意義を奪い取られている。しかしこの見方は、モダニティの内的準拠システムの様相を正確に反映してはいるものの、道徳の問題がライフ・ポリティクスの議題の中心に戻ってきた理由を説明することができない。ライフ・ポリティカルな問題は抽象的システムの外では論議されえない。様々な種類の専門知識から引き出される情報がその定義の中心にある。しかしライフ・ポリティカルな問題は、解放された社会環境で私たちが人生をいかに生きるべきかという問題に集中するので、道徳的または実存的問題を前面に出さざるをえない。ライフ・ポリティカルな問題は、制度的に抑圧されたものの回帰に対して、中心的な議題を与える。そうした問題は社会生活の再道徳化を求め、モダニティの諸制度が体系的に消滅させる問題への新たな感受性を要求するのである。

これまでの議論をまとめ、体系化してみよう。ライフ・ポリティクスの議題はモダニティの内的準拠システムの拡張から生じ、いくつかの別個の領域をカバーしている。抽象的システムによる自然世界の侵略は、人間の知識や関与の外部にある領域としての自然を終焉させた。しかし、自然に対する人間のコントロールの著しい拡張は（これは他のコントロールの分野と同様に新たな予測不可能性をもたらす）、その限界に直面している。この限界は、コントロールの拡張によって引き起こされた環境の悪化や破壊をめぐるものというよりはむしろ、モダニティの抽象的システムに外的な論議のパラメータを再導入する刺激をめぐる限界である。つまり、抑圧されていた実存的課題は、自然だけでなく存在そのものの道徳的パラメータに関係しており、議題に再登場する。その過程は自動的なものではない。集団的な闘争におけると同様、日常生活のレベルにおいても、道徳的／実存的問題は積極的に取り戻され、公の議論に持ち出される。このような議論のなかの明確な道徳的領域は、自然のなかで人間が生存するためにすべきことは何かということだけでなく、存在そのものがいかに把握され「生きられる」べきかということにも関わっている。これはハイデガーの「存在の問い」である。内的に組織された分野があまりに広範になったので、「自然の終焉」は多くの新しい考慮すべき問題を開いた。他の本質的な道徳の問題と同様、これらはすべて何らかのライフスタイルの選択肢を伴っている。そのすべてが、道徳的なジレンマと困難な分析的な問題をも提起している。

第二の領域は生物学的再生産である。モダニティの支配的な見地からすると、生殖は機械的な現象——遺伝子の過程に関すること、である。しかし道徳的に考えれば、生殖は実存的矛盾の問題を提起する。ここでは重要な道徳の領域は、超越に関するものである。すなわち、人類は自身の有限性の問題にいかに接近すべきだろうか、という問いである。他の領域と同様、ライフスタイルの選択肢に関係する、より本質的な道徳的問題に接近する仕方は、実存的矛盾と有限性という、より広範な問題の扱い方にかかっているであろう。たとえば、胎児がどんな権利を持つかという問題は、分析的な問題としても道徳的な問題としても「生命」が何を意味していると把握するか、ということに強く影響される。

グローバル化は、モダニティの内的準拠システムの拡張についての第三の焦点である。グローバル化された秩序の出現は、本研究で強調したように、私たちが今日「住んでいる」世界は前の時代とは異なるということを意味する。グローバル化は、ある部分では地球上に生きる誰もが逃れられない重大な結果をもたらすリスクを生み出すため、人間のコミュニティ全体を一つにするものである。新しいかたちの協力が求められている。そうした協力形態は広く認識されているが、国民国家が個々に存在する世界では、今までのところあまり発展していない。重大な結果をもたらすリスク要因があるので、発生する道徳的問題はいくぶんかは「抑止的な」たぐいのものである。根本的懐疑の原則に例外を宣言するべきであろうか？　科学的探究の無制限な追求には限界があるべきだろうか？　核兵器の保有は道徳的に弁護の余地がないとして非難されるべきだろうか？　これらの問題は、それらが全体としての人類の生存に関係するという具体的な意味において、私たちの「存在」に影響する。しかしそれらは相互主観性という、より基礎的な存在の問題にも関連している。

最後に私たちは、自己と身体の内的準拠システムを通じて照準される自己アイデンティティに戻る。モダニティの抽象的システムに全体的に貫かれ、自己と身体は新しいライフスタイルの選択肢の場となった。それがモダニティの中核的な見方に支配されているかぎり、自己のプロジェクトは「信実性」の道徳にのみ導かれるコントロールのプロジェクトにとどまる。しかしこのプロジェクトは、人間の最も身近な感受性に関わっているので、日常生活の再道徳化に向かう基本的な起動力となる。ライフ・ポリティクスの議題に関する本質的な問題は、人格や個性の権利を中心に展開し、そうした権利は自己アイデンティティそのものの実存的次元に関連する。

関連と含意

「ライフ・ポリティクス」という言葉の「ポリティクス」の意味は何だろうか？　政治理論においては、ポリティクスの狭義の概念と広義の概念とを認めるのがふつうである。前者は国家の政府の領域内の意思決定の過程のことである。後者は、対立する利益や価値が衝突する場での論議や争いの解決に関するあらゆる意思決定の様式を、ポリティカルなものと捉える。ライフ・ポリティクスはこれら両方の意味でのポリティクスである。

国民国家とその政府機構が保有しつづける中心的な位置ゆえに、狭義のポリティクスは存続する。国民国家は、より広範な社会のコミュニティに対して拘束力のある決定を生み出すという目的で、ライフ・ポリティクスの問題に関する法を効果的に制定することはできない。したがって、たとえば、遺伝子工学の研究を管理するという一国の決定は、グローバルにはこの分野の科学的発展にはほとんど影響を与えない。ある政府はその領土内で原子力の禁止を決定するかもしれない。しかし近隣の他の国々が原子力資源を保有するならば、この行為は自国民をほとんど満足に保護することができない。しかしライフ・ポリティクスのすべての問題は権利と義務の問題を含んでおり、これまで国家はそういった権利と義務を法律で決定する主要な行政の中心でありつづけた。ライフ・ポリティカルな問題は、国家の公共および司法の領域でますます重要になる可能性がある。先に強調したように、だからといって解放的権利の要求の重要性が減るわけではない。たとえば市民権を拡張し維持する試みは依然として重要である。このような権利はライフ・ポリティカルな問題がオープンに論議できる場を提供する。

広義の政治においては、ライフ・ポリティカルな問題は後期モダニティの社会生活の多くの領域に浸透している。抽象的システムの拡張と自然的過程の社会化によって、個人のレベルにおいても集合的にも、多くの選択範囲が開かれたからである。こういったより広範な意味においてライフ・ポリティクスのありうる制度的パラメータを詳細にたどることは、私の目的ではない。社会運動はライフ・ポリティカルな問題を前面に出し、公共の注意をそれに向けさせるうえで基本的な役割を果たした。そのような運動が政治活動の領域における組織的な変化の兆しか否かということは議論の余地のある問題である(13)。未来を植民地化しようとする再帰的な試みが多かれ少なかれ普遍的となる後期モダニティにおいては、多くの種類の個人的な行為や集合的な関与がライフ・ポリティカルな問題を形成する。ライフ・ポリティカルな問題は政治の既存の枠組みにうまく適合しないので、国の内部でもグローバルなレベルでも今までは顕著であったものとは異なる政治形態の出現を刺激するかもしれない。

これまで、解放のポリティクスは単にライフ・ポリティクスの準備であるかのように説明されてきた。解放のポリティクスとライフ・ポリティクスの関係は、もちろんこのような見方が示唆するより複雑なものである。ライフ・ポリティクスが政治的議題全体に広がる一方で、解放のポリティクスは終わらないだろう。事実上ライフ・ポリティクスのすべての問題が、解放に関する問題をも提起する。後期モダニティにおいては、自己実現の手段へのアクセスそのものが、階級分断とより一般的な格差の分布の主要な焦点になってい る。資本主義は、モダニティの拡大の重要な原動力の一つであるが、経済的に発展した社会の内部においてもグローバルなスケールでも、大きな物質的不平等を生み出す傾向のある階級システムである。よって、「制限のない」資本主義市場の分極効果を和らげることに役立ってきた解放闘争は、ライフ・ポリティカルな努力の追求に直接関連しているのである。

解放のポリティクスはしばしば、ライフ・ポリティカルの関心事のために単に「舞台を準備する」以上のことをしている。例を挙げて、いくつかの可能なつながりを探ることができる。二つの例に集中することにしよう。フェミニズムと、第一世界の国々と第三世界の国々の分断である。

女性運動は明確な解放の目的を持っている。その目的は、伝統的なかたちの制約から女

実存的問題とライフ・ポリティクス

領域	道徳領域	内的準拠システム	重要な道徳的問題点
実存	生存と存在	自然	1. 人類は自然に対してどのような責任を負うのか？ 2. 環境倫理の原理とは何か？
有限性	超越	生殖	1. 出生前の生命の権利とは何か？ 2. 胎児はどのような権利を持つのか？ 3. どのような倫理的原則が遺伝子工学を律するべきか？
個人と共同体の生活	協力	グローバル・システム	1. 科学的・技術的革新にはどのような限定が課されるべきか？ 2. 人間の問題における暴力の使用にはどのような限定が課されるべきか？
自己アイデンティティ	人格	自己と身体	1. 個人は自分の身体に対してどのような権利を持つのか？ 2. どのようなジェンダーの差異（もしそれがあるならば）が保持されるべきか？ 3. 動物はどのような権利を持つのか？

性を解放し、以前は男性に支配されていた社会的活動の領域に男性と同じレベルで女性が参加することを可能にすることである。前に示したように、運動の最初の数年間には解放の関心が明らかに優勢であった。しかし早くから他の関心も存在していたのである。十九世紀に女性運動がその最初の勢いを得たときに、純粋な解放以上のものがかかっているということを提案した者もいた。女性の声が聞き届けられることは、実際の社会生活の組織における広範囲に及ぶ変化を必要とすると同時に、そうした変化を引き起こしもするだろう、と彼らは提案した。男性に支配されている社会の領域に、女性がついに男性と対等な立場で入ったときに、彼女たちは男性の領域を根底から再形成する価値や態度を持ち込むだろう、と考えられた。

他の変化のなかでも、女性の解放は社会の攻撃性のレベルに影響し、自然環境に対する既存の態度を変容させるのに役立つだろうと考えられてきた。それゆえ初期のフェミニストも近年のフェミニストも軍事力と戦争が典型的に男性の領域であることに注目してきた。伝統的な戦士の価値はつねに男性の価値であり、家庭や家族内の女性の慈しみの関心とは対立していた。ほとんどの軍隊は最近まで男性だけで構成されており、戦場における戦いは断然男性の仕事であった。ということは、核の時代においても、軍事力と戦争を好む性癖は直接男性の攻撃性と結びついているのだろうか？　何といっても、男性は暴力を専門にしている。レイプは戦争同様、ほとんど男性だけの行動である。(14)女性が男性といっそう対等になるにつれて、そしてまた公の領域でいっそう重要になるにつれて、男性によって作られ、戦争と男性的攻撃性の基礎にある価値体系を女性が変革するかもしれない。これまで男性によって男性自身の、より暴力的なものごとのやり方に従属させられていた生活の領域に、女性は慈しみの価値を持ち込む、という主張がなされている。[15]

フェミニストの論者のなかには、自然に対するプロメテウス的な態度、技術、それに科学そのものさえが男性的傾向を反映しているとする者がいる。世界に対する男性の態度は、支配と操作に基づいており、本質的に道具的なものである。女性の見地は特徴的に異なっているので、女性は対照的な仕方で自然環境と折合う。[16] 女性が営む母親としての仕事や他のいたわりの仕事は、女性を男性より密接に自然の再生産過程に結びつける。この見地からは、生物学と生殖の社会化は、こうした本質的に女性の関心事に対する男性の支配のさらなる侵入とみなされるだろう。自分を男性の支配から解放するなかで、自分たちの存在そのものによって女性は自然に対する人間の関係を変化させるだろう。

こうした主張は議論の余地があるものであり、多くの人によって否定されている。[17] 女性がその解放を通じて本質的に軍事力の性質や自然の社会化を変化させるという考えは、ジェンダーの差の「本質主義者」の理論が棄却されるならば、成り立たないものである。多くのフェミニストの論者が今日論じているように、「男性」と「女性」のあいだに一般的な違いは存在しないからである。これらの範疇内の差異の方が、男性または女性それぞれが共有するものより優勢であることが多い。しかしこの文脈では、この概念が有効であるか否かは実際には問題ではない。ポイントは、解放の達成後に起きた変化ゆえに、解放が直接的にライフ・ポリティカルな問題に影響するような状況を私たちは想像できるということである。

この点について、第一世界と第三世界の分断を考えてみよう。長期的なグローバルな安全を得るには、グローバルな格差を減少させることが最重要であることは疑いない。解放を達成するメカニズムは現在はあまり明確ではないが、その過程は推進されなくてはならない。豊かな国と貧しい国の不均衡が、大規模なさらなるグローバルな産業化によって縮小されるとは考え難い。そのような過程はグローバル・エコロジーのさらなる悪化につながるうえ、第一世界の社会の生活様式に匹敵するような生活様式を世界の人々が採用するのに必要な十分な資源は存在しない。したがって、世界の貧困層の解放はおそらく、先進国でライフスタイルの根本的な変化が取り入れられてはじめて達成されるだろう。解放はライフ・ポリティカルな変容を前提としている。

解放のポリティクスとライフ・ポリティクスを結びつける一般的な定式はあるのだろうか。「ユダヤ人問題」の有名な定式化を成し遂げたとき、マルクスはその一つを規定した。[18]ユダヤ人の宗教的抑圧と迫害からの解放のために闘う者は、純粋に党派的な利害関係のために闘っているのではない、とマルクスは主張した。そのような抑圧からユダヤ人を自由にするなかで、彼らは人類を全体として解放しているからである。マルクスの議論では、これは宗教の制約からの一般化された解放であった。しかしこの原則をさらに一般化してもよいだろう。抑圧されている集団を解放する闘いは、最終的にはすべての人の利益になる相互寛容の態度を促進することによって、他の人々を自由にすることにも役立つ、と。

モダニティの内的準拠システムの拡張の矛盾した性質に結びつく、後期モダニティにおける自己の再帰的プロジェクトの重要性からライフポリティクスは生まれると私は論じてきた。自由に選択したライフスタイルを採用する能力は、ポスト伝統的秩序によってつくられた重要な恩恵であるが、解放に対する障害に対してのみならず、様々な道徳的ジレンマに対しても緊張した関係にある。これらの扱いの難しさや、広範なコンセンサスを集めるようにそれらを定式化することに伴う困難は、過小評価すべきでない[19]。私たちは偏見のとりこになることなく、いかにして社会生活を再道徳化できるのだろうか。私たちは、実存的な課題に戻れば戻るほど、道徳的な相違を見出す。これらはいかにして調和させられうるのか。歴史超越的な倫理の原則がないのであれば、どうすれば人間は「熱狂的な信者」の衝突に暴力なしに対処できるのだろうか。こうした問題に答えることは、ライフ・ポリティカルな努力の追求とともに解放のポリティクスの大幅な再構築を確実に必要とするだろう。

注（原注）

第一章　ハイ・モダニティの輪郭

（1）Judith Wallerstein and Sandra Blakeslee, *Second Chances* (London: Bantam, 1989).（高橋早苗訳［1997］『セカンドチャンス――離婚後の人生』草思社）

（2）*ibid.*, pp. 293, 294, 296, 308.（前掲書、二八〇頁、二八二頁、三〇一頁）

（3）続く数節の主なポイントについての詳しい解説は次の文献を参照。Anthony Giddens, *The Consequences of Modernity* (Cambridge: Polity, 1990).（松尾精文・小幡正敏訳［1993］『近代とはいかなる時代か？――モダニティの帰結』而立書房）

（4）Anthony Giddens, *The Nation-State and Violence* (Cambridge: Polity, 1985).（松尾精文・小幡正敏訳［1999］『国民国家と暴力』而立書房）

（5）次の文献を見よ。Giddens, *The Consequences of Modernity*.

（6）Georg Simmel, *The Philosophy of Money* (London: Routledge, 1978), p. 179.（居安正訳［1999］『貨幣の哲学（新訳版）』白水社、一七一頁）

（7）Alan Fox, *Beyond Contract* (London: Faber, 1974). システムにおける信頼についての一般的な議論については、次の文献を見よ。Susan P. Shapiro, 'The social control of impersonal trust',

American Journal of Sociology, 93, 1987.

（8） 次の文献を参照。Paul Connerton, *How Societies Remember* (Cambridge: Cambridge University Press, 1989).（芦刈美紀子訳［2011］『社会はいかに記憶するか――個人と社会の関係』新曜社）

（9） Anthony Giddens, *Central Problems in Social Theory* (London: Macmillan, 1979).（友枝敏雄・今田高俊・森重雄訳［1989］『社会理論の最前線』ハーベスト社）

（10） Claude Lévi-Strauss, *Structural Anthropology* (London: Allen Lane, 1968).（荒川幾男［ほか］訳［1972］『構造人類学』みすず書房）

（11） Walter J. Ong, *Interfaces of the Word* (Ithaca: Cornell University Press, 1977).

（12） Harold Innis, *Empire and Communications* (Oxford University Press, 1950); Marshall McLuhan, *Understanding Media* (London: Sphere, 1967).（栗原裕・河本仲聖訳［1987］『メディア論――人間の拡張の諸相』みすず書房）

（13） Christopher Small, *The Printed Word* (Aberdeen: Aberdeen University Press, 1982).

（14） J. M. Strawson, 'Future methods and techniques', in Philip Hills (ed.), *The Future of the Printed Word* (London: Pinter, 1980), p. 15.

（15） Susan R. Brooker-Gross, 'The changing concept of place in the news', in Jacquelin Burgess and John R. Gold, *Geography, the Media and Popular Culture* (London: Croom Helm, 1985), p. 63.（山田晴通［ほか］訳［1992］『メディア空間文化論――メディアと大衆文化の地理学』古今書院、六九頁）

（16） 次の文献を参照。E. Relph, *Place and Placelessness* (London: Pion, 1976)（高野岳彦・阿部隆・石山美也子訳［1991］『場所の現象学――没場所性を越えて』筑摩書房）および Joshua Meyrowitz, *No Sense of Place* (Oxford: Oxford University Press, 1985)（安川一・高山啓子・上谷香陽訳［2003］『場所感の喪失――電子メディアが社会的行動に及ぼす影響（上）』新曜社）

（17） 特にジャン・ボードリヤール。次の文献を見よ。Mark Poster, *Jean Baudrillard* (Cambridge: Polity, 1989).

（18） Yi-Fu Tuan, *Topophilia* (Englewood Cliffs: Prentice-Hall, 1974).（小野有五・阿部一訳［1992］『トポフィリア――人間と環境』せりか書房）および Robert David Sack, *Conceptions of Space in Social Thought* (London: Macmillan, 1980).

（19） Giddens, *The Consequences of Modernity*. 他の比喩を使った重要な分析については、次の文献を見よ。James N. Rosenau, *Turbulence in World Politics* (London: Harvester, 1990).

（20） Ulrich Beck, *Risikogesellschaft: Auf dem Weg in eine andere Moderne* (Frankfurt: Suhrkamp, 1986).（東廉・伊藤美登里訳［1998］『危険社会――新しい近代への道』法政大学出版局）

（21） これについては、次の文献を見よ。Zygmunt Bauman, *Modernity and Ambivalence* (Cambridge: Polity, 1990).

第二章　自己：存在論的安心と実存的不安

（1） Anthony Giddens, *Central Problems in Social Theory* (1979) および *The Constitution of Society* (Cambridge: Polity Press, 1984).

（2） Harold Garfinkel, 'A conception of, and experiments with, "trust" as a condition of stable concerted actions', in O. J. Harvey, *Motivation and Social Interaction* (New York: Ronald Press, 1963). この問題については次の文献も見よ。John Heritage, *Garfinkel and Ethnomethodology* (Cambridge: Polity Press, 1984).

（3） より詳細な解説については、次の文献を参照。Giddens, *The Consequences of Modernity*. オリジナルの出典については、次の文献を参照。Erik Erikson, *Childhood and Society* (New York: Norton, 1950).（仁科弥生訳［1977, 1980］『幼児期と社会　全2巻』みすず書房）

（4） D. W. Winnicott, *The Maturational Processes and the Facilitating Environment* (London: Hogarth, 1965), pp. 57, 86.（牛島定信訳［1977］『情緒発達の精神分析理論――自我の芽ばえと母なるもの』岩崎学術出版社、五九頁、九八頁）

（5） D. W. Winnicott, 'Creativity and its origins', in his *Playing and Reality* (Harmondsworth: Penguin, 1974), p. 83.（橋本雅雄訳［1979］『遊ぶことと現実』岩崎学術出版社、九九頁）

（6） Sigmund Freud, *Introductory Lectures on Psychoanalysis* (Harmondsworth: Penguin, 1974), p. 395.（懸田克躬・高橋義孝訳［1971］『フロイト著作集　第1巻　精神分析入門（正・続）』人文書院、三二四頁）

（7） 前掲書中の次の部分を見よ。Freud, 'Anxiety'.（「第二十五講　不安」、前掲書、三二三―三三九頁）

（8） Harry Stack Sullivan, *Conceptions of Modern Psychiatry* (New York: Norton, 1953).（中井久夫・山口隆訳［1976］『現代精神医学の概念』みすず書房

(9) *ibid.*, p. 14.(前掲書、一二三頁)

(10) 次の文献を参照。Rollo May, *The Meaning of Anxiety* (New York: Washington Square Press, 1977).(小野泰博訳[1963]『不安の人間学』誠信書房)

(11) Freud, 'Anxiety'.(前掲「第二十五講 不安」)

(12) Erving Goffman, *Relations in Public* (London: Allen Lane, 1971).

(13) Søren Kierkegaard, *The Concept of Dread* (London: Macmillan, 1944).(斎藤信治訳[1951]『不安の概念』岩波書店)

(14) Anthony Giddens, *New Rules of Sociological Method* (London: Macmillan, 1981).(松尾精文[ほか]訳[1987]『社会学の新しい方法規準——理解社会学の共感的批判』而立書房)

(15) Paul Tillich, *The Courage to Be* (London: Collins, 1977).(大木英夫訳[1995]『生きる勇気』平凡社)

(16) Søren Kierkegaard, *Concluding Unscientific Postscript* (Princeton: Princeton University Press, 1941), p. 147.(大谷長訳[1989]『キェルケゴール著作全集 第6巻 哲学的断片或いは一断片の哲学:哲学的断片への結びの学問外れな後書(前半)』創言社)

(17) 次の文献からの引用。Martin Heidegger, *Being and Time* (Oxford: Blackwell, 1962), pp. 143-5.(細谷貞雄訳[1994]『存在と時間』筑摩書房)

(18) Søren Kierkegaard, *The Sickness Unto Death* (Harmondsworth: Penguin, 1989).(斎藤信治訳[1957]『死に至る病』岩波書店)

(19) René Descartes, *Meditations on First Philosophy* (Cambridge: Cambridge University Press, 1986),

p. 98.（三宅徳嘉・小池健男・所雄章訳［1991］『方法叙説：省察』白水社）

（20）もちろん、この主題についてはヒュームをはじめとする哲学者たちによってさかんに論じられてきた。この問題については、ここ二十年間ほどでかなり多数の文献が蓄積されている。

（21）R. D. Laing, *The Divided Self* (Harmondsworth: Penguin, 1965).（阪本健二［ほか］訳［1971］『ひき裂かれた自己——分裂病と分裂病質の実存的研究』みすず書房）

（22）*ibid.*, p. 108.（前掲書、一四四—一四五頁）

（23）*ibid.*, p. 112.（前掲書、一五〇頁）

（24）Charles Taylor, *Sources of the Self* (Cambridge: Cambridge University Press, 1989).（下川潔・桜井徹・田中智彦訳［2010］『自我の源泉——近代的アイデンティティの形成』名古屋大学出版会）自己アイデンティティの物語については、次の文献も見よ。Alasdair MacIntyre, *After Virtue* (London: Duckworth, 1981).（篠﨑榮訳［1993］『美徳なき時代』みすず書房）

（25）Giddens, *The Constitution of Society*, ch. 2.

（26）Goffman, *Relations in Public*.

（27）*ibid.*, p. 248.

（28）*ibid.*

（29）Michel Foucault, *Discipline and Punish* (London: Allen Lane, 1979).（田村俶訳［1977］『監獄の誕生——監視と処罰』新潮社）

（30）Goffman, *Relations in Public*, p. 250.

（31）Kierkegaard, *The Sickness Unto Death*.

（32）Bruno Bettelheim, *The Informed Heart* (London: Palladin, 1970).（丸山修吉訳［1975］『鍛えられた心——強制収容所における心理と行動』法政大学出版局）さらに、Giddens, *Central Problems in Social Theory* を見よ。

（33）Sigmund Freud, *Beyond the Pleasure Principle* (London: Hogarth, 1950).（小此木啓吾訳「快感原則の彼岸」井村恒郎・小此木啓吾［ほか］訳［1970］『フロイト著作集　第6巻　自我論・不安本能論』人文書院、一五〇—一九四頁）

（34）Laing, *The Divided Self*, p. 144.（前掲『ひき裂かれた自己』、一九五頁）

（35）Harold Garfinkel, *Studies in Ethnomethodology* (Cambridge: Polity Press, 1984).

（36）この分析については、次の文献を参考にした。Thomas J. Scheff and Suzanne Retzinger, *Emotion and Violence* (New York: Lexington Books, 1991). ただし、ここでは羞恥、怒り、暴力の関係については深く追究していない。

（37）Rom Harré, *Personal Being* (Oxford: Blackwell, 1983).

（38）Jean-Paul Sartre, *Being and Nothingness* (London: Methuen, 1969).（松浪信三郎訳［1956］『サルトル全集　第18巻　存在と無——現象学的存在論の試み』人文書院）

（39）Gabriele Taylor, *Pride, Shame and Guilt* (Oxford: Clevedon Press, 1985).

（40）Helen B. Lewis, *Shame and Guilt in Neurosis* (New York, International Universities Press, 1971).

（41）Helen M. Lynd, *On Shame and the Search for Identity* (London: Routledge, 1958), pp. 46-7.（鑪幹八郎・鶴田和美訳［1983］『恥とアイデンティティ』北大路書房、四三—四四頁）

（42）Heinz Kohut, *The Analysis of the Self* (New York: International Universities Press, 1971).（近藤三

男・滝川健司・小久保勲訳［1994］『自己の分析』みすず書房）

（43）G. Piers and M. Singer, *Shame and Guilt* (New York: Norton, 1953).

（44）*ibid*., p. 142.

（45）Kohut, *The Analysis of the Self*, p. 108.（前掲『自己の分析』、九八頁）

（46）Heinz Kohut, *The Restoration of the Self* (New York: International Universities Press, 1977), pp. 238, 241.（本城美恵・山内正美訳［1995］『自己の修復』みすず書房、一九〇頁、一九二頁）

（47）Erikson, *Childhood and Society*, p. 242.（前掲『幼児期と社会　第2巻』、一〇頁）

第三章　自己の軌跡

（1）Janette Rainwater, *Self-Therapy* (London: Crucible, 1989), p. 9.

（2）*ibid*.

（3）*ibid*., p. 11.

（4）*ibid*., p. 56.

（5）*ibid*., p. 194.

（6）*ibid*., p. 209.

（7）Roy F. Baumeister, *Identity: Cultural Change and the Struggle for Self* (New York: Oxford University Press, 1986).

（8）Emile Durkheim, *The Division of Labour in Society* (London: Macmillan, 1984).（田原音和訳［1971］『社会分業論』青木書店）

（9）Rainwater, *Self-Therapy*, p. 15.

（10）John O. Lyons, *The Invention of the Self* (Carbondale: Southern Illinois University Press, 1978).

（11）Rainwater, *Self-Therapy*, p. 172.

（12）Sharon Wegscheider-Cruse, *Learning to Love Yourself* (Deerfield Beach, Fa: Health Communications, 1987).

（13）*ibid.*, p. 79.

（14）Dennis H. Wrong, 'The influence of sociological ideas on American culture', in Herbert J. Gans, *Sociology in America* (Beverly Hills: Sage, 1990).

（15）Pierre Bourdieu, *Distinction* (Cambridge, Mass.: Harvard University Press, 1986).（石井洋二郎訳［1989, 1990］『ディスタンクシオン――社会的判断力批判　全2巻』新評論）

（16）Peter Berger, et al., *The Homeless Mind* (Harmondsworth: Penguin, 1974).（高山真知子［ほか］訳［1977］『故郷喪失者たち――近代化と日常意識』新曜社）

（17）Giddens, *The Constitution of Society*, ch. 4.

（18）Meyrowitz, *No Sense of Place*.

（19）次を参照。Berger, et al., *The Homeless Mind*, pp. 69ff.（前掲『故郷喪失者たち』、八〇頁以下）

（20）次の文献を見よ。Harvey Sacks, 'On members' measurement systems', *Research on Language and Social Interaction*, 22, 1988-9.

（21）Rainwater, *Self-Therapy*, pp. 56ff.

(22) Giddens, *The Consequences of Modernity*.

(23) Pat Easterling, 'Friendship and the Greeks', in Roy Porter and Sylvana Tomaselli, *The Dialectics of Friendship* (London: Routledge, 1989), p. 11.

(24) Shere Hite, *Women and Love* (London: Viking, 1988).

(25) *ibid.*, p. 526.

(26) *ibid.*, p. 655.

(27) たとえば次の文献を見よ。Kenneth Solomon and Norman B. Levy, *Men in Transition* (London: Plenum, 1983).

(28) たとえば次の文献を見よ。Shere Hite, *Sexual Honesty* (New York: Warner, 1974).

(29) テクニカルなテクストから、一般概説書、治療プログラムに至るまで、共依存に関しては特にアメリカでは膨大な文献がある。代表的なものとして、次の文献を参照。Melody Beattie, *Co-dependent No More* (New York: Harper, 1987).（村山久美子訳［1999］『共依存症――いつも他人に振りまわされる人たち』講談社）

(30) 次の有名な分析を見よ。Norbert Elias, *The Civilizing Process*, vol. 1 (Oxford: Blackwell, 1978).（赤井慧爾・吉田正勝・中村元保訳［1977］『文明化の過程〈上〉ヨーロッパ上流階層の風俗の変遷』法政大学出版局）

(31) ゴッフマンは、日常生活においてどのようにしてプライバシーが維持されているか、なぜ個人がプライバシーをそれほどまで重視するのかについて、少なくない関心を持っていた。他方でゴッフマンは、プライバシーを普遍的に必要とされるものと考えており、歴史的なコンテクストにおいてプライバシーを考えることはなかった。

（32） Joseph Bensman and Robert Lilienfeld, *Between Public and Private* (New York: Free Press, 1979).

（33） Wegscheider-Cruse, *Learning to Love Yourself*, p. 96.（強調は筆者による。）

（34） *ibid*., p. 100.

（35） Giddens, *The Consequences of Modernity*, pp. 114ff.（ギデンズ『近代とはいかなる時代か？』、一四三頁以下）

（36） Wegscheider-Cruse, *Learning to Love Yourself*, pp. 101-3.

（37） Vernon Coleman, *Bodysense* (London: Sheldon Press, 1990).

（38） *ibid*., pp. 23-4.

（39） *ibid*., p. 25.

（40） Joan Jacobs Brumberg, *Fasting Girls: The Emergence of Anorexia Nervosa as a Modern Disease* (Cambridge, Mass.: Harvard University Press, 1988).

（41） *ibid*., p. 100.

（42） 特に次の文献を参照。 Hilde Bruch, *The Golden Cage: The Enigma of Anorexia Nervosa* (London: Routledge, 1978).（岡部祥平・溝口純二訳［1979］『思春期やせ症の謎――ゴールデンケージ』星和書店）

（43） この叙述は次の文献の第八章に登場する。 Marilyn Lawrence, *The Anorexic Experience* (London: Women's Press, 1984).

（44） 次の文献を参照。 Marcia Millman, *Such a Pretty Face* (New York: Berkley Books, 1981); Kim

Chernin, *The Obsession: Reflections on the Tyranny of Slenderness* (New York: Harper, 1981).

（45）Susie Orbach, *Hunger Strike: The Anorectic's Struggle as a Metaphor for Our Age* (London: Faber, 1986).（鈴木二郎［ほか］訳［1992］『拒食症——女たちの誇り高い抗議と苦悩』新曜社）

（46）*ibid.*, pp. 27ff.（前掲書、二四頁以下）

（47）J. A. Sours, *Starving to Death in a Sea of Objects* (New York: Aronson, 1981).

第四章　宿命、リスク、安心

（1）Liz Greene, *The Astrology of Fate* (London: Allen and Unwin, 1984).

（2）Max Weber, *The Sociology of Religion* (Boston: Beacon, 1963).（武藤一雄・薗田宗人・薗田坦訳［1976］『宗教社会学』創文社）

（3）Niccolo Machiavelli, *The Prince.* この部分は次の文献からの引用。*The Portable Machiavelli* (Harmondsworth: Penguin, 1979), pp.159-60.（池田廉訳［1995］『君主論（新訳）』中央公論社、一四二―一四三頁）

（4）次の文献を参照。Torsten Hägerstrand, 'Time and culture', in G. Kirsch et al., *Time Preferences* (Berlin: Wissenschaftszentrum, 1985); Helga Nowotny, *Eigenzeit: Entstehung und Strukturierung eines Zeitgefühls* (Frankfurt: Suhrkamp, 1989).

（5）Erving Goffman, *Interaction Ritual* (London: Allen Lane, 1972).（広瀬英彦・安江孝司訳［1986］『儀礼としての相互行為——対面行動の社会学』法政大学出版局）

（6）*ibid.*

（7）ゴッフマンの議論のなかには運命決定的であることのこの二番目の点は含まれていない。しかし自分の人生について、またある位置から今後どのような行動をとるかについて考える個人の観点からすれば、運命決定的な情報の入手は重要な危機を形成する。

（8）次の文献からの引用。John Keats, 'Ode to a Nightingale', in Roy Porter and Dorothy Porter, *In Sickness and in Health* (London: Fourth Estate, 1988).（「夜鳴鶯の賦」平井正穂編［1990］『イギリス名詩選』岩波書店、二一九頁）

（9）John Urquhart and Klaus Heilmann, *Risk Watch* (New York: Facts on File, 1984).

（10）*ibid.*, p.12.

（11）Raymond Firth, 'Suicide and risk-taking in Tikopia society', *Psychiatry*, 24, 1961.

（12）James M. A. Weiss, 'The gamble with death in attempted suicide', *Psychiatry*, 20, 1957.

（13）Peter G. Moore, *The Business of Risk* (Cambridge: Cambridge University Press, 1983), pp. 104ff.（小路正夫訳［1986］『ビジネスリスク・マネジメント――リスクと不確実性をどう見切るか』日経マグロウヒル社、一五〇頁以下）

（14）R. A. Brealey, S. Myers, and F. Allen, *Principles of Corporate Finance* (New York: McGraw-Hill, 1981).（藤井眞理子・国枝繁樹監訳［2002］『コーポレート・ファイナンス』日経ＢＰ社）

（15）Urquhart and Heilmann, *Risk Watch*, ch. 4.

（16）Paul Slovic, Baruch Fischhoff and Sarah Lichtenstein, 'How safe is safe enough?', in Jack Dowie and Paul Lefrere, *Risk and Chance* (Milton Keynes: Open University Press, 1980).

（17）P. M. Boffey, 'Nuclear war', *Science*, no.190, 1975.

（18） E. Rabinowitch, 'Living dangerously in the age of science', *Bulletin of the Atomic Scientists*, 28, 1972.

（19） Urquhart and Heilmann, *Risk Watch*, p. 89.

（20） Goffman, *Interaction Ritual*, p. 166.（前掲『儀礼としての相互行為』、一六九頁）

（21） *ibid*., p. 167.（前掲書、一六九頁）

（22） Goffman, *Relations in Public*, pp. 252ff.

（23） Urquhart and Heilmann, *Risk Watch*, p. 45.

（24） Giddens, *The Consequences of Modernity*.

（25） 次の文献を参照のこと。Charles W. Smith, *The Mind of the Market* (Totowa: Rowman and Littlefield, 1981).

（26） Michael Balint, *Thrills and Regressions* (London: Hogarth, 1959).（中井久夫・滝野功・森茂起訳［1991］『スリルと退行』岩崎学術出版社）この作品は、ゴッフマンの *Interaction Ritual* において頻繁に利用されている。

（27） Murray Melbin, *Night as Frontier* (New York: Free Press, 1987).

（28） René Dubos, *The Wooing of Earth* (London: Athlone, 1980).（長野敬訳［1983］『いま自然を考える——地球への求愛』思索社）

（29） *ibid*.

（30） Bill McKibben, *The End of Nature* (New York: Random House, 1989), p. 96.（鈴木主税訳［1990］『自然の終焉——環境破壊の現在と近未来』河出書房新社、二二四頁）

第五章　経験の隔離

（1）Edward Shils, *Tradition* (London: Faber, 1981), p. 25.
（2）John Kotre, *Outliving the Self* (Baltimore: Johns Hopkins University Press, 1984).
（3）Giddens, *The Consequences of Modernity*.
（4）次の文献を参照。Erik Erikson, *Identity: Youth and Crisis* (London: Faber 1968).（岩瀬庸理訳［1969］『主体性（アイデンティティ）——青年と危機』北望社）
（5）次の文献を参照。Anthony Giddens, *A Contemporary Critique of Historical Materialism*, vol. 1. (Berkeley: University of California Press, 1981)
（6）Richard Sennett, *The Fall of Public Man* (Cambridge: Cambridge University Press, 1977).（北山克彦・高階悟訳［1991］『公共性の喪失』晶文社）
（7）*ibid.*, ch. 5.（前掲書、第五章）
（8）Elias, *The Civilizing Process*, vol. 1.
（9）*ibid.*, pp. 175ff.（前掲『文明化の過程〈上〉』、四〇五頁以下）
（10）Sigmund Freud, *Civilization and its Discontents* (London: Hogarth, 1950).（浜川祥枝訳「文化への不満」高橋義孝［ほか］訳［1969］『フロイト著作集　第3巻　文化・芸術論』人文書院、四三一—四九六頁）
（11）*ibid.*, pp. 61, 71.（前掲書、四七八頁、四八七頁）
（12）Max Weber, *The Protestant Ethic and the Spirit of Capitalism* (London: Allen and Unwin, 1976).

（大塚久雄訳［1976］『プロテスタンティズムの倫理と資本主義の精神（改訳版）』岩波書店）

（13） David J. Rothman, *The Discovery of the Asylum* (Boston: Little, Brown, 1971).

（14） Foucault, *Discipline and Punish*.

（15） Rothman, *The Discovery of the Asylum*, p. 4.

（16） *ibid*., p. 15.

（17） *ibid*., p. 72-3.

（18） *ibid*., p. 124.

（19） Norbert Elias, *The Loneliness of the Dying* (Oxford: Blackwell, 1985).（中居実訳［1990］『死にゆく者の孤独』法政大学出版局）

（20） Horace Bleackley and John Lofland, *State Executions, Viewed Historically and Sociologically* (Montclair: Patterson Smith, 1977).

（21） Niklas Luhmann, *Love as Passion* (Cambridge: Polity, 1986).（佐藤勉・村中知子訳［2005］『情熱としての愛――親密さのコード化』木鐸社）

（22） Michel Foucault, *The History of Sexuality* (Harmondsworth: Penguin, 1981), pp. 3-4.（渡辺守章訳［1986］『性の歴史〈1〉――知への意志』新潮社、一〇頁）

（23） Luhmann, *Love as Passion*.

（24） たとえば次の文献を見よ。Michael R. Wood and Louis A. Zurcher Jr., *The Development of a Postmodern Self* (New York: Greenwood, 1988).

（25） Sennett, *The Fall of Public Man*.

(26) *ibid*., p. 219.（前掲『公共性の喪失』、三〇八頁）

(27) Christopher Lasch, *The Culture of Narcissism* (London: Abacus, 1980)（石川弘義訳［1981］『ナルシシズムの時代』ナツメ社）および *The Minimal Self* (London: Picador, 1985).（石川弘義［ほか］訳［1986］『ミニマルセルフ――生きにくい時代の精神的サバイバル』時事通信社）

(28) Lasch, *The Culture of Narcissism*, pp. 85-6.（前掲『ナルシシズムの時代』、七二頁）

(29) 次の文献を参照。Claude Fischer, *To Dwell Among Friends* (Berkeley: University of California Press, 1982).（松本康・前田尚子訳［2002］『友人のあいだで暮らす――北カリフォルニアのパーソナル・ネットワーク』未來社）

(30) Judith Stacey, *Brave New Families* (New York: Basic, 1990).

(31) Lasch, *The Culture of Narcissism*, p. 74.（『ナルシシズムの時代』、六二頁）

(32) *ibid*., p. 79.（前掲書、六六頁）

(33) Philip Rieff, *The Triumph of the Therapeutic* (Harmondsworth: Penguin, 1966).

(34) *ibid*., p. 34.

(35) *ibid*., p. 35.

(36) アメリカに関して、ラッシュの解釈に異議を唱えた文献としては、次の二つを挙げることができる。Daniel Yankelovich, *New Rules: Searching for Self-fulfilment in a World Turned Upside Down* (New York: Bantam, 1982).（板坂元訳［1982］『ニュールール』三笠書房）および Peter Clecak, *America's Quest for the Ideal Self* (Oxford: Oxford University Press, 1983). ラッシュへの痛烈な批判としては、次のものがある。Dennis H. Wrong, 'Bourgeois values, no bourgeoisie? The

cultural criticism of Christopher Lasch', *Dissent*, Summer 1979.

第六章　自己の苦難

（1）次の文献を参照。Dorothy Rowe, *Living with the Bomb* (London: Routledge, 1985); Robert Jay Lifton and Richard Falk, *Indefensible Weapons* (New York: Basic, 1982).

（2）Arnold Gehlen, *Man in the Age of Technology* (New York: Columbia University Press, 1980).（平野具男訳［1986］『技術時代の魂の危機――産業社会における人間学的診断』法政大学出版局）

（3）次の文献を参照。Jürgen Habermas, *Legitimation Crisis* (London: Heinemann, 1976).（細谷貞雄訳［1979］『晩期資本主義における正統化の諸問題』岩波書店）

（4）次の文献を参照。Claude S. Fischer, *The Urban Experience* (New York: Harcourt Brace Jovanovich, 1984).（松本康・前田尚子訳［1996］『都市的体験――都市生活の社会心理学』未來社）

（5）Erich Fromm, *The Fear of Freedom* (London: Routledge, 1960), p. 160.（日高六郎訳［1984］『新版 自由からの逃走』東京創元社）

（6）W. Warren Wagar, *Terminal Visions* (Bloomington: University of Indiana Press, 1982).

（7）Zygmunt Bauman, *Legislators and Interpreters* (Cambridge: Polity, 1989), p. 189.（向山恭一［ほか］訳［1995］『立法者と解釈者――モダニティ・ポストモダニティ・知識人』昭和堂、二七九―二八〇頁）

（8）Robert Hodge and David Tripp, *Children and Television* (Cambridge: Polity, 1989), p. 189. また、次の文献も参照。John Fiske, *Understanding Popular Culture* (London: Unwin Hyman, 1989).

（9）特に次の文献を参照。Elias, *The Loneliness of the Dying*.

（10）Luhmann, *Love as Passion*, ch. 13, 14.

（11）Francesco Alberoni, *Falling in Love* (New York: Random House, 1983), p. 13.（大空幸子訳［1984］『インナモラメント「恋愛の発見」』新評論、二四頁）

（12）Eric Hobsbawm and Terence Ranger, *The Invention of Tradition* (Cambridge: Cambridge University Press, 1983).（前川啓治・梶原景昭［ほか］訳［1992］『創られた伝統』紀伊國屋書店）

第七章　ライフ・ポリティクスの登場

（1）Theodore Roszak, *Person/Planet: The Creative Disintegration of Industrial Society* (London: Gollancz, 1979), p. xxviii.

（2）この問題に関する古典的な論として、次の文献を参照。Jürgen Habermas, *Knowledge and Human Interests* (Cambridge: Polity, 1987).（奥山次良［ほか］訳［1981］『認識と関心』未來社）

（3）次の文献の終章を見よ。David Held, *Models of Democracy* (Cambridge: Polity, 1987).（中谷義和訳［1998］『民主政の諸類型』御茶の水書房）

（4）John Rawls, *A Theory of Justice* (Oxford: Clarendon, 1972).（矢島鈞次監訳［1979］『正義論』

紀伊國屋書店）
（５）Jürgen Habermas, *The Theory of Communicative Action* (Cambridge: Polity, 1987).（河上倫逸・M・フーブリヒト・平井俊彦訳［1985］『コミュニケイション的行為の理論』未來社）
（６）Barbara Sichtermann, *Femininity: The Politics of the Personal* (Cambridge: Polity, 1986), p. 2.
（７）Betty Friedan, *The Feminine Mystique* (Harmondsworth: Pelican, 1965).（三浦冨美子訳［1986］『新しい女性の創造（新装版）』大和書房）
（８）*ibid*., p. 61.
（９）*ibid*., p. 68.
（10）Alberto Melucci, *Nomads of the Present* (London: Hutchinson Radius, 1989), p. 123.（山之内靖・貴堂嘉之・宮崎かすみ訳［1997］『現在に生きる遊牧民――新しい公共空間の創出に向けて』岩波書店、一五二頁）
（11）David Suzuki and Peter Knudtson, *Genethics: The Ethics of Engineering Life* (London: Unwin Hyman, 1989).
（12）John Elkington, *The Poisoned Womb* (Harmondsworth: Penguin, 1986), p. 236.
（13）次の文献を参照。Melucci, *Nomads of the Present*.
（14）Susan Brownmiller, *Against Our Will* (London: Seeker and Warburg, 1975).（幾島幸子訳［2000］『レイプ――踏みにじられた意思』勁草書房）
（15）次の文献を参照。Jean B. Elshtain, *Women and War* (New York: Basic, 1987).（小林史子・広川紀子訳［1994］『女性と戦争』法政大学出版局）

(16) この問題についての洗練された議論については、次の文献を見よ。Carolyn Merchant, *The Death of Nature* (New York: Harper, 1980).（団まりな・垂水雄二・樋口祐子訳［1985］『自然の死——科学革命と女・エコロジー』工作舎）

(17) 次の文献を参照。Teresa Brennan, *Between Feminism and Psychoanalysis* (London: Routledge, 1989).

(18) Karl Marx, 'On the Jewish Question', in T. B. Bottomore, ed., *Karl Marx, Early Writings* (New York: McGraw-Hill, 1962).（城塚登訳［1974］『ユダヤ人問題によせて：ヘーゲル法哲学批判序説』岩波書店）

(19) これらの問題については、現在執筆中の本で触れている。執筆中の本は *A Contemporary Critique of Historical Materialism* となるものだが、同時に本書と関連するものでもある。執筆中の本は自己アイデンティティの領域ではなく、モダニティの制度的パラメータを中心に扱うものである。

用語解説（五十音順）

運命決定的なとき Fateful moments　重大な結果を伴う決定を下したり、そのような行為を始めなければならない瞬間。

外的基準 Extrinsic criteria　モダニティの制度的再帰性に支配されない、社会関係や社会生活に対する影響。

解放のポリティクス Emancipatory politics　搾取、不平等、抑圧からの自由をめぐる政治。

環境世界（ゴッフマン） Umwelt　個人が潜在的な危険や警報に関して、ルーティーンに「連絡をとる」対象である現象の世界。

基本的信頼 Basic trust　早期幼児期の経験から得られる他者の継続性と対象‐世界に対する信頼。

経験の隔離 Sequestration of experience　日常生活を、潜在的に不安定な実存的問題を引き起こすような経験、とりわけ病気、狂気、犯罪、セクシュアリティ、死といった経験との接触と分離すること。

コラージュ効果 Collage effect　テキストや電子コミュニケーションのフォーマットのなかに異質な知識や情報を並置すること。

時間と空間の分離 Separation of time and space　「空疎な」時間と「空疎な」空間という別々の次元を分離すること。これにより無限の範囲の時間・空間にわたる脱埋め込みされた社会関係の明確な表現が可能になる。

自己アイデンティティ Self-identity　個人が自分の来歴に基づいて再帰的に理解する自己。

自己の軌跡 Trajectory of the self　モダニティの状況下における個々の生涯の形成。再帰的に組織されたものとしての自己発達は、この形成によって内的準拠的となる傾向がある。

自己の再帰的プロジェクト Reflexive project of the self　自己のナラティブの再帰的組織化によって自己アイデンティティが構成される過程。

自己のナラティブ Narrative of the Self　個人や他者が自己アイデンティティを再帰的に理解する手立てとなるナラティブ。

実存的矛盾 Existential contradiction　有機的世界の一員でありながらそれと区別される有限な生物としての人間の、自然に対する矛盾をはらむ関係。

実存的問題 Existential questions　人間の生命と物質世界といった実存の基本的次元にかんする疑問。人間は日常的遂行の文脈のなかでこれに「答える」。

重大な結果をもたらすリスク High-consequence risks　影響がきわめて多くの人に広く及ぶようなリスク。

純粋な関係性 Pure relationship　内的準拠的な関係、つまり関係そのものが与える満足や見返りに根本的に依拠する関係。

象徴的通標 Symbolic tokens　標準的な価値を持っているために無限の多様な文脈を超えて交換可

能な交換のメディア。

情欲の私化 Privatising of passion　情欲が性的領域へ限定され、その領域が公の視線から分離されること。

身体の振る舞い Bodily demeanour　日常生活の文脈のなかでの個人の様式化された行動。自己に対する特定の印象の形成のために容姿を活用することをも含む。

信頼 Trust　無知や情報の欠如を括弧に入れるという「信仰への跳躍」に基づいて行われる、人間や抽象的システムに対する確信の付与。

制度的再帰性 Institutional reflexivity　新しい知識と情報を行為の環境につねに組み入れることで行為の環境が再構成され、再組織されるというモダニティの再帰性。

専門家システム Expert systems　個人から個人へ移転可能な手続き規則に依拠した、あらゆるタイプの専門知識のシステム。

走馬灯としての場所 Place as phantasmagoric　距離化された社会関係が場所のローカルな特徴に深く侵入し、これを再組織化する過程。

存在論的安心 Ontological security　個人の直接の知覚環境にないものをも含む出来事に対する連続性や秩序の感覚。

体制 Regimes　身体的特徴の維持や開拓に関する規則化された行動様式。

脱埋め込み Disembedding　社会関係がローカルな文脈から剝離して、無限の時間的／空間的距離を越えて再編されること。

抽象的システム Abstract systems　象徴的通標と専門家システムの総称。

内的準拠性 Internal referentiality　社会関係や自然界の諸側面が内在的基準に沿って再帰的に組織されるようになる状況。

日常生活の脱習熟化 Deskilling of day-to-day life　ローカルなスキルが抽象的システムに吸収され、技術的知識に照らして再編される過程。脱習熟化は通常、再専有という補完的過程とともに進行する。

ハイ・(もしくは後期) モダニティ High (or late) modernity　モダニティの基本的特徴の徹底化とグローバル化によって特徴づけられる、近代制度の現在の段階。

媒介された経験 Mediated experience　時間的・空間的に遠く隔たっている影響が人間の感覚的経験と関わること。

開かれた人間のコントロール Open human control　社会的自然的世界に対する人間による未来志向の介入。ここではリスク評価によって植民地化過程が制御される。

保護被膜 Protective cocoon　基本的信頼をもとに形成され、外的世界から迫る潜在的な危険を除去する防衛的保護。

未来の植民地化 Coloniasation of the future　反実仮想的推量によって開拓される未来の可能性の領域を作りだすこと。

ライフスタイル部門 Lifestyle sector　ある程度一貫した社会的実践が受容されるような、個人の活動全般のうちの時間的・空間的「一片」。

ライフプランニング Life-planning　人生についての計画をもとに個人が組織し、通常はリスクの面から取り組まれるライフスタイルの選択肢の戦略的選択。

ライフ・ポリティクス Life politics　ローカルなものとグローバルなものの弁証法およびモダニティの内的準拠システムの出現という文脈における自己実現をめぐる政治。

リスク選別分析 Risk profiling　技術的知識の現状に照らして、所与の行為環境におけるリスクのまとまりを記述すること。

リスク文化 Risk culture　リスクに対する意識が未来の植民地化の手段となるという、モダニティの基本的な文化的側面。

歴史性 Historicity　歴史を作るために歴史を用いること。モダニティの制度的再帰性の基本的側面。

ローカルなものとグローバルなものの弁証法 Dialetic of the local and global　ローカルな関与とグローバル化傾向との対立する相互作用。

解題　新しい思考の道具箱——近代社会の研究プログラムに向けて

秋吉美都

本書の三人の訳者は様々なかたちで教育に携わっており、本書を訳すにあたっては「学生が読みたいと思うような訳にしよう」ということを特に心がけた。翻訳の姿勢については筒井の「あとがき」のとおりである。このような姿勢を意識したのは、原書は教育を目的の一つとして書かれている節がある（Strong 1993）からだ。本書の後に出版された『親密性の変容』にも、著者のこの姿勢は引き継がれている。そこで訳者としては、その意図を尊重することを目指した。

モダニティ、再帰性、存在論的安心、ライフ・ポリティクス……と、本書に登場する「専門用語」を並べてみるといかにも難しそうだが、そのじつ、本書はセラピー、恋愛、結婚と離婚、ダイエット……と、身近な話題満載である。テーマだけみれば、美容院で出てくるファッショナブルな雑誌の数々にまぎれていてもおかしくはない（と私は思っている）。「こういう問題は、どこにでも転がっていそうな日常生活の些事のように見えるかもしれないけど、実は最近の世の中の変化と密接にかかわっている、おもしろい問題なんだよ」ということが「先生」ギデンズのメッセージである（第七章「ライフ・ポリティクスの登場」に特にこのテーマは明示されている）。だからこそ、ギデンズも（そして訳者も）、この本を、社会学者以外の人に読んでほしいと思っているのだ。

とはいえ、本書は入門書ではない。それは既存の社会理論との真剣な対話であり、抽象度の高い議論も随所に見受けられる。以下に触れるように、本書で展開されたアイディアは、社会学者の間で活発な議論を巻き起こしたし、それは今なお進行中である。私が確認した限りでは、本書に言及した研究はすでに千点を超え、原書の出版後十年以上を経た今もその数は増え続けている。本書は、多くの研究を刺激している、近代社会論の重要な仕事である。その議論の独創性には、肯定的な意見も否定的な意見もある（Turner 1992）。しかし、成否は別として、明らかに本書は独創的な視点を提出することを、教育と並ぶもう一つの目的として書かれている。

したがって、本書は、最先端のアイディアを提出しながら、同時に専門家以外の人にもその営みのおもしろさを伝えようとする、野心的な試みである。それゆえに、どのような立場の読者もおもしろさと同時にある種の「難しさ」を感じるのではないか。社会学者は本書のアイディアをめぐって侃諤の議論を続けている。それが彼らの仕事だから彼らのことはそっとしておくことにしよう。しかし専門家以外の読者が経験するかもしれない「難しさ」は気になる。この解題はそういう訳者の老婆心から出た「取扱説明書」のようなものである。

本書の取り扱いにはいくつかのコツがある。まず本書の内容を、一度で全部理解しようと思わない方がいい。ギデンズは幅広い研究を手がかりにしているから、それらの研究になじみがなければ、わかりづらいところがあるのは当然だ。本書の「雰囲気」をつかむには、まず巻末の「用語解説」を眺めるといいかもしれない。しかしこの「用語解説」もなかなか抽象的で難解な内容なので、「読む」というより「眺める」という感じでさしあたりは十分である。

また、イントロダクションや第一章から義理堅くギデンズの議論につきあう必要もない。各章のタイトルを見ると、前半の章の方が難しい言葉が並んでいるように思えるのではないだろうか。まずは四〜七章くらいからはじめて、ギデンズが挙げている「具体的な話」に着目することをお薦めする。飲料水、腰痛、人工授精……これらの例をとおしてギデンズが言おうとしていることは何だろうか、と考えてみよう。初めて読むときには、目次と用語解説を眺めて、読めそうな章を読んで、わかるところだけ理解する、くらいでいいだろう。以上がこの本の使い方の第一段階である。

しかし、本書の内容を本当につかもうとするなら、全体を繰り返し読んだ方がよい。また、難解な言葉は社会学の用語辞典で確認した方がよい。なかには文中には頻繁に出てくるのに、辞典に載っていない言葉もかなりあるはずだ。これらはギデンズ本人が作り出した言葉だから、辞典には載っていないのだ。こういう新しい言葉を理解するには「用語解説」をもう一度見る必要があるだろう。はじめて眺めたときには意味のわからなかった言葉が、文中の具体的な例と結びついて少しずつ理解できるようになる（かもしれない）。これが使い方の第二段階である。

先に本書は様々な研究を刺激することになった、と述べたが、このことはこの「用語解説」と関係がある。ここに登場するギデンズ独特のボキャブラリは、新しい道具箱のようなものだ。従来の道具箱——伝統的な社会学のボキャブラリ——ではつかまえきれなかった社会現象に、よりよく接近するために、それは提案されている。本書に刺激を受けた研究は、なんらかの形でこの道具箱を使っている。たぶん、今この「取扱説明書」を読んでいるあなたも、この本を手に取っているということは、書かなくてはいけないレポートがあったり、考えてみたい疑問があったりするのではないだろうか。そのためにギデンズの道具箱を使ってみることもできる（かもしれない）。これが使い方の第三段階である。

「第三段階」の例として、たとえば同性の親密な関係をめぐる近年の変化をみてみよう。最近、同性間の婚姻ないし継続的な関係がいろいろな国で法制度上の話題となっている。しかし、「婚姻」を『広辞苑』（第五版）で引いてみると「結婚すること。夫婦となること。一対の男女の継続的な性的結合を基礎とした社会的経済的結合で……」とあり、「同性間の婚姻」は「婚姻」の伝統的な定義のうちには存在しない。また、私が今この文章を書くのに使っているかな漢字変換ソフトでは「同性婚」という言葉は初期の状態では一括変換できない。

少し一般的な言い方をすれば、同性婚は社会のある文脈には存在しているのに、別のある文脈では存在していないのだ。それは同性婚が新しい現象だからだろうか。そうかもしれない。たとえば次のバージョンの『広辞苑』やかな漢字変換ソフトは「同性婚」概念を吸収するかもしれない。いずれにしても、ポイントは「同性婚」は私たちが日常的に使う概念や言葉に関わる、社会的な出来事だ、ということである。

婚姻はもちろん社会学の重要な研究テーマである。しかし、一般の辞書だけでなく、社会学の従来の道具箱にも近年の同性関係の位置づけの変化を考える手立てとなる道具は実はあまりない。代わりに「使えそう」なのが「新しい道具箱」としての本書のボキャブラリである。

歴史的には、キリスト教文化圏では同性の親密な関係は様々な形で弾圧を受けてきた。第二次世界大戦のとき、ドイツでは同性愛者はナチスによって虐殺の対象とされた。英国でも同性愛は「犯罪」だった。一九五二年、同性愛の嫌疑で数学者アラン・チューリングは逮捕され、「同性愛行為を抑制するために」ホルモン注射を受けることを強制された（一説にはこの事件が彼の自殺の原因であると言われている）。

しかし、二十世紀後半から、同性どうしの親密な関係は法的資格を拡張しつつある。オランダ、ベルギーでは同性の婚姻が認められているし、ドイツでは二〇〇一年の法の改革で同性のカップルの権利が部分的ながら認められた。フランスでは「連帯市民協約」（Pact Civil de Solidarité、いわゆるPACS）により、異性のカップルにも同性のカップルにも法的資格が与えられることとなった。

同性のカップルの法的資格獲得は、「自然な」発展や歴史的法則の展開の結果ではなく、社会がそれ自体のありようを反省する過程——同性婚推進派や反対派の運動はこうした社会の反省の端的な表れである——で出てきたものだ。たとえば、二〇〇五年二月にローマ法王ヨハネ・パウロ二世は「同性婚は悪のイデオロギーである」と述べている。米国のカリフォルニア州では同性間の結婚を州政府が禁止しようとしたが、郡裁判所が禁止を違憲とする判決を下し、私がこの文章を執筆している二〇〇五年三月現在もなお議論は続いている。

同性婚の是非は、社会にとって重要な問題である。同時に、基礎科学としての社会学は、次のような「因果」に関わる問題を提起する。同性のカップルが法的資格を獲得するという事態は、どのような事情があって生まれてきたのだろうか。なぜ今の時代にこれが各国の社会的・法的アジェンダとなったのか。こうした法制度の変更はどのような社会的影響を今後持つのだろうか。専門教育を受けた社会学者であれば、この程度の社会学的問題はすぐに思いつく。

しかし、これらの問題に取り組むためには、従来の道具箱では間に合わないところがある。もちろん「婚姻」の研究のために用いられてきた概念や尺度を同性婚に適用することはできるし、必要だろう。しかし、上述したような問題は「婚姻」の「新種」として同性婚を検討するだけではとうてい解明できない謎をはらんでいる。なぜ、今、これらの社会では同性婚がこれほど強烈な反応を引き起こす大問題なのか、という単純な疑問に答えるためにすら、「婚姻」とはそもそもどういう役割を果たしている社会制度だったのか、といった原理的、理論的な考察が不可欠だ。なぜなのか。なぜ「今」これが問題になるのか、なぜある一部の社会でこれが問題になるのか、なぜ肯定派も否定派も強い意思表示をするのか。

ギデンズは本書でまさにそうした原理的、理論的な考察に取り組んでいる。「純粋な関係性」、「内的準拠性」といったボキャブラリ——新しい道具箱——は、簡単なことを難しくいうための飾りではなくて、それ抜きには真に重要な考察ができない、必要最低限のセットである。試みに、同性婚をめぐる動きをこれらのボキャブラリで考えてみるとよい。上述の社会学的問題は、新たな理論的焦点を伴った研究課題として現れる。内的準拠性の原理に基づく（はずの）近代の「婚姻」一般に、「外部」として出てくる問題は何か。それは「異性婚」と「同性婚」とでどのように違うのか。様々な社会において、親密な関係をめぐって、個人レベルの内的準拠性と、法などの制度的なレベルでの内的準拠性とはどのように関わるのか。様々な社会における、同性のカップルの歴史的な位置づけと、純粋関係化の進展にはどのような関係があるのか、などである。

たとえばあなたが仮に社会科学を専攻する大学生で、「日本における同性婚」をテーマにして卒業論文を書こうとしているとしよう。比較文化的な視点も導入して、日本における同性婚に関する様々な出来事の歴史や主張をまとめることはできるだろう。問題はその位置づけである。自分の卒業論文がどのような意義を持つのか、あなたは説明できるだろうか。「日本における同性婚」は「何の」例なのだろうか。なぜこの研究は意義のある研究なのか。同性婚にとりたてて関心の無い先生やクラスメートに自分の研究を説明するときに、本書の議論はヒントとして使える（かもしれない）。第三段階の使い方、とはたとえばこういうことである。

あるいは、あなたが学校教育のプログラムの変化について研究しているとしよう。近代の学校を図式的に組織としてみた場合、学生、学生の家族、教師、事務スタッフ、カウンセラーなどの専門家、地域社会、地方自治体、国家、などが学校に関わる行為者である。プログラムの変化は、学部、学科などの教育組織、授業時間数や卒業要件などの指導の形式、授業の内容など、様々なレベルで観察される。学校に関わる行為者は、多様なレベルで権限や責任を負っていて、その管轄範囲は原理的には社会的な反省に開かれている。

さて、プログラムの変化の「仕組み」を考えるにはどうしたらいいだろう。たとえば語学教育に関わる問題と、統合教育をめぐる問題は、トピックとしては別々の問題だが、どちらもプログラムの変化に関わる問題である。プログラムの変化に関わる諸問題は、誰によって、どのように学校という場にもたらされるだろうか。制度的再帰性、専門家システム、経験の隔離、というボキャブラリを手がかりにすると、そうした「仕組み」レベルの因果連関を理解する助けになるだろう。

あなたが仮に統合教育という一つの具体的なプログラムに関心を持っている場合にも、これらのボキャブラリは使える可能性がある。「統合教育」に関して、誰が、どのような議論を行っているのか。様々な行為者はどのような問題に直面しているのか。地域や国家間の統合教育のあり方の違いを説明する要素は何か、などの統合教育をめぐる様々な問題は、たとえば「経験の隔離」という文脈から検討できるだろう。相対的に安心な生活環境を作りあげるために、近代社会は「人間生活の基本的な道徳的・実存的構成要素をまとめて抑圧」(二七七-八頁)してきた、とギデンズは論じる。この過程で道徳的な問題も隔離されることになる。学校制度はこの過程のなかで成立してきたものであるがゆえに、統合教育のありようを規定する手立てを原理的には欠いているのである。

しかし、隔離は完全なものとはならず、むしろライフ・ポリティクスという新しい政治の焦点を構成する。

経験の隔離を包括的で同質的なものと理解することは間違いであり、現実にそうなっているわけでもない。経験の隔離は内的に入り組んでおり、矛盾を投げかけ、また再専有の可能性をも産み出すものである。強調しなくてはならないが、隔離は一回きりの現象ではなく、また軋轢のない境界を意味しているのでもない。抑圧が行われる現場、その排他的な性質は通常ヒエラルキー的な差異化と不平等を内包している。隔離された経験の境界は、緊張とうまく統制されていない力に満ちた断層である。(二七九頁)

同性婚と同様、統合教育にも推進、反対など多様な立場が存在する。その対立の軸は、社会学が従来着目してきた労働市場における位置づけや、性別、エスニシティ、などの所与のアイデンティティではない。障害を持つ人と持たない人双方の利益を考えた上で推進をする立場もあれば、まったく同じ理由で反対する立場もある。また、焦点となる問題は、「権力・資源の分断的分配」ではなく、「自己実現を促進する、道徳的に正当化可能な生活形式の創造」(三五五頁)である。統合教育をこのように本書のボキャブラリで記述してみると、既知の現象が整理されるだけではなく、新たな研究課題が開かれるのではないか。

基礎科学の任務とは、現象を、「想像力と厳密さの対話」を通して「説明」することである（Abbott 2004）。研究とは、事実を寄せ集めて記述することではない。それは対象とする現象を他の現象と関連づけ、理論的枠組みを精緻化して、最良の説明を模索する試みである。そうした本来の科学に対して、本書は一つの「視点」として利用可能なのである。第三段階の使い方を別の言い方で表現するなら、それはつまりこういうことだ。

とはいえ、これらの使い方はあくまで可能性である。「（かもしれない）」と先に何度か書いたのは、本書の利用可能性は、読者がそこから何をつかみとるか、ということにかかっており、蓋然的なものでしかないからである。本書に対する評価は毀誉褒貶半ばする。読者はギデンズの議論やこれらの評価を考慮した上で、本書を使うか使わないか、を考えることになるだろう。また、概念やアイディアの使い勝手の悪い部分は自分で調整する、ということも必要になるかもしれない。

参考までに、本書に対する評価を紹介しておこう。第一に、議論の手続きが実証的ではない、という意見がある。私たち訳者も、日々実証研究に従事しているので、こういう意見が出てくることは理解できる。確かに本書は現実社会のデータを徹底的に調べて仮説を検証する、というスタイルの研究ではない。現実社会を相手に――それとて社会学的思考によって構築されたバーチャルな「現実社会」なのだが――実証研究をしている研究者は、マリノフスキーよろしく、なかなかつかまらないインフォーマントにいらいらしたり、気が遠くなるまで回帰分析を繰り返してもロクな決定係数を返さないデータとモデルをのろったりしながら、毎日を過ごしている。実証研究に取り組む立場からすると、本書には違和感を覚えるのが普通だろう。特に米国では「ギデンズの仕事は実証的ではない」という意見が多い（だから重要ではない、という含意ももちろんある）。米国では英国と異なり、社会学と社会理論の関連が薄く、実証研究がさかんである、という事情もこのような批判の素地にはあるだろう（Fuller 2000）。

第二に、第一の点と関連して、本書で分析されている変動は確かにありそうだが、その範囲と程度が特定できない、という批判がある（Beck 1997, Hay et al. 1997, Smith 1997）。たとえばギデンズはライフスタイルの選択やライフプランニングに関連して、「生活機会はライフスタイルを条件づけている（そして私たちは、ライフスタイルの選択は生活機会の分配を多くの場合積極的に強固にするために使用されるということを忘れてはならない）」（一四六頁）という一方で、「……貧困状況においても、自己アイデンティティの再帰的な構成は、裕福な階層とまったく同じように重要」（一四六頁）であると論じている。概念の操作化抜きには、ギデンズの主張がどの程度妥当なものかは不明である。「自己アイデンティティの再帰的な構成」が広範に観察されることをギデンズは示さなくてはならないはずである。

「純粋な関係性」の概念に関連して、ヘイらは以下のように論じている。

ここでも、また他のところでも、ギデンズの分析は近代化過程の影響が現実の社会集団にさまざまに異なるかたちで作用することを考慮しないものとなっており、モダニティは大きな潮流のように経験に押し寄せて、全員に本質的に同じような形で影響すると提案しているように見受けられる。(Hay et al. 1997:101)

非ヨーロッパ世界の経験をうまく統合できていない(Strong 1993)という批判もこの「範囲と程度の問題」に関連する。

以上が多くの書評や書評論文で言及される主な問題点だが、細かな問題も数限りなく指摘されている。たとえば媒介された経験の浸透が「一つの世界」という意識を作りだす、とギデンズは論じる。しかしこの主張は、メディアを専門とする研究者からは不評である。メディアがアイデンティティを断片化するという、実証研究から繰り返し確認されてきた事態を考慮していない、というのである(Hay et al. 1997)。

また、ギデンズは様々な現象を大きな枠組みで統合することは得意だが、整合性を保って、真に有意義な統合を行っているかは議論を呼ぶところである。この指摘は本書に限らず、ギデンズの著作全般について、繰り返し行われているものである。いろいろな素材を混ぜ合わせて一つにしてしまうギデンズのやり方は「社会理論のオムレツを作っているみたいだ」と揶揄されることもある(Craib 1992)。既存の理論の扱いが恣意的であるという指摘もある。本書でもフロイト、ウィニコット、エリクソン、レイン、ゴッフマン、ハイデガー、キルケゴールなどの理論が参照されているが、その扱いに納得しない者は少なくない（Meštrovic 1998）。

本書の行為主体像は、言説性（discursivity）に対してルーティーン化の概念を重視しすぎているという見解もある。現代社会の複雑性と多様性に対処するメカニズムとして、ギデンズは「基本的信頼」と「存在論的安心」を強調するわけだが、行為主体にはより明確な計画性や反省をともなった行為の次元も存在する、というのである（Emirbayer and Mische 1998, Thrift 1997）。

しかし、本書が近代社会の抱える複雑な問題に斬新な視点を提供していることも忘れてはならない。ナイジェル・スリフトは、本書が、幼少期からの発達過程、身体、「言葉でいえないこと」をよく統合して自己の存在論と世界のグローバル化を関連づけている点を重視している（Thrift 1997）。また、フィリップ・ハモンドは「経験の隔離」の概念に触れて、「社会学はこのような超歴史的な道徳的原則の破壊に貢献したのだから、その結果の分析をすることは理にかなっている」と指摘する（Hammond 1993）。また、デビッド・スノウらはライフ・ポリティクスの議論が政治的連携関係や社会運動の変化と合致していることを評価している（Snow and Heirling 1992, Coser 1992）。長年ギデンズの著作に触れている論者は、本書もギデンズの他の著作同様、実証的な焦点を欠いているが、議論は一貫している、という（Eriksen 1992）。

本書の真価は、本書そのものからは判断できない、と私は思っている。近年の実証研究が批判的にであれ好意的にであれ、この本を思考のための道具箱として使いはじめていること、に一つの評価が表れているのではないか。「考えさせる概念（sensitizing concepts）の創出と適用がギデンズの最大の業績である」（Jary and Jary 1997）のならば、その概念の使用によってもたらされる知見が本書の評価を決めるだろう。もしあなたに考えたいテーマがあるのなら、この道具箱を使ってみて、その使い勝手を確かめてみてはいかがだろうか。

【文献】

Abbott, Andrew. 2004. *Methods of Discovery: Heuristics for the Social Sciences*. New York: W.W.Norton.

Beck, Ulrich. 1997. "How Modern is Modern Society?" in Bryant, C.G.A. and David Jary (eds.) *Anthony Giddens: Critical Assessments. Volume IV*. London: Routledge. pp. 14-9.

Coser, Rose Laub. 1992. "Book Review: Modernity and Self-Identity: Self and Society in the Late Modern Age (by Anthony Giddens. 1991. Stanford University Press)." *Social Forces*, 71(1):229-30.

Craib, Ian. 1992. *Anthony Giddens*. London: Routledge.

Emirbayer, Mustafa and Ann Mische. 1998. "What is Agency?" *American Journal of Sociology,* 103(4):962-1023.

Eriksen, Thomas Hylland. 1992. "Book Review: Modernity and Self-Identity. Self and Society in the Late Modern Age (by Anthony Giddens. 1991. Polity Press)." *Journal of Peace Research,* 29(3):353.

Fuller, Steve. 2000. "A Very Qualified Success, Indeed: The Case of Anthony Giddens and British Sociology." *Canadian Journal of Sociology.* 25(4):507-16.

Hammond, Phillip E. 1993. "Book Review: Modernity and Self-Identity: Self and Society in the Late Modern Age (by Anthony Giddens. 1991. Stanford University Press)." *The American Journal of Sociology,* 98(5):1198-9.

Hay, Colin., Martin O' Brien, and Sue Penna. 1997. "Giddens, Modernity and Self-Identity: The 'Hollowing Out' of Social Theory." in Bryant, C.G.A. and David Jary (eds.) *Anthony Giddens: Critical Assessments. Volume IV.* London: Routledge. pp. 85-112.

Jary, D. and J. Jary. 1997. "The Transformations of Anthony Giddens." in Bryant, C.G.A. and David Jary (eds.) *Anthony Giddens: Critical Assessments. Volume IV.* London: Routledge. pp. 137-52.

Meštrović, Stjepan G. 1998. *Anthony Giddens: The Last Modernist.* London: Routledge.

Smith, Dennis. 1997. "Modernity, Postmodernity and the New Middle Ages." in Bryant, C.G.A. and David Jary (eds.) *Anthony Giddens: Critical Assessments. Volume IV.* London: Routledge. pp. 21-35.

Snow, David A. and Joseph Heirling. 1992. "The Beleaguered Self." *Contemporary Sociology.* 21(6):846-8.

Strong, Tracy B. 1993. "Book Review: Modernity and Self-Identity: Self and Society in the Late Modern Age (by Anthony Giddens. 1991. Stanford University Press)." *Ethics,* 103(4):836-7.

Thrift, Nigel. 1997. "The Arts of Living, the Beauty of the Dead: Anxieties of Being in the Work of Anthony Giddens." In Bryant, C.G.A. and David Jary (eds.) *Anthony Giddens: Critical Assessments. Volume IV.* London: Routledge. pp. 46-60.

Turner, Bryan S. 1992. "Book Review: Modernity and Self-Identity, Self and Society in the Late Modern Age (by Anthony Giddens. 1991. Polity Press)." *The British Journal of Sociology,* 43(1):141-2.

文庫版解題　三十年後の答え合わせ

秋吉美都

1　『モダニティと自己アイデンティティ』の主題

『モダニティと自己アイデンティティ』（原題 *Modernity and Self-Identity*）は一九九一年に出版された。本書は、後期近代の自己が直面する可能性と課題を分析し、脱埋め込みやライフ・ポリティクスの台頭といったグローバルなスケールの社会変動と、日常生活の一見些細にもみえる私的経験とを近代化の不即不離の側面として理論的に統合することを目指す論考であった。出版直後から、本書に対してはさまざまな評価が与えられた。本書をも含むギデンズの仕事に対する評価は毀誉褒貶入り交じるものであり、そのことは本新訳書にも収録されている、ハーベスト版のための解題でも触れた。

この文庫版解題では、本書の出版後、三十年が経過していることをふまえて、二十一世紀の世界で本書を読むことの意義を考える。社会学史の専門家にとっては、本書を読むことには一九九〇年代の近代化論を理解するという意義が存在する。しかし、社会学史や社会学の専門家ではない一般の読者にとって今日、本書を読む意義はあるのだろうか、あるならそれはどのような意義だろうか。アダム・スミス、マルクス、マックス・ウェーバーなどの古典は、出版から長い時間を経て、社会が大きく変化しても、読み手に新しい発見と洞察をもたらす、生きた古典である。本書はたんに「だいぶ前に出版された本」ではなく、これらの古典とも比肩するメッセージを持つのだろうか。

筆者は本書の訳者であり、社会理論にもとづいて実証研究を行う研究者でもあるという立場から、これらの疑問に答えることで、この解説を読者が本書に触れるさいの道案内としたい。訳者兼解説者である筆者の役割は——願わくば親切な——ツアーガイドである。ハーベスト版の解説と同様、この解説が想定している読者は、学生や社会人や他の分野の研究者など、社会学者以外の一般の読者である。

現代社会におけるアイデンティティや生き方の問題を主題としているということもあり、本書は多数の人にとって興味深いアイディアを含んでいると思われる。本書は、環境問題やグローバル経済が内包するリスクなどのスケールの大きな問題に関しては、時間と空間の分離、脱埋め込みメカニズム、制度的再帰性——モダニティのダイナミズムとギデンズが呼ぶ要因——に注目することで、なぜこれらの問題が山積し、事態の解決はおろか把握も容易ではないのか、理論的な説明を提示している。一方で、自己アイデンティティの構築や経験という私的な領域においても、スケールの大きな問題と共通する後期近代の特性から各種の困難が生じていることを解き明かす。近代社会と伝統社会との間には根本的な断絶があり、地球規模の大きな問題も個人の生活上の小さな問題も、伝統や慣習に依拠して処理することができない。とくに二十世紀後半以降の社会とそれを支える価値や構造には画期的な特徴がある、とギデンズは論じる。近代化はルネサンスや啓蒙主義に端を発する長期的過程であり、産業化と都市化がその中心的過程である。しかし、情報化やグローバル化を契機として、二十世紀後半以降の世界は、それ以前とは手触りの異なる近代を経験しつつあるように見受けられる。この新手の近代には、脱工業社会、ポストモダニズムなどさまざまな名称が提案された。ギデンズ自身は後期近代やハイ・モダニティという名称を用いて、この時代固有の特性を理解しようとしている。

本書が達成したことは主に二つあると筆者は考える。一つは、地球規模の新たな機会とリスクを理論化したことである。いま一つは後期近代のダイナミズムと日常生活上の課題とを関連付けることによって、後期近代特有の自己とアイデンティティの問題を検討の俎上に載せたことである。単純にいうと、研究に値するパズルを発見したということである。しかも、そのパズルは後期近代において多くの人が抱える、生きることの難しさと密接に結びついている。第一の点に関しては、制度的再帰性に注目することによって、近代が解決しえた問題をも分析している点は本書の貢献として評価されるべきかもしれない。Xが実現できない要因は伝統的に社会科学のテーマになりやすい。さまざまな形の平等や公共財が達成されない理由に社会科学はしばしば注目する。しかし、Xが実現できた要因については注意が向けられることが少ない。だが、近代化がもたらした便益はそれ自体分析を要する興味深い事実である。

経済史家のフォーゲルは、栄養不足が人類の歴史では常態化していたが、近代化によって食料供給が改善し、それに付随して多くの社会問題が解決されたことを指摘している(Fogel 2004)。食料供給の改善は労働時間の短縮や格差の一定程度の削減、平均余命の伸長、体格の向上につながった。その背景に制度的再帰性があったことは、本書において十分に論証されているといえる。また、一九五〇年代から二〇〇〇年代にかけて世界経済の規模は七倍に拡大し、個人の所得は増えた(Demeny and McNicoll 2006)。後期近代がもたらした機会の理論的な整理は必要であり、それを達成したことは本書の主要な貢献である。近代以前の人類社会が経験した悲惨な状況は、タクマンの十四世紀ヨーロッパの歴史にみることができる。長期に及ぶ戦争、ペスト、圧政、宗教的ドグマによって社会は疲弊し、成長どころか人口減少に見舞われた(Tuchman 1978)。ウェーバーは十九世紀末から二十世紀初頭に、「なぜ西欧においてのみ近代的資本主義が成立しえたか」という問いを近代化論の重要な問題として提示した。ギデンズは、なぜ後期近代はかつてない生活機会の向上と選択肢を獲得しえたのか、という問いを提示しており、近代の特異性への関心という点においてウェーバーの問いを継承しているととらえることもできる。

一方、かつてない機会をもたらした後期近代は、新たなリスクに直面する時代でもある。端的な例は、マッケンジーが研究したデリバティブ市場の発達である（Mackenzie 2008）。二十世紀後半から経済理論と情報技術の発達を背景として、先物、オプション、スワップなどのデリバティブ市場が拡大した。マッケンジーの主張は、経済理論は創発的理論でありたんにデリバティブ商品の価格形成には洗練された経済理論が適用された。デリバティブ市場を外側から分析しただけではなく、その創造と発展に寄与した、ということである。マッケンジーのモノグラフのタイトル、『エンジンであってカメラではない』*An Engine, Not a Camera* は金融の理論モデルが市場の形成に寄与した過程を凝縮するタイトルである。デリバティブ市場は、時間と空間の分離、脱埋め込みメカニズム、制度的再帰性という、後期近代のダイナミズムの申し子ともいえる。それは金融の仕組みを転換し、他の企業向けサービスの発展とあいまって、人と資本と情報の流れを変えるとともに、ニューヨーク、東京、ロンドンなどのグローバル・シティと国民国家の関係の変容にも影響した（Sassen 2006）。しかし、後期近代のグローバル経済秩序は、企業の行為能力を拡張するとともにかつてないスケールのリスクをもたらす。ギデンズは重大な結果をもたらすリスクがグローバル化の産物であることに触れ、まるで二〇〇七年の世界金融危機を予見するかのように、次のように述べている。

しかしおおむね制度的に構造化されたリスク環境は近代以前の社会におけるよりも近代社会に顕著なものである。このような制度化されたリスクのシステムは、システム内部の「プレーヤー」であるかないかを問わず、事実上すべての人に影響する。製品、労働力、投資や貨幣の競争的な市場がその最も重要な例である。このような制度化されたシステムと他のリスクのパラメータとの違いは、リスクがシステムに付随するのではなく、システムがリスクを通して編成されているということである。制度化されたリスク環境は、様々なかたちで個人のリスクと集団のリスクを結びつける。たとえば、個人の生活機会は、今ではグローバルな資本主義経済に直接結びつけられている。

［本書一九九ページ］

二〇〇七年の世界金融危機は、後期近代におけるグローバルな抽象的システムに内在するリスクと私的な選択との関連を例示するできごとだった。クレディット・デフォルト・スワップなどの信用リスクを対象とするデリバティブ取引によって、多数の人々が影響を受け、家、職、老後の資金を失った。リーマン・ブラザーズの経営破綻後のいわゆるリーマン・ショックで、日本でも企業がリストラを強いられたり、大学生の就職難が深刻化したりした。家を買う、老後のために生活資金を準備する、就職するという個人的なことが、グローバルな金融危機と密接に関わっており、ギデンズのいうようにプレーヤーではない

「本書一九九ページ」後期近代の世界では、多様な選択が可能であると同時に、生きることは選択の難しさを引き受けることと同義である。両者の連関を焦点として、ギデンズの考察は新しい研究の地平を切り開く。今日の昼食に何を食べるか、傘を持っていくべきか、大学に進学すべきか、資格を取る方がよいのか、結婚するのか、離婚すべきか、生命保険には入った方がよいのか、老後は地元に戻るか、延命治療を受けるかなど、いろいろなサイズの重大問題に直面しながら後期近代の人々は生活をしなくてはならない。そう、「昼食に何を食べるか」ということは、第二章の議論にもとづけば、自己の再帰的プロジェクトの手段としての身体体制の構築に関わることであり、重大な問題である。伝統やルーティーンが生き方を決めてくれないという本書の命題は、特段浮世離れした哲学的問題ではなく、昼食の選択においてすら真である。健康や、身体イメージや、懐具合や、社会的ネットワークや、環境問題への関心を参照してあなたの昼食は決まる。ジェンダー・ステレオタイプなど、本人が必ずしも自覚しない前意識的な要因にも選択は影響を受ける。食べない、ということすら選択肢の一つである。このように考えると、ギデンズの分析の第二の貢献は、後期近代の自己アイデンティティが抱えるジレンマとモダニティのダイナミズムとを関係づけることにより、自己アイデンティティに関する新たな研究の可能性を指摘したことであるといえる。ハーベスト版解題で触れたとおり、本書は現代に生きるだれにとっても身近なテーマを果敢に正面から扱っている。

とはいえ、博覧強記の学者がフロイト、ゴッフマン、ウィニコットら知の巨人たちの成果を使いこなして独自の分析をしているわけだから、本書は平易な本というわけでもない。タイトルに惹かれて手にとってはみたものの、見慣れない専門用語や理論にたじろいでいる人、大学の授業で課題図書になったからこわごわページを開いてみた人も少なくないかもしれない。さあどうしたものか、という潜在的な読み手には、この本は、山にたとえるならば高尾山くらいの高さで、万人歓迎、初心者向けで、かつ登る価値のある山だとツアーガイドは勧めておきたい。社会学の理論的研究の難易度からいうと、本書は難しく見えるかもしれないが、上には上がある、というべきか、下には下がある、というべきか、はるかに抽象度が高い難解なものも少なくない。もし本書が難しいと感じられたら、この手の本をどうやって攻略するか、ということはハーベスト版解題に書いておいたので、そちらを参照いただきたい。低いとはいえ、山は山だから、登り方を知っておいた方が効率がよい。

また、初心者におすすめとはいっても、本書に書かれている内容は他の論者の反応や出版後の社会変動と照らし合わせて把握する必要がある。道中でこぼこしたところも多いですよ、注意してくださいと指摘せざるをえない。本書のでこぼこ、というのは大きく二種類に分かれる。近代化論としての問題点と、出版後に生じた社会の変化が顕在化させる問題点である。両者は相互に関連しており、批判的思考 critical thinking にもとづけば、より適切に理解できるのではないか、と思われる事態が三十年の間に進行している。したがって、本書は読むに値する文献ではあるが、それは、批判的思考を働かせながら読む限りにおいて、という留保付きである。

本書は、後期近代において、伝統やルーティーンを参照枠組みとすることはできず、近代化がもたらした可能性のなかから決定や選択を積み重ねて自己は一貫した来歴の物語を組み立てていくというテーマを強調している。多くの可能性がある一方で、近代の自己には選択をしないという選択肢がない。ギデンズの自己論で強調されるのは、さまざまな制約に直面しながらも、知識があって主体的に選択をする自己である。自己の再帰的なプロジェクト——自己のナラティブの再帰的秩序付けによって自己アイデンティティを構築する過程——は、リスクがグローバル化し、抽象システムが拡大し、それ自体制度的再帰性を強めていく世界の中で行わなくてはならない。

もちろん、いつの時代にも大きな世界のできごとと日常生活は関係する。たとえば、現代のシエラレオネにあたる地域で平穏に農業をしていた人が、ある日突然スペインの奴隷商人に誘拐されて家族と引き離され奴隷として売られる、ということが十九世紀初めに起きている。この事件では誘拐され、奴隷船で反乱を起こしたジョセフ・シンケ Joseph

Cinqueらが米国海軍の船に捕らえられ、シンケらと、その身柄の返還を求めるスペインが米国の裁判所で争った。元大統領のジョン・クインシー・アダムズ John Quincy Adams が弁護にあたり、シンケは自由の身となった (Howe 2007)。この事件やその背景である奴隷貿易が例示するように、私的な領域と経済や政治の関係それ自体は目新しいできごとではないのだが、ギデンズや今日のグローバリゼーションの研究者のポイントは両者の関係が後期近代においてかつてないほど密接なカップリング (tight coupling) となった、ということである。

『モダニティと自己アイデンティティ』は、後期近代のグローバルな政治や経済の過程と私的な領域の密接なカップリングを背景として、たんなる搾取や抑圧からの解放ではなく、自己実現とエンパワーメントを達成する新しい自己を描いている。たとえば、純粋関係の概念は、親密な関係についてつねに状況をモニタリングし、情緒的満足の基準に準拠して関係と自己アイデンティティを模索する、後期近代固有の関係のあり方を可視化するものである。たとえ長期的に持続する親密な関係であっても再帰的モニタリングなしに維持されることはないし、関係にコミットしないことや離別もまた一貫した来歴の物語に統合される、アイデンティティの重要な側面である。親密な関係もまた、人類の歴史の中でつねにはぐくまれてきた関係ではあるが、つきあうことと自己アイデンティティの模索が来歴の物語の焦点となること、再帰的な構築にオープンであることは、後期近代ならではの徹底した再帰性と選択肢の拡大の帰結である。

社会生活の合理化が徹底されれば、こうした展開は必然であるといえる。どのような価値を重視するのか、また目的を達成するために適切な手段が用いられているか、ということをたえず問い直す、つまり価値合理性や目的合理性の追求が不断に進む過程が近代化である。この過程によって、呪術や宗教に依存していた医療は科学的な活動となり、現代の私たちは、かつてない高度な水準の医療を享受している（Porter 1998）。価値を定め、目的に向けて合理的な手段を探し続ける過程は、社会生活のあらゆる領域に及ぶから、性自認や性的志向といったアイデンティティの構成要素も制度的再帰性による問い直しの対象となる。性的志向や性自認は所与の、議論の余地のないものではなく、性的志向や性自認が自己アイデンティティの重要な一要素であり、これらに関する自己決定が人権の一環であるという理解が二十世紀後半から社会に浸透しつつある。現在、同性婚は多くの国で合法である。また性別が男女の二つに限定されるという考え方も、見直しが進んでいる。こうした変化が生じている契機として本書は上述のモダニティのダイナミズムを提示する。簡単に言うと、後期近代のダイナミズムは社会を動かすモーターみたいなもので、あらゆる領域に知識を適用して社会生活を組織し変化させる過程はどんどん進んでしまう。ただし、後述するようにこの過程がいつでもどこでも円滑に進むということではない。

本書は自己アイデンティティの諸問題もモダニティのダイナミズムと深く関わっている

ことを指摘している。最終章で取り上げられている身体や生殖の問題は、この徹底的な再帰性と選択の拡大の例として考えるとわかりやすい。生殖技術の発展により現代社会はさまざまな生殖に関する選択肢を得ることとなった。本書の出版以降も生殖技術の発展と普及はめざましく、二〇〇〇年代以降、卵子を凍結して出産のタイミングを調節する、ということが現実的な選択肢となり、そのための費用支援をしている自治体もある。また、低用量ピルや子宮内薬剤徐放システムは避妊や月経困難の緩和のために用いられるようになり、かつては自然に任せるしかなかった過程をコントロールすることを可能にした。今日では、生殖に限らず、日常生活一般において選択肢の拡大は自己の再帰的プロジェクトに新たな課題を提起する。後期近代においては伝統や慣習は行為の準拠枠組みとはなりえず、人々はいまや地球規模の環境世界において自己アイデンティティを模索しつづける。以上が、本書の輪郭である。

2　社会理論としての課題――ジンメルの不在とそのコスト

本書は社会学、人類学、精神分析など、多様な理論を参照している。しかし、奇妙なことに社会学の自己や社会構造に関する関心は、きわめて限定的でもある。とくに目を引くのは、メストロヴィッチも指摘しているように、ゲオルク・ジンメル、ソーンスタイン・ヴェブレン、デヴィッド・リースマンらの近代的自己に関する重要な社会学理論の不在である（Meštrović 1998）。とくに、ジンメルは、近代化論の古典として、デュルケムやウェーバーとならぶ重要な理論家であるにもかかわらず、その理論は本書ではほとんど取り上げられていない。ジンメルは信頼との関係で本書では一度だけ参照されているのみである。ジンメルは、近代化にともなう自己の変容や、社会的ネットワークと社会構造の関係を分析した。都市では分業が高度に発達することによって、個性の発達がうながされること、都市の住人は自由であるとともに多様な刺激に倦んだ「ブラゼ」blaséとよばれる心性を経験すること、ファッションが階層システムにおける他者との関係で規定されること、など、産業化と都市化が自己に及ぼす影響に関して、ジンメルの見解は洞察に富み、実証研究を刺激しつづけている（Simmel and Levine 1971）。

じっさい、二十世紀以降のアメリカの社会学にジンメルが及ぼした影響ははかりしれない。ロバート・E・パークはジャーナリストとして働いたのち、ハイデルベルク大学でジンメルのもとで学んで学位を取得している。パークはその後、シカゴ大学で後進の社会学者の指導にあたり、同僚のバージェスとともに*Introduction to the Science of Sociology*という教科書を著している（Park and Burgess 1969）。筆者は一九九〇年代から二〇〇〇年代にシカゴで学んだが、当時もパークとバージェスの教科書は必修であった。また、すでに物故したが、シカゴのドナルド・レヴィン教授はジンメル理論の専門家であり、彼の授業ではジンメルの著作集*On Individuality and Social Forms: Selected Writings*が教科書であった。もっとはなばなしく注目をあつめる現代の理論などを院生が持ち出そうものなら、レヴィンはひとこと、「君はジンメルを読んだか」、と院生に尋ねるのがつねであった。たとえば、消費について、現代の研究者がまっさきに参照するのはボードリヤールということになるのだが、じつは貨幣やファッションに関するジンメルの論考は時代を先取りするアイディアの宝庫である。専門家としてのトレーニングにおいて、私たち院生は、各分野の最先端の文献に加えて、ウェーバー、デュルケム、ジンメル、マルクスといった古典を体系的に読まなくてはならなかった。ジンメルは「はずせない」理論家の一人だったのである。

また、ジンメルの影響はシカゴという一つの大学にとどまらない。クロード・フィッシャーやバリー・ウェルマンらがリードする北米の都市社会学は、ジンメルやその影響を受けたルイス・ワースの都市の人間関係の理論を検証することによってさまざまな知見をもたらしたし、社会的ネットワーク分析も、ジンメルの社会的紐帯に対する考察が理論的出発点の一つとなっている。社会的ネットワーク分析は、二十世紀後半以降、計算社会科学的方法の発達によって、長足の進歩を遂げた分野の一つだが、その関心の原点には、ジンメルのいわゆる形式社会学があるとみなすことができる。

本書におけるジンメルの不在はしたがって、社会学の体系的な知識を有する者、とりわけアメリカ社会学になじみがある研究者にとってはいささか奇異にうつるかもしれない。しかし、この不在はある意味、相互的なものかもしれない。ヨーロッパの現代の社会学理論のうち、たとえばピエール・ブルデューの社会学はアメリカでも重視されているが、ギデンズの文献はあまり顧みられない。ジンメルがギデンズ理論の中で不在であるのと同様、ギデンズ理論は、ジンメルの長い影のもとにあるアメリカの社会学で相対的に不在である。外部からみると一つの専門分野のようにみえても、社会学は分極化しており、ギデンズはその一つの極である。異なる理論的伝統のあいだには、あってもよさそうなはずの連携がない、ということはしばしばある。

ギデンズとアメリカ社会学との間の断絶の理由は、ギデンズの理論は検証可能な形になっておらず、実証主義的な社会学研究の伝統の中ではどうにもおさまりが悪いということにあるのかもしれない。自己の再帰性や知識があることknowledgeabilityをギデンズは協調するが、これらの概念は操作化可能な次元として提出されることがない。メストロヴィッチはギデンズに批判的な立場から、後期近代が自己にもたらした多様な選択やライフ・ポリティクス的な関心の重要性に懐疑的な立場をとるが、その背景には人々によって差があるはずの再帰性や知識、制約条件が変数として実証分析に開かれていないことに対する批判があると考えられる。後期近代においては準拠枠組みとしての伝統が衰退する、という命題に関連してメストロヴィッチは次のように指摘する。

高度なスキルを持つ合理的な行為者が合成的な伝統を再発明し、それが他の行為者を支配し抑圧するということを［ギデンズの分析は］含意しているようにもみえる。ギデンズの解放という目的が民主的な形で機能するためにはすべての行為者が平等であり、特定の伝統の発明に賛成しなければならないということになる。そのようなユートピアのような状態を想像することは不可能である。(Meštrović 1998:168、拙訳)

ギデンズが近代のもたらした新たな可能性に言及するたびに、メストロヴィッチはボスニア・ヘルツェゴビナ紛争など、近代社会が容易に解消できない対立や抑圧を反証として持ち出す (Meštrović 1998)。メストロヴィッチの批判的考察はギデンズ、メストロヴィッチのいずれかが正しい、誤っている、ということではなく、ギデンズの理論は操作化や可謬性を考慮することなく展開されているために「コップの水は半分しかない」、「コップの水は半分もある」という不毛な論争に陥る可能性がある、ということを示唆する。ジョン・デューイやカール・ポパーらの可謬主義の立場に立てば、科学的な命題はそれが誤りであることを判定できる基準を含むことが必要であるが、ギデンズの論考はそうした可謬性を考慮する形で出されていない。一方、ブルデューは自身でもデータ分析を手がける研究者だったから、その命題については実証的な検討が可能であるし、じっさいになされてもいる。ブルデューは特定の階層が特定の文化的事物を好むという階層と好みの一意的な対応関係を想定していたが、近年の文化的雑食に関する研究からは、さまざまなジャンルに関心が持てること、つまり文化的雑食性こそが階層上の優位と結びついていることが明らかになっている（Chan 2019）。ブルデューの理論は教育達成と階層に関する社会理論であるにとどまらず、実証研究を刺激する契機としても重要であるといえるが、ギデンズの理論は先述した操作化や可謬性への関心が乏しいために、実証研究への適用には限界もある。

また、かりにギデンズの自己アイデンティティ論は純粋な社会理論であり、実証研究につながるかどうかは問題ではない、という立場をとるとしても、そのきわめて選択的な先行研究の参照は、理論に内在的な基準からしてもじつは「高くつく」アプローチである。ジンメルやその他の近代社会の自己と社会構造の理論を参照しないことによるコストは小さくない。対照的に、ジンメルやその後のネットワーク分析の成果を応用した社会構造の理解の一例として、ジョン・レヴィ・マーティンの社会構造論を挙げることができる（Martin 2009）。社会関係から安定的な構造が生まれることが、ギデンズにおいてはたんに想定されているのに対し、マーティンは、ネットワーク構造に注目することによって構造が安定する場合、安定しない場合などのさまざまなパタンを理解可能とする。こうした地道な社会構造の理解が無いと、後期近代の自己はみな等しく知識を持ち、合理的な決定を行うことが可能な行為者のようにみえることになる。だからこそ、メストロヴィッチは、再帰性の限界や権力の不平等に注目することで、ギデンズのある種ナイーブな後期近代の自己アイデンティティ理解を問題視していると考えられる。

さらに、行動経済学の発展によって、人間の行為が合理的ではないことがさまざまな実験的手法から明らかになったことも、ギデンズの自己アイデンティティ論の評価に関連する興味深い発展であると考えられる。行動経済学は、典型的には新古典派経済学が想定していた効用を最大化する合理的行為者像の見直しを目指すアプローチであるが、ギデンズの自己アイデンティティ理論に対するその含意を考えることが理論的にはできるだろう。本書では自己が知識を有し、苦難に直面しつつも再帰的に選択をするというテーマが強調されるが、行動経済学はまったく再帰性に乏しい行為者を発見することとなった。ツバスキーとカーネマンのプロスペクト理論を嚆矢として、行動経済学は人間がいかに無知で、無意識の偏見にとらわれていて、天気や腹具合など自己の利害以外の要因に左右されて行動しているか、ということを明らかにしてきた（Gigerenzer 2007; Kahneman 2011; Thaler and Sunstein 2009）。多様な選択肢があっても、最適の選択肢を見きわめたり、合理的に判断したりすることは現実の人間には難しい。情報の取得や処理はコストをともなう活動であり、むしろ大半の情報を熟慮しないことによって社会生活は可能になる（Kahneman 2011）。どのワインを買うか、といった些末な決定ですら合理的にできないのが普通の人間であるならば、より重大な帰結をもたらす選択も合理的にできるわけがない。行動経済学の知見を踏まえるならば、再帰性の限界についても自己アイデンティティの理論は言及が必要となるだろう。搾取や抑圧のために自己実現が阻害されるだけではなく、そうした問題がギデンズの主張するように後期近代ではある程度解決されるとしても、人間は再帰性をフルに発揮することがそもそも難しいという状況があるからだ。このように考えると、ギデンズの描く後期近代の自己は、奇妙にも新古典派経済学の措定する効用最大化者 utility maximizer と似通っていることに気がつく。人間、そんなに合理的に考えたり、選択したりできないよ、という行動経済学の新古典派批判がギデンズの自己アイデンティティ論にとってレリヴァントになる程度には、ギデンズの自己は合理的すぎるし、自由すぎるのだ。

社会理論としての本書の課題には、メディア理解の問題も指摘できる。メストロヴィッチも指摘していることだが、メディア環境は自己アイデンティティのあり方に重要な影響を及ぼすにもかかわらず、その変動はギデンズの理論においては分析されていない。インターネットやスマートフォンなどのネットワーク・メディアの日常生活への浸透は後期近代のもっとも特徴的な側面であるが、時間と空間の距離化を論じていながらギデンズのメディア分析は表面的なものにとどまる。たしかに、本書が出版された時期はインターネットが普及する前であり、インターネット利用が一般的になったのは日本も含めて多くの社会で一九九〇年代半ば以降のことである。しかし、そのことはメディアに関する十分な考察がないことの言い訳にはならない。インターネットに結実する情報革命は、第二次世界大戦を契機とする情報科学の発達から進展している長期的な過程である (Gleick 2012)。また、『モダニティと自己アイデンティティ』と同時期に、同じく自己アイデンティティに関する論考として出版された重要な著作にケネス・ガーゲンの *Saturated Self* があるが、ガーゲンはメディアの情報にたえずさらされ、新たなジレンマに直面する自己を明示的に主題としている（Gergen 1991）。メディアの影響は多様であるにもかかわらず、メディアは単純に再帰性を高めるツールとして機能するとギデンズは想定しているとメストロヴィッチは評価している（Meštrović 1998）。本書のメディア理解は、次節で見るように、その出版後に生じた社会変動と照らし合わせてみるとその限界がより明らかになる。

要約すると、本書の社会理論としての課題は少なくなく、自己アイデンティティに関する先行研究の検討が限定的、選択的であること、再帰性などの主要概念が操作化可能な形で提示されていないこと、行為者の知識や合理性が無媒介に想定されていること、情報メディアの影響に関する体系的な考察が欠落していることなどが挙げられる。しかし、メストロヴィッチはどこまでも近代化の帰結に対して悲観的なのだが、ギデンズが指摘するように、モダニティのダイナミズムが人類にもたらした便益は重要であり、伝統社会には存在しなかった機会を個人にもたらしたという主張には一定の妥当性があるともいえる。

3　社会変動の理解における課題

ギデンズの社会理論上の課題は、社会理論に関心をもつ一部の人々の関心事であると片づけることもできる。しかし、本書出版後の世界史的出来事の数々は、抽象的な社会理論上の課題にとどまらず、モダニティのダイナミズムやそこから生じる世界史的出来事の理解そのものの妥当性に対する問題を示唆しているようにみえる。もちろん未来の予測ができなかったことを理由にギデンズの自己アイデンティティ論の問題点を指摘することはフェアではない。また、本書は社会問題の論評でもない。しかし、一九九〇年代以降の世界に出来した事態は偶発事ではなく、モダニティのダイナミズムと関連していると考えられるから、これらの事態を予測できなかったことではなく、それを説明したり理解したりするための分析枠組みとしての使い勝手の観点から本書を評価することはできる。本書出版後の世界を知るツアーガイドとしては、ギデンズは歴史の発展が弁証法的であることをある程度は認識しているものの、自己実現、ライフ・ポリティクスの展開といった自己の発展を重視するあまり、本書では後期近代のもう一つの側面の分析が不十分なままとなったのではないか、という問題を指摘しておきたい。

本書が説明できない出来事の例として、まずトランプ主義の台頭をとりあげよう。ドナルド・トランプは、ワシントンのエスタブリッシュメントを破壊する者として支持を集め、二〇一六年の米国大統領選で勝利し、二〇一七年から二〇二一年まで大統領を一期務めた。トランプはリアリティTVで知名度を高め、ツイッターなどのソーシャル・メディアで多数のフォロワーを集めた。二〇二〇年の大統領選ではジョー・バイデンに対して敗北するが、トランプは敗北を認めず、根拠を示さずに選挙で大規模な不正があったと主張し続けた。トランプを支持する人たちが二〇二一年一月には議事堂を占拠するという事件も起き、アメリカは一時内戦のリスクが真剣に取りざたされる事態に陥った。その後、トランプは虚偽の情報を広めるという懸念からツイッターのアカウントを停止された。大統領に就任する前から、トランプはオバマ大統領がアメリカ生まれではない（したがって大統領になる資格がない）という虚偽の主張をしており、事実と異なる言明を繰り返し行っている。しかし、既存の社会システムでわりを食っていると感じる多数の人々――とくに非大卒白人――からトランプは熱烈な支持を集めた。高学歴リベラル層にはトランプの政治は到底容認できず、彼の大統領の任期はアメリカの分断がもっとも顕著になった時期だった。

強権的な政治家が支持を集めるという現象は、アメリカに限ったことではない。ブラジルではジャイール・ボルソノロが二〇一九年に大統領に就任した。ボルソナロは少数派に対して非寛容な立場をとり、独裁制や政治における暴力の使用を容認している。また新型コロナウイルス感染症に対しては科学的な対策を軽視し、ブラジルにおける感染の拡大を招いた。ハンガリーではオルバーン・ヴィクトル政権が移民や性的少数者に対して強硬な政策を追求している。

ギデンズは後期近代が伝統社会はもとより、前期近代とも異なるという立場をとっているが、強権的な政治家の台頭は二十世紀前半のファシズムとも共通する傾向である。経済学者のポール・クルーグマンはジョージ・オーウェルのスペイン内戦の回顧録に触れて、ファシズムとトランプ主義はともに事実を歪曲することを指摘している（Krugman 2020）。後期近代は、ほんとうにそれ以前の近代と異なるダイナミズムを示す時代といえるのだろうか、という問題をトランプ主義の台頭は提起する。フランクフルト学派が問題視した民主主義の危機を、二十一世紀の世界はツイッターやインスタグラムなどの新しい小道具で再演しているのではないだろうか。メディアは制度的再帰性を高めるとは限らず、偏見や虚偽情報を拡散し、デマゴーグが公衆を操作し、社会における分断を深める結果をもたらしている。かりにギデンズが主張するように、時間と空間の分離、脱埋め込みメカニズム、制度的再帰性が後期近代の特徴であったとしても、不均等な資源の分布の上にそれらは重ね合わされるのであり、格差の固定化や拡大に寄与する可能性があることは否めない。ソーシャル・メディアはトランプが例示するポピュリストの担い手をエンパワーすることによって新しい危機を招来する触媒として作用した、ということは技術決定論に陥らずとも検証可能な命題である。

不均等なエンパワーメントの問題に関連して、ケンブリッジ・アナリティカ社をめぐる事件に言及しておきたい。ケンブリッジ・アナリティカ社は、政治コンサルティング会社であり、フェイスブックのユーザー・データをユーザーの同意なく収集・使用し、トランプらの選挙戦のための広報活動に使用した（Confessore 2018）。また、その活動はイギリスのEU脱退、いわゆるブレグジットにも影響したとされている。情報を収集し、モニタリングし、最適な選択肢を見出すという能力は、本書がモダニティのダイナミズムの根幹に位置づけた過程であるが、そのきわめて後期近代的な過程は、監視資本主義をも生み出した（Zuboff 2019）。本書は後期近代のダイナミズムの帰結としてライフ・ポリティクスの発展を位置づけるが、その同じダイナミズムから生まれたソーシャル・メディア依存のポピュリズムや監視資本主義を分析する視角を欠いており、後期近代の自己分析としては偏りがあるという評価ができるかもしれない。後期近代の自己はポピュリズムや監視資本主義のターゲットとして、操作され、扇動される脆弱性 vulnerability をもはらんだ自己である。後期近代のもう一つの側面の分析が不十分、というのはこの意味においてである。

また、メストロヴィッチは、文化的差異をギデンズは軽視していると指摘している。後期近代と伝統社会の差異がギデンズにとっては重要であるために、両者が脱歴史的、脱文化的な構築であるかのように扱われているという問題点はたしかに本書にも認められるかもしれない。本書の第七章では、後期近代では解放の政治からライフ・ポリティクスへの転換が生じることが強調されているが、二〇二〇年の Black Lives Matter 運動にみられるように、解放の政治は終わったどころか引き続き政治的主張の焦点でありつづける。BLMの直接のきっかけとなった事件は、ジョージ・フロイドらが警察による暴力の結果殺害されたことである。米国の警察制度は脱走奴隷の統制に由来しており、BLMは歴史的経緯を抜きにして理解することはできない。バラク・オバマを大統領に選出した二十一世紀のアメリカにおいても、マーティン・ルーサー・キングらが公民権運動で取り組んだ人種差別の問題は存在しつづける。システミックな人種差別にさらされるエスニック・マイノリティには、後期近代においても最適なライフスタイルの選択や自己実現を模索する余地はない。

ライフプランニングやライフスタイルの選択を通じた自己の来歴のバイオグラフィの構成の機会は、他の社会的資源と同様不均等に分布している。日本では、複数の大学において医学部不正入試が行われ、年齢や性別を基準として一部の受験生が不利に扱われていたことが二〇一八年に明るみに出た。志願者が受験をしても、年齢や性別という生得的属性により差別的取り扱いを受けるという、後期近代どころか江戸時代さながらの状況が日本社会には存在している。ＢＬＭが黒人コミュニティと警察の歴史的緊張関係と関係があるように、不正入試問題にも生得的属性にもとづく特定のカテゴリに対する差別という歴史的文脈がある。日本では性別による職業分離が顕著で、医師を含む社会経済地位の高い専門職（タイプ1専門職）に女性は就きづらい傾向がある（山口 2017）。

現代の実証研究は、山口（2017）が例示するように、人的資本の平等化が進んでも職業分離が解消されない理由を、反事実的分析を可能とする統計的手法（具体的には要因分解法）によって解明する段階に到達している。自己の再帰的プロジェクトが原理的には後期近代の特徴であるにせよ、それが頓挫しかねない状況を今日の研究は見出している。後期近代がもたらすはずの自己の再帰的プロジェクトから、だれがどのように排除されるのか、という点について、ギデンズの脱歴史的、脱文化的アプローチはあいまいであり、メストロヴィッチら、少数派が直面する課題に敏感な論者はまさにその点を批判している。ギデンズが主張するように、後期近代のすべての人々にとってライフスタイルが自己アイデンティティの重要な側面であるにせよ、最適とはほど遠い選択を強いられる人は少なくない。身体的安寧やキャリアの選択に加えて、健康もまた、個人のよりよい選択に解決を期待できない問題である。公衆衛生の研究者は健康格差の社会的要因に注目している。医者が禁煙や運動や健康によい食事を勧めても、そうした選択をさまざまな理由でできない人がいる（Marmot 2005）。

また、ギデンズは第五章では人間の自然に対するコントロール能力の増大にふれて、完全に外在的なリスク要因としての「自然の終焉」を論じている。しかし、二〇〇四年のスマトラ島沖地震や二〇一一年の東日本大震災などの大地震は、後期近代の世界が今なおコントロールできない自然のリスクと対峙していることを想起させる出来事だった。東日本大震災の場合は、原子力発電所の事故は人間が生み出した大規模システムに関わるリスクであり、人間の活動も影響して生じた災害であるということは確かである。しかし、そのことはあらゆる重大な結果をもたらす自然的リスクの要因が人間の介入に関係するということを含意しない。筆者は、自然に対するコントロールの増大を強調するギデンズの分析を読んだときに、地震に悩まされない国の人らしい考えだな、という素朴な感想を持った。本書の第五章では日常の社会生活が、人間の社会活動とは独立の存在としての自然環境から隔離されたことが強調されているが、後期近代といえども自然環境からの隔離は限定的なものにとどまるかもしれない。さらに、個人の思惑や介入を超越する抽象的システムの権能や依然として深刻な脅威をもたらす自然の存在は、あらたな宿命論の台頭につながるかもしれない。

後期近代は、いかなる意味で画期的な時代といえるのか、という問いにギデンズはモダニティのダイナミズムを提示することで答えている。しかし、ジンメルらの近代的自己に関する先行研究を検討しなかったこと、操作化可能な次元として概念を提示しなかったことは本書の限界であり、本書の出版後の社会変動と本書の主張を照合すると、後期近代は「こんなはずではなかった」という思いにおそわれる者は、筆者も含めて少なくないのではないか。

4　本書の今日的意義

社会理論として、あるいは後期近代を理解する理論的枠組みとしてみた場合、本書には既存理論に対する選択的な参照、後期近代のダイナミズムに関する選択的な関心という二重の限界がある。ギデンズの理論は社会理論のオムレツみたいだ、というクライブの評価についてはハーベスト版の解説で触れた。選択的な理論の参照を指して、メストロヴィッチもまた、ギデンズ理論はマクドナルド化した社会学の例であり、社会理論のハッピー・ミールみたいだ、と、批判的な評価である。ギデンズの関心が、伝統社会と高度近代を対比した上での高度近代固有の特性にあり、フォーゲル、ポーター、デメニーとマクニコルらが認めた近代社会が達成したことの理論的理解にあったとすれば、クライブやメストロヴィッチの評価は辛らつに過ぎるかもしれない。

しかし、これらの辛口の評価は、文化的差異や格差に対する学術的言説および一般的言説における関心の高まりと呼応している。異端審問や魔女裁判は過去のものとなり、理不尽な暴力によって命を奪われることが後期近代の世界では少なくなったとはいえ、ジョージ・フロイドら少数者の視点からみれば後期近代は十四世紀の災厄に満ちたヨーロッパと大差なく、生存や基本的権利を脅かされる状況が存在しつづけていることに変わりはない。ライフプランニングが自己の再帰的プロジェクトの根幹になればいっそう、属性による差別的取り扱いに、社会は敏感にならざるをえない。

ただし、筆者は、だから本書は時代遅れだ、とは考えない。多くの実証研究が気づいてはいたが十分に一般化できていなかった、後期近代の制度的再帰性を理論的に整理したこと、自己アイデンティティの危機について新たな研究の領野を切り開いたことを考えれば、本書は読み返す意義のある近代化論、自己アイデンティティ論であるといえる。二十一世紀にはいって二十年ほどの間にも、ジンメルのいうブラゼを覚えざるをえないような事態に世界は見舞われている。高度に産業化した社会における中流階級の衰退、各種原理主義によるテロリズム、ポピュリズム、監視資本主義、ＢＬＭに代表される差別に対する世界規模の異議申し立て、そして二〇二〇年以降の新型コロナウイルス感染症のパンデミックによる格差の顕在化、など、世界史というドラマに脚本家がいるならば、よくもこれだけのエピソードをてんこ盛りにしたものだと嘆息するしかないような事態が出来している。本書は上述の課題はあるにせよ、なぜこれらの事態が私たちの耳目を集めるか、また自己アイデンティティにどのような影響を与えるのかという根本的な問いに対するカギを握る論考である。この解説は、他の社会理論やギデンズが発展させなかった潜在的なトピックに注目した上で本書を読むことを勧める、使用上の注意である。現代の世界の大きな問題にも、生活上の身近な問題にも響く独創的な知見に本書は満ち溢れている。社会理論の本なのに、そこで展開されるのは抽象的で難解な誇大理論ではなく、意外と使える本である。

【文献】

Chan, Tak Wing. 2019. “Understanding Cultural Omnivores: Social and Political Attitudes.” *The British Journal of Sociology* 70（3）: 784–806.

Confessore, Nicholas. 2018. “Cambridge Analytica and Facebook: The Scandal and the Fallout So Far.” *The New York Times*, April 4, 2018, sec. U.S.

Demeny, Paul, and Geoffrey McNicoll. 2006. “World Population 1950–2000: Perception and Response.” *Population and Development Review* 32（S1）: 1–51.

Fogel, Robert William. 2004. *The Escape from Hunger and Premature Death, 1700–2100: Europe, America, and the Third World.*

Gergen, Kenneth J. 1991. *The Saturated Self: Dilemmas of Identity in Contemporary Life*. New York, N.Y.: Basic Books.

Gigerenzer, Gerd. 2007. *Gut Feelings: The Intelligence of the Unconscious*. New York: Viking.

Gleick, James. 2012. *The Information: A History, a Theory, a Flood.* 1st Vintage Books ed., New York: Vintage Books.

Howe, Daniel Walker. 2007. *What Hath God Wrought: The Transformation of America, 1815-1848*. The Oxford History of the United States. New York: Oxford University Press.

Kahneman, Daniel. 2011. *Thinking, Fast and Slow*. 1st ed. New York: Farrar, Straus and Giroux.

Krugman, Paul. 2020. “Opinion | Lies, Damned Lies and Trump Rallies.” *The New York Times*, October

29, 2020, sec. Opinion.

MacKenzie, Donald. 2008. *An Engine, Not a Camera: How Financial Models Shape Markets*. 1st edition. Cambridge, Mass.: The MIT Press.

Marmot, Michael. 2005. "Social Determinants of Health Inequalities." *The Lancet* 365（9464）: 1099–1104.

Martin, John Levi. 2009. *Social Structures*. Princeton, N.J.: Princeton University Press.

Meštrović, Stjepan Gabriel. 1998. *Anthony Giddens: The Last Modernist.* London: Routledge.

Park, Robert Ezra, and Ernest. W. Burgess. 1969. *Introduction to the Science of Sociology*. New York: Greenwood Press.

Porter, Roy. 1998. *The Greatest Benefit to Mankind: A Medical History of Humanity*. 1st American ed. New York: W. W. Norton.

Sassen, Saskia. 2006. *Territory, Authority, Rights: From Medieval to Global Assemblages*. Princeton: Princeton University Press.

Simmel, Georg, and Donald N. Levine. 1971. *On Individuality and Social Forms: Selected Writings*. The Heritage of Sociology. Chicago: University of Chicago Press.

Thaler, Richard H., and Cass R. Sunstein. 2009. *Nudge: Improving Decisions About Health, Wealth, and Happiness*. Revised&Expanded edition. New York: Penguin Books.

Tuchman, Barbara W. 1978. *A Distant Mirror: The Calamitous 14th Century*. New York: Ballantine.

山口一男. 2017.『働き方の男女不平等――理論と実証分析』日本経済新聞出版.

Zuboff, Shoshana. 2019. *The Age of Surveillance Capitalism: The Fight for a Human Future at the New Frontier of Power*. First edition. New York: Public Affairs.

訳者あとがき

本書は*Anthony Giddens, Modernity and Self-Identity: Self and Society in the Late Modern Age,* Polity Press, 1991の全訳である。ギデンズ自身の紹介は、他の数多くの邦訳書でなされているであろうから、ここでは省略させていただく。訳の分担は以下のとおりであるが、最終的には三人の共訳者が全ての箇所をチェックした。

イントロダクション（筒井）
第一章　ハイ・モダニティの輪郭（筒井）
第二章　自己：存在論的安心と実存的不安（安藤）
第三章　自己の軌跡（筒井）
第四章　宿命、リスク、安心（秋吉）
第五章　経験の隔離（安藤）

第六章　自己の苦難（筒井）
第七章　ライフ・ポリティクスの登場（秋吉）

翻訳書にとって肝心なのは、精確さではなく、訳文を読んでみて「ひっかかりがないかどうか」であると私は思う。原文が透けて見えるような訳文は日本語として不自然ならば避けてよいし、文献解釈学の対象にするのでなければ、読者が著作の趣旨を大まかに理解することのコストを、訳者はいたずらに増やすべきではなかろう。本書の翻訳にあたっても、基本的にこのような心構えで臨んだ。複数回にわたるチェックを終え、致命的な誤訳は避けられたのではと考えているが、翻訳の品質に関しては読者のご叱正・ご指摘を賜われれば幸いである。

＊

さて、少々懐疑的なコミュニケーションの見方からすれば、どんな概念・論述も、あらゆる解釈や利用を許すものである。民主主義の価値観は（大衆社会や外交のレトリックを経由して）覇権主義や全体主義を帰結する可能性がある、として留保をつけられるかもしれないし、ギデンズの慎重な留保にもかかわらず、自己の再帰性やライフ・ポリティクスについての論述は、抑圧の解放を妨げるイデオロギーとして利用、あるいはエリート主義的であるとして非難される可能性を排除できない。実際、ギデンズが見落としている点として書かれていた批判の言葉が、そのままギデンズの主張としてテクストにすでに書かれていた、ということもあった。

こういった状況は、特に心理学や経済学といった他分野に比べて体系化が遅れていると言わざるをえない社会学の世界では、どこか聞き覚えのある共通基盤を欠いた論争として現れかねない部分がある。実際、ギデンズのモダニティの見方に関しては、真っ向から矛盾する評価が加えられてきたという経緯がある。一方では、海外においても日本においても、ギデンズは過度に主体の再帰的な知識能力、自己変革能力を強調しすぎているという批判があった。他方でセネットは逆に、人間活動におけるルーティーンの不可欠な価値を積極的に認めている理論家として、ギデンズを称揚しているのである。ルーティーンが存在論的安心の源となっているということは本書でも述べられているが、特に最近のギデンズの著作においては、伝統の価値を積極的に認める保守主義的とも言えるような論調が目立っている。

私自身は、このような相容れない評価が、ギデンズの主張自体の矛盾から来ているとは考えていない。特定のテクストのどの部分を読むか、またそれをどの文脈に置くかによって、そのテクストが強調しすぎているように見えるものや、ないがしろにしているように見えるものが変化する、というだけのことである。テクストを特定の文脈に置いて解釈することと自体は非難されるべきことではないが、どのような文脈でどのように読まれようとも批判の余地のないテクストを考えることは難しいし、それを求めることで知的活動は窒息してしまう。テクストは市場に振り出された手形のようなものであり、一度出回ってしまえば回収は困難だが、かといって過度にコントロールを及ぼすことは流動性、すなわち活発な知的論議を妨げることにつながる。

それでも、ギデンズの著作が多方面での多様な評価を受けてきたことの理由の一部をここで明らかにしておくことは、余計な作業ではないだろう。

最も大きな理由は、間違いなく、使用されている概念の複雑さにある。脱埋め込みと再埋め込み、専有と再専有といった概念に関しても、単純なかたちでは理解すべきではない。専有と再専有は、複雑に絡み合っている。ある技術が、熟練工あるいは独立したエンジニアの手を離れ、大企業により脱埋め込み／脱習熟化されたとしても、そういった過程によってその技術が一般の消費者に届けられるようになり、そのおかげで一般人が何らかのクリエイティブな作業ができるようになったとすれば、それは同時に再習熟化でもある。ソフトウェアといった技術にこのような流れをみることができるであろう。一部の者にとっての専有は、他の者にとっての収奪・脱習熟化であり、かつ同じことはまた別の者にとっての再専有・再習熟化である、といった事態がふつうに存在するのである。

ある意味では本書で最も魅力的な部分であると言える「経験の隔離」と「抑圧されたものの回帰」という現象についての論述も、単線的なモダニティ分析からは導くことができないものである。なぜかこの部分は読者に忘れられることが多いようだが、そもそも自己の再帰的プロジェクトの重要な原動力となっているのは、内的準拠システムに回収されえない外部要素である。経験の隔離とは、日常生活の表舞台から、内的準拠システムに包含しえない外部（個人の自己選択の範囲に組み込みにくい死、病、欲情などの経験）が、制度的に隔離されていくことである。私たちは何気ない顔をして不安を感じること無く日常生活を送っているが、それはたとえば自分の死（生の有限性）のことを忘れているからであり、それが可能なのは死に触れる機会が日常生活から隔離されているからだ、という仮説である。ここでこういった経験が外部であるのは、それが再帰的組織化の対象にならない、あるいはなりにくいからである。あるものごと、システム、経験が「再帰的に組織」されるというのは、完全にコントロールはできないが、自分の選択によって何らかの——意図しないものを含む——影響を与えることができる、つまり自分の選択が何らかのかたちでconsequentialであるという意味である。伝統による拘束性を弱めてきたモダニティにおいては、人生における様々な経験が再帰性に服してきたが、そういった過程を支えてきたものが、再帰性に服しにくい外部を隔離してきたメカニズムである、というのがギデンズの見方である。そしてそれは心理的に抑圧されているのでも、この世から消え去ったわけでもないゆえに、ふとしたことから個人を実存的不安に陥れる可能性があるものだ。近代的自己は、とくに人生の転機となる運命的な局面で制度的抑圧を解除されて現れてくる不安要素に対処していくことを強いられる、脆弱な存在であることが強調されている。しかも、不自然なかたちでつくられた「外的基準」に強迫的にしがみつくことができなければ、そういった営みは「道徳的意味を欠いた」状況で、すなわち再帰的に行われるほかないのである。

こういった外部性の問題は、大部分「人生の意味」に関わるような実存的な問題であり、したがって政治的な活動のみによって根本的に解決できるような性質のものではないため、自己の再帰的プロジェクトを私化批判の文脈で理解することは的外れである。ただし、そうした問題が倫理的なアジェンダとして公共的・政治的な活動につながっていく可能性をギデンズは最後の章で指摘している。

「抑圧されたものの回帰」は、ギデンズが後の著作でも触れている嗜癖や宗教的原理主義の台頭に典型的であろう。内的準拠システムは外部を排除するため、人生に外部から与えられる道徳的意味が剝奪されていく。あるいはそういった意味を与えることができない。このような自己にとって不安定な状況においては、懐疑の時代にあって確信を与えてくれる原理主義、変革の時代にあって強迫的な反復行動による心理的安定をもたらしてくれる嗜癖が、逆に力を持ってくることが大いに考えられるわけである。そうでなくとも、核戦争や環境破壊などの、潜在的には破壊的な影響力を持つ「重大な結果をもたらすリスク」に対しては、個人はせいぜい「保護被膜」をもって心から消し去るくらいしかできない。

もちろんこういった概念的な複雑さを勘案したとしても、そう簡単にモダニティ論争に「ケリ」がつけられるわけではないだろう。「解題」でも述べられている通り、本書の価値は本書のみで決まるわけではない。ここからいかに前向きな具体的研究プログラムをつくりあげていくことができるかが肝心である。

同時に、理論的なレベルにおいても、ギデンズの枠組みを精緻化したり、その他の理論によって検討したりする、といった作業も必要になるであろう。

たとえば最終章においてギデンズは、第三世界を貧困から解放するためには先進国の成員のライフスタイルの変更が必要となる、という主張を、解放のポリティクスとライフ・ポリティクスとの関係として論じている。だがこの問題は、見方を変えれば希少資源の不均衡な分配、つまり単なる解放のポリティクスの問題でもある。こういった問題が「解放された環境でいかに生きるか（いかなる社会を構築するか）」というライフ・ポリティクスの議題になるのは、厳密には有限な資源へのアクセス権が機会平等になった状況において、である。そうでなければ、豊かさの格差は単なる抑圧の問題にすぎない。

それから、解放のポリティクスとライフ・ポリティクスの二分法を想定すると、解放され機会平等を獲得した個人に残された問題がライフ・ポリティクスの問題だけになる、と考えたくなるが、このことにも気をつけなくてはならないだろう。機会平等が達成されれば、後は隔離されてきた倫理的問題や類的存在としての人間のあり方の問題（環境問題など）しか残されないとすれば、たとえば経済学など必要ないことになる。というのも、経済学は機会平等の個人を出発点として、希少財の効率配分の方法やそれが失敗する仕組み（フリーライダー問題など）について考えるからである。

＊

本書は、近代的自己の抑圧された病理的性格を強調する他の代表的著作に比べて、一般的には自己の可能性の積極的側面を強調するものとして受け取られていることが多い。しかし、その実この作品が投げかけてくるのは、自己に課せられた途方もなく難しく、ほとんど絶望的な問題である。ギデンズはモダニティの両面性を強調することが多いが、本書を理解するために本質的なのは、むしろモダニティが自己から奪い去ったものなのである。「経験の隔離」のほころびから顔をのぞかせる実存的問題に、もはや社会は答えを与えてくれない。そもそも人生に意味があるのかどうかも、自己は自分だけで答えを見出していくことを強制される。権威主義的に伝統に固執するかどうかさえも、選択の問題になっていく。「抑圧されたものが回帰」するなかで自己に迫ってくるジレンマに、自己は再帰的に（選択のなかで）対処していくことを強いられる。世代を超えて地球環境を守っていくのかどうかも、つまるところ選択の問題となる。これが「ライフ・ポリティクスの議題」である。本書のなかでギデンズはなにも、こういった課題に取り組んでいかなくてはならない、と主張しているのではない。ハイ・モダニティの環境のなかでは、内的準拠システムが飽和しつつあり、逆に内的準拠性の原理では取り扱うことのできない問題が鋭く前面に出てくることになった。人々はいやおうなしにこういった課題に直面することが増えていくであろう、と予測しているのである。

人生の意味といった価値的（外的）な問題を、外部を剥奪していく再帰的環境において解決していかなければならないという現代人の宿命は、かつてマックス・ウェーバーが目的合理性と価値合理性とを対置することで明確化した矛盾によって表現することもできるであろう。しかしそういった矛盾に対して近代社会が実際に制度的にどのように対処してきたか、個人が実際に心理的にいかに対処しているのかを描いたという意味で、間違いなくギデンズのこの本は貴重な作品たりえていると私は思っている。

＊

この翻訳が「出発」したのは、今から十年を遡る一九九五年であった。当初は出版予定もなく、ただ三人で翻訳を作ってみようということで始めたものであった。一年後には翻訳をし終えていたのだが、そのまま放置されていた。それが今回、ハーベスト社の小林達也氏から出版の道を与えられ、その後三人による全面的な修正を経て、出版に値する品質のものが完成した。作業における全般的なコーディネートを行ったのは私であるが、安藤には担当箇所の翻訳以外にも、引用箇所の調査などで縦横無尽に活躍してもらった。また、数年間にわたる米国留学で、英語圏の社会学に浸った秋吉の英語の感覚には、他の二人の訳者はおおいに助けられた。

最後に、この出版の機会を与えてくださり、また予定された入稿期限の大幅な遅れなどにもかかわらず、寛容に対処していただいた小林達也氏に感謝をしたい。そのほかにも、様々な分野の研究者の方々から重要な示唆をいただいた。この場を借りてお礼を申し上げる。

二〇〇五年三月　訳者を代表して

筒井淳也

文庫版訳者あとがき

本訳書をハーベスト社から出版したのが二〇〇五年で、そこから実に十五年以上が経過した。その間、世界は二つの大きなショックを経験した。二〇〇七年からの世界金融危機とそれに続くリーマン・ショック、そして二〇二〇年からの新型コロナウイルス(COVID－19)のパンデミックである。こういったショックの背景では、資産・所得格差の拡大、あらたなかたちのナショナリズムの台頭と国際協調体制のゆらぎ、ICTの生活場面へのますますの浸透など、構造的な変動も顕著に生じてきた。

ギデンズは本書を通じて、社会変動と「自己」との関係を論じているが、世界規模の大きな事件を経た後でも、本書の基本的な枠組みは依然として有効であるように思える。訳者の一人として強調したいことはすでにハーベスト社版の「訳者あとがき」に書いたとおりだが、この文章で書かれていること――自己は、社会環境変化に対して外的基準が欠如した状況で対応しなければならないということ――は、現在の私たちにとっても重要な課題であり続けている。

COVID‐19のパンデミックのような大規模な出来事が生じると、しばしば私たちの生活には「根本的な変化」が生じたのだ、という見方に与したい動機を持つ人が多くなる。たしかに変化は生じている。政府のみならず一般の人々も、「人との接触」をかつてない強度でリスクパラメータに組み入れた。経済格差にしろ感染のコントロールにせよ、人々は「国」という単位と政府の役割を強く意識するようになった。しかしリスク環境における「自己の再帰的プロジェクト」、「経験の隔離」といった本書の基礎概念は、こうした一連の変化によって修正を要するものではない。一部の政府は、パンデミック下で人々の行動を強く制限する力を発揮した。また、ポピュリストの政治家が権威的に振る舞うことも珍しくなくなった。それでも、政府は人々の行動指針に外的・道徳的基準を提供できるわけではない。新型コロナウイルスは確かに私たちの生活を変える力を持ったが、そのなかでも多くの人々は新たなルーティーンを構築し、過度な不安を経験の外部に押しやった。本書から得られる洞察は、依然として私たちの生活や考え方を説明する有力な道具であり続けている。ただ、ギデンズが提示する包括的な概念は、包括的であるがゆえに用いる側での工夫や心構えが必要である。再刊にあたって秋吉が書き下ろした「文庫版解題」をツアーガイドとして、読み進めていってほしい。

筑摩書房の守屋佳奈子さんから、本訳書の「ちくま学芸文庫」での再刊の検討依頼があったのは、パンデミックがまだ収まらない二〇二〇年十二月であった。そのころはハーベスト社版の定価での入手が難しくなっており、再刊の話をありがたく受けさせていただくことにした。色褪せない魅力を持ち続ける本書が「文庫」というかたちで再刊される機会をいただいたことは、まさに幸運であった。

再刊に際して、訳文は部分的に見直しを行った。翻訳の担当体制はハーベスト社版の「訳者あとがき」に書いたとおりであるが、安藤が担当した二章と五章の改訂については、それぞれ秋吉と筒井が行った。キリスト教の教義と関連する英語の含意に関しては、ジェラード・ロンバーディ Gerald Lombardi 博士にご教示いただいた。また、著者のギデンズには、第二章に関する秋吉からの問い合わせにたいへんていねいな説明をいただいた。訳文改訂にあたり、守屋さんには細かなコメントをいくつもいただき、そのほとんどは改訂版に反映されているはずである。その他の面倒な用語や表記形式の統一作業に際しても、守屋さんにはたいへんお世話になった。あらためて謝意を表したい。

二〇二一年七月　訳者を代表して

筒井淳也

【や行】

【ら行】

【ま行】

【さ行】

事項索引（50音順）

【あ行】

【か行】

索　引*

*索引は原著の Index（Society of Indexers の Meg Davies 氏編纂）を参考にして作成した。原著では人名と事項は分けられていないが、日本語版では分けてある。

人名索引（アルファベット順）

本書は、二〇〇五年四月二八日ハーベスト社より刊行された。

ヴェニスの商人の資本論　岩井克人

〈資本主義〉のシステムやその根底にある〈貨幣〉の逆説とは何か。その怪物めいた謎をめぐって、明晰な論理と軽妙な洒脱さで展開する諸考察。

現代思想の教科書　石田英敬

今日我々を取りまく〈知〉は、4つの「ポスト状況」から発生した。言語、メディア、国家等、最重要論点のすべてを一から読む！　決定版入門書。

記号論講義　石田英敬

モノやメディアが現代人に押しつけてくる記号の嵐。それに飲み込まれず日常を生き抜くには？　東京大学の講義をもとにした記号論の教科書決定版！

プラグマティズムの思想　魚津郁夫

アメリカ思想の多元主義的な伝統は、九・一一事件以降変貌してしまったのか。「独立宣言」から現代のローティまで、その思想の展開をたどる。

増補　女性解放という思想　江原由美子

「女性解放」はなぜ難しいのか。リブ運動への揶揄を論じた「からかいの政治学」など、運動・理論における対立や批判から、その困難さを示す論考集。

増補　虚構の時代の果て　大澤真幸

オウム事件は、社会の断末魔の叫びだった。衝撃的事件から時代の転換点を読み解き、現代社会と対峙する意欲的論考。（見田宗介）

言葉と戦車を見すえて　加藤周一　小森陽一／成田龍一編

知の巨人・加藤周一が、日本と世界の情勢について、何を考え何を発言しつづけてきたのかが俯瞰できる論考群を一冊に集成。（小森・成田）

敗戦後論　加藤典洋

なぜ今も「戦後」は終わらないのか。敗戦がもたらした「ねじれ」を、どう克服すべきなのか。戦後問題の核心を問い抜いた基本書。（内田樹＋伊東祐吏）

言葉と悲劇　柄谷行人講演集成1985-1988　柄谷行人

シェイクスピアからウィトゲンシュタインへ、西田幾多郎からスピノザへ。その横断的な議論は批評の可能性そのものを顕示する。計14本の講演を収録。

21世紀を生きるための
社会学の教科書
ケン・プラマー
赤川学監訳
パンデミック、経済格差、気候変動など現代世界が直面する諸課題を視野に収めつつ社会学の新しい知見を解説。社会学の可能性を論じた決定版入門書。

世界リスク社会論
ウルリッヒ・ベック
島村賢一訳
迫りくるリスクは我々から何を奪い、何をもたらすのか。『危険社会』の著者が、近代社会の根本原理をくつがえすリスクの本質と可能性に迫る。

民主主義の革命
エルネスト・ラクラウ／シャンタル・ムフ
西永亮／千葉眞訳
グラムシ、デリダらの思想を摂取し、根源的で複数的なデモクラシーへ向けて、新たなヘゲモニー概念を提示した、ポスト・マルクス主義の代表作。

鏡の背面
コンラート・ローレンツ
谷口茂訳
人間の認識システムはどのように進化してきたのか、そしてその特徴とは。ノーベル賞受賞の動物行動学者が試みた抱括的知識による壮大な総合人間哲学。

人間の条件
ハンナ・アレント
志水速雄訳
人間の活動的生活を《労働》《仕事》《活動》の三側面から考察し、《労働》優位の近代世界を思想史的に批判したアレントの主著。（阿部齊）

革命について
ハンナ・アレント
志水速雄訳
《自由の創設》をキイ概念としてアメリカとヨーロッパの二つの革命を比較・考察し、その最良の精神を二〇世紀の惨状から救い出す。（川崎修）

暗い時代の人々
ハンナ・アレント
阿部齊訳
自由が著しく損なわれた時代を自らの意思に従い行動し、生きた人々。政治・芸術・哲学への鋭い示唆を含み描かれる普遍的人間論。（村井洋）

責任と判断
ハンナ・アレント
ジェローム・コーン編
中山元訳
思想家ハンナ・アレント後期の未刊行論文集。人間の責任の意味と判断の能力を考察し、考える能力の喪失により生まれる〈凡庸な悪〉を明らかにする。

政治の約束
ハンナ・アレント
ジェローム・コーン編
高橋勇夫訳
われわれにとって「自由」とは何であるのか――。政治思想の起源から到達点までを描き、政治的経験の意味に根底から迫った、アレント思想の精髄。

戦争体験　安田武

わかりやすい伝承は何を忘却するか。戦後における戦争体験の一般化を忌避し、矛盾に満ちた自らの体験の「語りがたさ」を直視する。（福間良明）

〈ひと〉の現象学　鷲田清一

知覚、理性、道徳等。ひとをめぐる出来事は、哲学の主題と常に伴走する。ヘーゲル的綜合を目指すのでなく、問いに向きあいゆるやかにトレースする。

ありえないことが現実になるとき　ジャン＝ピエール・デュピュイ　桑田光平／本田貴久訳

なぜ最悪の事態を想定せず、大惨事は繰り返すのか。経済か予防かの不毛な対立はいかに退けられるか。認識の根源を問い、抜本的転換を迫る警世の書。

空間の詩学　ガストン・バシュラール　岩村行雄訳

家、宇宙、貝殻など、さまざまな空間が喚起する詩的イメージ。新たなる想像力の現象学を提唱し、人間の夢想に迫るバシュラール詩学の頂点。

リキッド・モダニティを読みとく　ジグムント・バウマン　酒井邦秀訳

変わらぬ確かなものなどもはや何一つない現代世界。社会学の泰斗が身近な出来事や世相から〈液状化〉の具体相に迫る真摯で痛切な論考。文庫オリジナル。

社会学の考え方〔第2版〕　ジグムント・バウマン／ティム・メイ　奥井智之訳

日常世界はどのように構成されているのか。日々変化する現代社会をどう読み解くべきか。読者を〈社会学的思考〉の実践へと導く最高の入門書。新訳。

コミュニティ　ジグムント・バウマン　奥井智之訳

グローバル化し個別化する世界のなかで、コミュニティはいかなる様相を呈しているか。安全をとるか、自由をとるか。代表的社会学者が根源から問う。

近代とホロコースト〔完全版〕　ジグムント・バウマン　森田典正訳

近代文明はホロコーストの必要条件であった――。社会学の視点から、ホロコーストを現代社会の本質に深く根ざしたものとして捉えたバウマンの主著。

ウンコな議論　ハリー・G・フランクファート　山形浩生訳／解説

ごまかし、でまかせ、いいのがれ。なぜ世の中、こんなものがみちるのか。道徳哲学の泰斗がその正体とカラクリを解く。爆笑必至の訳者解説を付す。

日常的実践のポイエティーク　ミシェル・ド・セルトー　山田登世子訳
読書、歩行、声。それらは分類し解析する近代的知が見落とす、無名の者の戦術である。領域を横断し、秩序に抗う技芸を描く。（渡辺優）

反解釈　スーザン・ソンタグ　高橋康也他訳
《解釈》を偏重する在来の批評に対し、《形式》を感受する官能美学の必要性をとき、理性や合理主義に対する感性の復権を唱えたマニフェスト。

声と現象　ジャック・デリダ　林好雄訳
フッサール『論理学研究』の綿密な読解を通して、「脱構築」「痕跡」「差延」「代補」「エクリチュール」など、デリダ思想の中心的〝操作子〟を生み出す。

歓待について　ジャック・デリダ　アンヌ・デュフールマンテル　廣瀬浩司訳
異邦人＝他者を迎え入れることはどこまで可能か？ギリシャ悲劇、クロソウスキーなどを経由し、この喫緊の問いにひそむ歓待の（不）可能性に挑む。

省察　ルネ・デカルト　山田弘明訳
徹底した懐疑の積み重ねから、確実な知識を探り世界を証明づける。哲学入門者が最初に読むべき、近代哲学の源泉たる一冊。詳細な解説付新訳。

方法序説　ルネ・デカルト　山田弘明訳
「私は考える、ゆえに私はある」。近代以降すべての哲学は、この言葉で始まった。世界中で最も読まれている哲学書の完訳。平明な徹底解説付。

社会分業論　エミール・デュルケーム　田原音和訳
人類はなぜ社会を必要としたか。社会はいかにして発展するか。近代社会学の嚆矢をなすデュルケーム畢生の大著を定評ある名訳で送る。（菊谷和宏）

公衆とその諸問題　ジョン・デューイ　阿部齊訳
大衆社会の到来とともに公共性の成立基盤は衰退した。民主主義は再建可能か？プラグマティズムの代表的思想家がこの難問を考究する。（宇野重規）

旧体制と大革命　A・ド・トクヴィル　小山勉訳
中央集権の確立、パリ一極集中、そして平等を自由に優先させる精神構造――フランス革命の成果は、実は旧体制の時代にすでに用意されていた。

フーコー・コレクション1 狂気・理性
ミシェル・フーコー
小林康夫／石田英敬／松浦寿輝編
第1巻は、西欧の理性がいかに狂気を切りわけてきたかという最初期の問題系をテーマとする諸論考。〝心理学者〟としての顔に迫る。（小林康夫）

フーコー・コレクション2 文学・侵犯
ミシェル・フーコー
小林康夫／石田英敬／松浦寿輝編
狂気と表裏をなす「不在」の経験として、文学がフーコーによって読み解かれる。人間の境界＝極限を、その言語活動に探る文学論。（小林康夫）

フーコー・コレクション3 言説・表象
ミシェル・フーコー
小林康夫／石田英敬／松浦寿輝編
ディスクール分析を通しフーコー思想の重要概念も精緻化されていく。『言葉と物』から『知の考古学』へ研ぎ澄まされる方法論。（松浦寿輝）

フーコー・コレクション4 権力・監禁
ミシェル・フーコー
小林康夫／石田英敬／松浦寿輝編
政治への参加とともに、フーコーの主題として「権力」の問題が急浮上する。規律社会に張り巡らされた巧妙なるメカニズムを解明する。（松浦寿輝）

フーコー・コレクション5 性・真理
ミシェル・フーコー
小林康夫／石田英敬／松浦寿輝編
どのようにして、人間の真理が〈性〉にあるとされてきたのか。欲望的主体の系譜を遡り、「自己の技法」の主題へと繋がる論考群。（石田英敬）

フーコー・コレクション6 生政治・統治
ミシェル・フーコー
小林康夫／石田英敬／松浦寿輝編
西洋近代の政治機構を、領土・人口・治安など、権力論から再定義する。近年明らかにされてきたフーコー最晩年の問題群を読む。（石田英敬）

フーコー・コレクション
フーコー・ガイドブック
ミシェル・フーコー
小林康夫／石田英敬／松浦寿輝編
20世紀の知の巨人フーコーは何を考えたのか。主要著作の内容紹介・本人による講義要旨・詳細な年譜で、その思考の全貌を一冊に完全集約！

マネの絵画
ミシェル・フーコー
阿部崇訳
19世紀美術史にマネがもたらした絵画表象のテクニックとモードの変革を、13枚の絵で読解。フーコーの伝説的講演録に没後のシンポジウムを併録。

間主観性の現象学 その方法
エトムント・フッサール
浜渦辰二／山口一郎監訳
主観や客観、観念論や唯物論を超えて「現象」そのものを解明したフッサール現象学の中心課題。現代哲学の大きな潮流「他者」論の成立を促す。本邦初訳。

間主観性の現象学II　その展開
エトムント・フッサール
浜渦辰二／山口一郎監訳
フッサール現象学のメインテーマ第II巻。自他の身体の構成から人格的生の精神共同体までを分析し、真の関係性を喪失した孤立する実存の限界を克服。

間主観性の現象学III　その行方
エトムント・フッサール
浜渦辰二／山口一郎監訳
間主観性をめぐる方法、展開をへて、その究極の目的（行方）が、真の人間性の実現に向けた普遍的目的論として呈示される。壮大な構想の完結篇。

内的時間意識の現象学
エトムント・フッサール
谷　徹　訳
時間は意識のなかでどのように構成されるのか。哲学・思想・科学に大きな影響を及ぼしている名著の新訳。詳密な訳注を付し、初学者の理解を助ける。

リベラリズムとは何か
マイケル・フリーデン
山岡龍一監訳
寺尾範野／森達也訳
政治思想上の最重要概念でありながら、どこか曖昧でつかみどころのないリベラリズム。その核心をこのうえなく明快に説く最良の入門書。本邦初訳。

風土の日本
オギュスタン・ベルク
篠田勝英　訳
自然を神の高みに置く一方、無謀な自然破壊をする日本人の風土とは何か？　フランス日本学の第一人者による画期的な文化・自然論。（坂部恵）

ベンヤミン・コレクション1
ヴァルター・ベンヤミン
浅井健二郎編訳
久保哲司　訳
ゲーテ『親和力』論、アレゴリー論からボードレール論を経て複製芸術論まで、ベンヤミンにおける近代の意味を問い直す、新訳のアンソロジー。

ベンヤミン・コレクション2
ヴァルター・ベンヤミン
浅井健二郎編訳
三宅晶子ほか訳
中断と飛躍を恐れぬ思考のリズム、巧みに布置された理念やイメージ。手仕事的細部に感応するエッセイの思想の新編・新訳アンソロジー、第二集。

ベンヤミン・コレクション3
ヴァルター・ベンヤミン
浅井健二郎編訳
久保哲司　訳
過去／現在を思いだすこと──独自の歴史意識に貫かれた《想起》実践の各篇「一方通行路」「ドイツの人びと」「ベルリンの幼年時代」などを収録。

ベンヤミン・コレクション4
ヴァルター・ベンヤミン
浅井健二郎編訳
土合文夫ほか訳
〈批評の瞬間〉における直観の内容をきわめて構成的に叙述したベンヤミンの諸論考──初期の哲学的思索から同時代批評まで──を新訳で集成。

エロティシズムの歴史
ジョルジュ・バタイユ
湯浅博雄／中地義和訳
三部作として構想された『呪われた部分』の第二部。荒々しい力〈性〉の禁忌に迫り、エロティシズムの本質を暴く、バタイユの真骨頂たる一冊。（吉本隆明）

エロスの涙
ジョルジュ・バタイユ
森本和夫訳
エロティシズムは禁忌と侵犯の中にこそあり、それは死と切り離すことができない。二百数十点の図版で構成されたバタイユの遺著。（林好雄）

呪われた部分 有用性の限界
ジョルジュ・バタイユ
中山元訳
『呪われた部分』草稿、アフォリズム、ノートなど15年にわたり書き残した断片。バタイユの思想体系の全体像と精髄を浮き彫りにする待望の新訳。

ニーチェ覚書
ジョルジュ・バタイユ編著
酒井健訳
バタイユが独自の視点で編んだニーチェ箴言集。ニーチェを深く読み直す営みから生まれた本書には二人の思想が相響きあっている。詳細な訳者解説付き。

入門経済思想史 世俗の思想家たち
R・L・ハイルブローナー
八木甫ほか訳
何が経済を動かしているのか。スミスからマルクス、ケインズ、シュンペーターまで、経済思想の巨人たちのヴィジョンを追う名著の最新版訳。

分析哲学を知るための
哲学の小さな学校
ジョン・パスモア
大島保彦／高橋久一郎訳
数々の名テキストで哲学ファンを魅了してきた分析哲学界の重鎮が、現代哲学を総ざらい！ 思考や議論の技を磨きつつ、哲学史を学べる便利な一冊。

表現と介入
イアン・ハッキング
渡辺博訳
科学にとって「在る」とは何か？ 科学は真理を捉えられるのか？ 現代哲学の鬼才が20世紀を揺るがした問いの数々に鋭く切り込む！ （戸田山和久）

社会学への招待
ピーター・L・バーガー
水野節夫／村山研一訳
社会学とは、「当たり前」とされてきた物事をあえて疑い、その背後に隠された謎を探求しようとする営みである。長年親しまれてきた大定番の入門書。

聖なる天蓋
ピーター・L・バーガー
薗田稔訳
全ての社会は自らを究極的に審級する象徴の体系、「聖なる天蓋」をもつ。宗教について理論・歴史の両面から新たな理解をもたらした古典的名著。

「つながり」の精神病理　中井久夫
社会変動がもたらす病いと家族の移り変わりを中心に、老人問題を臨床の視点から読み解き、精神科医としての弁明を試みた珠玉の一九篇。（春日武彦）

「思春期を考える」ことについて　中井久夫
表題作の他「教育と精神衛生」などに加えて、豊かな視野と優れた洞察を物語る「サラリーマン労働」や「病跡学と時代精神」などを収める。（滝川一廣）

「伝える」ことと「伝わる」こと　中井久夫
精神が解体の危機に瀕した時、それを食い止めるのが妄想である。解体か、分裂か。その時、精神はよりましな方として分裂を選ぶ。（江口重幸）

私の「本の世界」　中井久夫
精神医学関連書籍の解説、『みすず』等に掲載の年間読書アンケート等とともに、大きな影響を受けたヴァレリーに関する論考を収める。（松田浩則）

モーセと一神教　ジークムント・フロイト　渡辺哲夫訳
ファシズム台頭期、フロイトはユダヤ民族の文化基盤ユダヤ教に対峙する。自身の精神分析理論を揺るがしかねなかった最晩年の挑戦の書物。

悪について　エーリッヒ・フロム　渡会圭子訳
私たちはなぜ生を軽んじ、自由を放棄し、進んで悪に身をゆだねてしまうのか。人間の本性を克明に描き出した不朽の名著、待望の新訳。（出口剛司）

ラカン入門　向井雅明
複雑怪奇きわまりないラカン理論。だが、概念や理論の歴史的変遷を丹念にたどれば、その全貌を明快に理解できる。『ラカン対ラカン』増補改訂版。

引き裂かれた自己　R・D・レイン　天野衛訳
統合失調症とは、苛酷な現実から自己を守ろうとする決死の努力である。患者の世界に寄り添い、反精神医学の旗手となったレインの主著、改訳版。

素読のすすめ　安達忠夫
素読とは、古典を繰り返し音読すること。内容の理解は考えない。言葉の響きやリズムによって感性を耕し、学びの基礎となる行為を平明に解説する。

治癒神イエスの誕生　山形孝夫

「病気」に負わされた「罪」のメタファから人々を解放すべく闘ったイエス。古代世界から連なる治癒神の系譜をもとに、イエスの実像に迫る。

読む聖書事典　山形孝夫

聖書を知るにはまずこの一冊！　重要な人名、地名、エピソードをとりあげ、キーワードで物語の流れや深層がわかるように解説した、入門書の決定版。

近現代仏教の歴史　吉田久一

幕藩体制下からオウム真理教まで。社会史・政治史を絡めながら思想史的側面を重視し、主要な問題を網羅した画期的な仏教総合史。（末木文美士）

沙門空海　渡辺照宏／宮坂宥勝

日本仏教史・文化史に偉大な足跡を残す巨人・弘法大師空海にまつわる神話・伝説を洗いおとし、真の生涯に迫る空海伝の定本。（竹内信夫）

自己愛人間　小此木啓吾

思い込みや幻想を生きる力とし、自己像に執着しつづける現代人の心のありようを明快に論じた精神分析学者の代表的論考。（柳田邦男）

戦争における「人殺し」の心理学　デーヴ・グロスマン／安原和見訳

本来、人間には、人を殺すことに強烈な抵抗がある。それを兵士として殺戮の場＝戦争に送りだすにはどうするか。元米軍将校による戦慄の研究書。

ひきこもり文化論　斎藤環

「ひきこもり」にはどんな社会文化的背景があるのか。インターネットとの関係など、多角的にその特質を考察した文化論の集大成。（玄田有史）

精神科医がものを書くとき　中井久夫

高名な精神科医であると同時に優れたエッセイストとしても知られる著者が、研究とその周辺について記した一七篇をまとめる。（斎藤環）

世に棲む患者　中井久夫

アルコール依存症、妄想症、境界例など「身近な」病を腑分けし、社会の中の病者と治療者との微妙な関わりを豊かな比喩を交えて描き出す。（岩井圭司）

ちくま学芸文庫

モダニティと自己《じこ》アイデンティティ
後期《こうき》近代《きんだい》における自己《じこ》と社会《しゃかい》

二〇二一年八月十日　第一刷発行

著者　アンソニー・ギデンズ
訳者　秋吉美都（あきよし・みと）
　　　安藤太郎（あんどう・たろう）
　　　筒井淳也（つつい・じゅんや）
発行者　喜入冬子
発行所　株式会社　筑摩書房
東京都台東区蔵前二―五―三　〒一一一―八七五五
電話番号　〇三―五六八七―二六〇一（代表）
装幀者　安野光雅
印刷所　中央精版印刷株式会社
製本所　中央精版印刷株式会社

ISBN978-4-480-51063-1 C0136